职　业　院　校　学　生　人　文　社　科　知　识　读　本

中国传统文化概述

主　编　李翔宇
副主编　徐　艳　朱红娟　范红梅
编　者　朱　玲　周　梅　陈　飞

苏州大学出版社
Soochow University Press

图书在版编目(CIP)数据

中国传统文化概述 / 李翔宇主编. —苏州：苏州大学出版社，2014.8(2022.10 重印)
(职业院校学生人文社科知识读本)
ISBN 978-7-5672-1011-0

Ⅰ.①中… Ⅱ.①李… Ⅲ.①中华文化—高等职业教育—教材 Ⅳ.①K203

中国版本图书馆 CIP 数据核字(2014)第 189392 号

中国传统文化概述
李翔宇 主编
责任编辑 李 兵

苏州大学出版社出版发行
(地址：苏州市十梓街 1 号 邮编：215006)
广东虎彩云印刷有限公司印装
(地址：东莞市虎门镇黄村社区厚虎路20号C幢一楼 邮编：523898)

开本 787 mm×1 092 mm 1/16 印张 11.75 字数 244 千
2014 年 8 月第 1 版 2022 年 10 月第 11 次印刷
ISBN 978-7-5672-1011-0 定价：35.00 元

苏州大学版图书若有印装错误，本社负责调换
苏州大学出版社营销部 电话：0512-67481020
苏州大学出版社网址 http://www.sudapress.com

职业院校学生人文社科知识读本

丛书编审委员会

主　任　张建初

副主任　黄学勇　刘宗宝

委　员（排序不分先后）

吴兆刚　刘爱武　强玉龙　吕　虹　杨晓敏

沈晓昕　李翔宇　刘　江　张秋勤　兰玉琼

梁伟康　刘立明　陈修勇　王建林　张　静

职业院校学生人文社科知识读本

参加编写学校名单(排序不分先后)

徐州经贸高等职业学校
徐州生物工程职业技术学院
连云港工贸高等职业技术学校
宿迁经贸高等职业技术学校
淮安生物工程高等职业学校
盐城技师学院
扬州高等职业技术学校
仪征技师学院
泰州机电高等职业技术学校
南通理工学院
南京财经大学
苏州旅游与财经高等职业技术学校
苏州农业职业技术学院
苏州职业大学
苏州工业园区职业技术学院
苏州工业园区工业技术学校
苏州经贸职业技术学校
德州职业技术学院
安徽工商职业学院
安徽广播影视职业技术学院
南昌航空大学
九江学院
上海李伟菘音乐学校
上海商业学校
上海师范大学天华学院
中山市中等专业学校
深圳职业技术学院

总 序

《国家中长期教育改革和发展规划纲要(2010—2020年)》(以下简称《纲要》)中明确提出"要把育人为本作为教育工作的根本要求";《教育部关于全面提高高等职业教育教学质量的若干意见》(教高〔2006〕16号)中也明确指出"高等职业院校要坚持育人为本,德育为先,把立德树人作为根本任务"。其宗旨都要求高职教育的终极目标须以育人为本,为此,全面提升学生的人文素质就成为必然选择。

从人才和就业市场反馈的信息看,备受青睐的毕业生往往具备如下特点:道德素质较高,具备较强的事业心、责任感;有艰苦奋斗精神、奉献精神和创新精神;基础扎实,知识面宽;有较好的组织管理能力,善于处理人际关系等。从国家、社会和用人单位层面来讲,也都要求毕业生具备良好的道德修养、专业知识技能、职业心理、创新精神、团队合作能力、人际交往与沟通能力、承受挫折能力等综合素质。因此,高等职业院校在教育教学中必须结合学校实际,加强调研与分析,在学校的各项教育教学活动中多渠道、多方位地加强学生人文素质的教育与培养。

在高职院校的专业设置中,人文素质课程是薄弱环节。要想培养出"既具有过硬的专业知识和岗位技能,又具有远大的个人理想和良好的道德风尚"的毕业生,必须进行课程体系的改革和创新,同时要加强人文素质教育的研究与总结;在课程设置上做到人文素质课程与职业技能课程并重,善于发现人文素质教育的素材和切入点,并根据学校自身的特点设置人文素质教育课程。

1. 改革课程体系,完善人文教育

人文素质教育课程体系的构建必须以马克思主义为指导,突出文理渗透、工管结合的学科交叉特点,全面提高学生的人文素养。此外,课程体系的构建还必须从实际出发,考虑课程的相对系统性和完整性,考虑师生的承受能力,考虑理工科院校的特殊性,使课程体系改革具有可操作性。课程体系除了开设人文学科的选修课和必修课外,还可以经常举办人文学术报告与讲座、职业生涯规划课程与就业创业指导讲座等。职业院校应结合高职生的心理特点和成长规律,成立心理健康咨询中心,建立心理健康咨询网站,通过多种形式进行心理健康教育的宣传和指导,让学生真正感受到人文关怀,培养人文情怀。

2．专业课程渗透人文教育

人文教育不仅仅体现在人文课程的教学中，在专业课程教学中同样可以处处渗透着人文精神，同样可以进行人文教育。在专业教学中，要让学生了解与专业相关的真实的历史背景、自然和谐的文化精神、真善美的文化底蕴等人文方面的知识，在专业技能的应用中处处展示这些人文精神，从而进一步激发学生学习专业的兴趣与热情，夯实专业基础，加强专业技能和人文素质的共同培养。

3．综合考核，协调运转

高职教育要适应社会的发展，必须让教育系统内的各个子系统及各个要素之间协调运转，形成技能教育和人文素质教育的合力。要建立科学的人文素质培养评估体系，明确每门课程的职业人文素质教育目标，完善对学生在人文社科知识、思想道德、社会活动参与等多方面的考核指标及人文素质测评，在产、学、研中渗透、融合人文素质的培养，将素质考核纳入整个考试考核体系。

《纲要》中还指出："职业教育要面向人人，面向社会，要着力培养学生的职业道德、职业技能和就业创业能力。"因此，职业教育的主旋律是"育人"而非"制器"，不应只要求学生掌握技能，也需培养学生富有人文素养，兼具对国家和社会的责任感。高职院校应通过建设多种符合自身特色的人文素质教育的路径，把学生培养成高技能与全素质的人才，从而适应社会和企业对人才的需求。

这套"职业院校学生人文社科知识系列读本"正是基于这样的理念和出发点而编写的，不过分追求学科的系统性、完整性，强调从学生的实际出发，重点突出文学、历史、地理、音乐、美术、书法、传统文化、职业规划等人文学科的基础知识，力求深入浅出，雅俗共赏，融知识性和趣味性于一体，使学生在阅读中感悟人生，体会关怀，于无形中得到精神熏陶和境界升华。

我们希望这套丛书的出版能够为高职院校开展人文素质教育做出有益的贡献，并通过试用、修订，反复锤炼，能够更具特色，并广受师生的欢迎，成为人文素质教育的精品图书。

我们也希望通过系列教材的编写、出版，能锻炼、培养一批专注于职业院校素质教育教学的教师群体，使其能成为推动学校实施素质教育建设的骨干力量，从而全面促进职业院校素质教育工作更有声有色、卓有成效地展开。

丛书编委会

前言
Preface

本教材旨在通过对中国传统文化中核心内容的梳理，从中国传统文化的生成背景、特征，中国古代哲学、文字、教育、文学、艺术、风俗礼仪以及中国传统文化的继承与创新等方面介绍中国传统文化，使学生通过认识我们国家和民族的历史文化，树立正确的人生观，理解新时期“中国梦”的历史演变及其内涵，增强民族自信心和自豪感。

本教材在编写过程中力求贴近学生生活，知识性与趣味性统一，语言通俗；体例上由“预习指南”、“故事导入”、“拓展延伸”等模块构成，尤其是“故事导入”，精选与本章节有密切关联的趣味小故事，激发学生的学习兴趣，引导学生积极阅读、思考、讨论，不断提高分析判断能力，从中国传统文化中汲取营养，形成和谐人格。

本教材由李翔宇任主编，徐艳、朱红娟统稿。全书共六章，各章的编者分别是：

第一章：李翔宇；第二章：周梅；第三章：朱玲；第四章：陈飞；第五章：朱玲；第六章：陈飞。

由于这部书稿是多人执笔编写的，同时因经验不足，能力有限，书稿中还有许多不尽如人意之处。我们真诚地欢迎使用者多提宝贵意见，以待将来改进。

我们十分感谢连云港工贸职业技术学校丁于俭老师对本书编写工作的关心、指导和支持，也十分感谢苏州大学出版社为本书出版所付出的辛勤劳动。

编者

2014 年 5 月

目录

Contents

第一章　中国传统文化概说

第一节　文化与中国传统文化

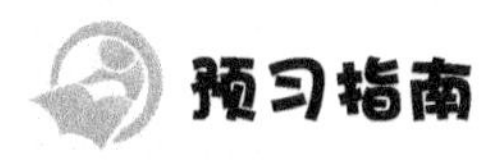

预习指南

掌握文化与中国传统文化的含义，了解中国传统文化的特点及其形成原因。

故事导入

中华人民共和国国家主席习近平于2014年4月1日访问欧洲，在比利时布鲁日欧洲学院发表讲演，向欧洲人民概括中国的显著特点时强调：中国是有着悠久文明的国家；在世界几大文明大国中，中华文明是没有中断，延续发展至今的文明；几千年前创造的文字至今仍在使用；2000多年前出现了诸子百家；中国人看待世界、看待人生有独特的价值体系。勤劳智慧的中华民族在五千多年的历史长河中，创造了丰富多彩、气势恢宏、绵延不绝的中国传统文化，这是中华民族对于全人类的贡献。学习研究中国传统文化，有助于更加准确而深刻地认识我们民族自身，有助于更加准确而深刻地认识我们的国情，有助于以理性态度和务实精神去继承传统，创造中华民族更加美好的未来。

文化是一个古老而又年轻的词语，有着丰富而深刻的内涵。古往今来，人们从各自不同的视角来界定它，可谓仁者见仁，智者见智。中国传统文化源远流长，博大精深，有着深厚的思想底蕴、独特的内容形式，对世界文明和中华文明的发展做出了重大贡献，在世界文化历史长河中独树一帜。

一、文化的定义

“文”最早见于商代甲骨文，是一个象形字，表示一个身有花纹之人，本义是纹理。《说文解字》为“错画也”，即各色交错的纹理。后世引申为文德教化、礼乐制度、文物典籍等。

“化”是个会意字,“从人从匕”,《说文解字》曰:“匕,变也,从倒人”,“化”字由一正一倒的两个人组成,取两人和谐融洽、相互感化和教化之意。《说文解字》解释为“教行也”,即通过教育改变人们的言行,后世引申为改易、生成、教化、造化等。

“文”和“化”的相连使用始见于《周易·贲卦·象传》,“观乎天文,以察时变;观乎人文,以化成天下。”它的基本含义是“以文教化”,指与武力征服相对。“人文”即以人伦仪则、道德秩序去规范和化易人民于“野蛮”,使之开化和文明化的活动。两千多年来,我们的先人都是将“文化”一词来并称“文治”、“教化”的。

人是自然界的产物,是自然界长期演化的结果,是自然界的一部分。人类在认识、改造自然过程中逐渐掌握了自然规律,创造了文化,也促进了人类自身的进步。例如,一块黏土不具备文化意蕴,但经过人类烧制,绘上图案,成了瓷陶,这就注入了人类的审美观念。一个山洞,人类钻进去只是为了遮风避雨,繁衍后代,似乎这个山洞算不上有什么文化,但一座建筑物经过设计师的精心设计和建筑人员的精心施工,把自己的审美情趣和意境追求通过石头、木头和沙子体现出来了,那么这座建筑物就可称为体现文化价值的建筑艺术了。

文化的实质性含义是“人化”或“人类化”,是人类改造自然界而逐步实现自身价值观念的过程。简言之,自然的人化,也即人化自然是文化的本质。

二、文化的分类

文化是个大概念,有广义文化和狭义文化之分。

(一) 广义文化

广义文化与自然相对,泛指人类所创造的文明成果,又称为“大文化”。分为物质文化与精神文化两种。物质文化就是实体文化,是指人类用各种材料对自然加工造成的器物的、客观的东西,如宫殿、桥梁、器皿、工具、服饰等。精神文化又称虚体文化,是指人类对自然进行加工或塑造过程中形成的用语言或符号表现出来的精神的、主观的东西,如语言、文字、宗教、哲学、音乐、绘画、书法、风俗、制度等。实体文化与虚体文化组成文化统一体。如建造城墙,是先设计后建造的,当设计建筑物时,表现为精神文化,当建筑建成时,表现为物质文化,同时这个建筑物体现了这个设计师的建筑思想。所以说,建筑是物质文化与精神文化的统一体。

一般地,文化从其形态学的角度可以分为四个类型。

1. 物态文化:相当于物质文化,是人类所从事的物质生产活动及其结果的总和,是构成整个文化的基础,它表现为物体形态,故又称物态文化,如服饰文化、饮食文化、建筑艺术文化。物态文化以满足人类最基本的衣食住行等方面的生存需要为目标,直接反映人与自然的关系,反映社会生产力的发展水平。

2. 制度文化:人类在社会实践过程中建立的各种社会规范的总和。各种社会规范规定人们必须遵循的制度,反映出一系列处理人与人相互关系的准则,如科举制度、婚姻制度、官吏制度、经济制度、政治法律制度。因制度具有约束性，制约着人们的行为乃至思想，因此，制度文化是文化系统中最具权威的因素，规定着文化的整体性质。

3. 行为文化：人类在长期的社会实践和复杂的人际交往中约定俗成的习惯性定势。这是一类以民俗、民风形态出现，见之于日常起居行为之中，具有鲜明的民族地域特色的行为模式。行为文化有两个特征，一是集体约定俗成，并反复履行，如春节、端午节、中秋节等。二是形式类型化、模式化，如春节要贴对联、放鞭炮、包饺子，端午节包粽子，中秋节吃月饼等。

4. 精神文化：人类在长期的社会实践和意识活动中孕育升华出来的价值观念、审美情趣、思维方式、民族性格等。这是文化的核心。精神文化大致相当于通常所说的社会意识，可以再细分为社会心理和社会意识形态。社会心理是暂时的，有流动性和变化性，如要求、愿望、情绪、风尚，如唐代以丰腴为美，魏晋时期以清瘦为美，古代诗词中有“楚王好细腰，宫中多饿死”，还有“环肥燕瘦”。社会意识形态则是多指经过系统加工整理的社会心理，是经过归纳、整理和定性了的信仰、观念、思想等，它曲折而深刻地反映社会的存在，同时又以物化的形态表现出来，如文学、艺术、宗教、哲学等。

（二）狭义文化

与广义文化相对的是狭义文化。狭义文化指人类所创造的一切观念意识形态成果，是人类精神文明的一个组成部分。狭义文化专注于精神创造活动及其成果，所以又称“小文化”。

本书论及的中国传统文化，以小文化为主要论述范畴，主要讨论涉及精神领域的文化现象，主要论述文化结构四层次中的精神文化，包括哲学、历史、文学、教育、戏剧、音乐、绘画、书法、宗教等。

狭义文化与广义文化有着不可分割的联系，二者是对立统一的。我们在研究精神文化现象时，不能忽略物质文化的基础和决定作用。在研究有关精神文化的问题时，不能忽略物态文化、制度文化、行为文化对于精神文化的影响、制约。

三、中国传统文化

文化的基本特征是具有民族性、地域性的。每个民族都有自己的文化，汉民族、藏民族等都有本民族的文化。与民族性紧密相联系的是文化的地域性，或者称国度性。不同地域的人群形成具有区域性的特有的文化，不同国度的人又形成不同国度的文化。

中国文化是与外国文化对举的概念，是指中华民族及其祖先在自己脚下这块土地上创造出来并传播到世界各地的文化综合，是中华民族根据自己的美学或哲学观点与思维模式，在认识与改造自然、社会与民族自身过程中所创造与积累的全部文明成果，具有自身的民族与国度特色。

华夏大地，是我们民族文化的摇篮；中华民族，是中国文化的创始主体。中华民族是现今中国境内华夏族（汉族）及五十五个少数民族的总称，“中”的意思是居四方之中，“华”的本义为光辉、文采、精粹，用于族名，蕴含文化发达之意。在漫长的历史年代里，中国各民族都参与了建设中国文化的共同活动,都为中华民族的统一做出了自己的贡献,“中华民族”遂成为包括中国境内诸民族的共同称谓。

中国传统文化具有自身的民族特色。一是独具特色的语言文字:方块字,表形、表声、表义相结合;二是浩如烟海的文化典籍:经学、史学、类书和丛书等;三是惠及世界的科技工艺:四大发明、中医等;四是精彩纷呈的文学艺术:《诗经》、诸子散文、唐诗、宋词、元曲、明清小说等;五是充满智慧的哲学:先秦百家争鸣时期的哲学,包括孔子、孟子、老子、庄子的哲学著作;六是完备深刻的道德伦理:三纲五常、三从四德等当时的人伦关系。这六个方面,既是中国传统文化民族与国度的特色,又共同构成了中国传统文化的基本内容。

中国传统文化历史悠久,源远流长。从彩陶文化算起到现在,至少已有六千多年的历史,形成了世界上最丰富的文化积累。我们所说的中国传统文化,就是指在长期的历史发展过程中形成和发展起来的,保留在中华民族中间,具有稳定形态的中国文化,包括思想观念、思维方式、价值取向、道德情操、礼仪制度、风俗习惯、行为方式、生活方式、宗教信仰、文学艺术、教育科技、文物典籍等。

第二节　中国传统文化的生成背景

预习指南

了解中国地形特点、气候特点,理解这些特点对中国传统文化的影响。

故事导入

大家都知道“南橘北枳”的故事。《晏子春秋·杂下之十》:“婴闻之:橘生淮南则为橘,生于淮北则为枳,叶徒相似,其实味不同。所以然者何?水土异也。”这说明自然环境给予物种的影响是决定性的。殊不知,自然环境对文化的影响也是重大的。四川盆地,气候潮湿,所以川人多食麻辣。江淮地区,气候宜人,所以维扬菜多清淡。

从世界范围看,人类文化是丰富多彩、千姿百态的,那么,造成文化差异的原因是什么呢?

大家知道不同的气候、土质适宜不同的作物生长,不同的“文化土壤”也就生发不同的文化。所谓“文化土壤”,一般是指文化产生、发展的背景。这种背景主要是指自然环境和社会环境。

首先,任何文化现象都离不开自然环境。没有自然界,我们就不能进行物质生产,也不能创造任何文化。就自然环境而言,各民族都有不同的地理环境和气候环境,这些自然环境完全是客观的,但它为塑造不同文化类型和不同文化特性提供了内在的物质基础。它的作用非常明显,甚至在同一民族文化圈内,由于自然环境的不同而多少造成文化表征的差异,如古代中国有燕赵、齐鲁、巴蜀、关中、荆楚、吴越等地域文化。地理环境在一定程度上影响着人类文化的发展,而且人类社会越在原始阶段,这种影响力就越大。

总而言之,中国传统文化产生的土壤包括:一个极具回旋余地的半封闭的暖温带的大陆国家,一个以农业为主体的社会经济模式,一个以血缘关系为纽带的宗法制度的社会组织结构。三者共同构成了中国文化的根基,决定了中国文化的类型。

一、中国传统文化的地理环境及其影响

(一) 地形、地貌、气候的基本特征

1. 地形、地貌

中国地处亚洲东部、太平洋西岸。地势西高东低,高低相差很大,自西向东构成“三大阶梯”。青藏高原海拔在四千米以上,有“世界屋脊”之称,为最高的一级阶梯。青藏高原以东到大兴安岭、太行山、巫山、雪峰山之间为第二阶梯,海拔多在一两千米,主要由山地、高原和盆地组成。东部宽广的平原和丘陵是最低的第三阶梯。除东南及东部面向海洋外,东北、北部、西北、西部、西南都和亚欧大陆连接,但却被河流、沙漠或高原峻岭所阻隔,形成了一个相对封闭的,但内部回旋余地又相对开阔的地理环境。

由于中国东部濒临太平洋,西北和西南又为沙漠和高山阻隔,因此无论海上通商还是陆路贸易都是非常困难的,再加上中华民族的诞生地——黄河流域平坦的地势、肥沃的土地、温暖的气候、充沛的水源等,良好的地理条件决定了中华民族只能以农耕为主。

2. 气候

中国气候有三个特点:一是气候类型多种多样,从南到北,既有热带,又有寒温带,国土的大部分处于温带地区;二是季风气候明显,冬季多刮北风,夏季多刮南风,降雨量多集中在7、8、9三个月;三是大陆气候强,冬季寒冷,夏季炎热,气温年差较大。

(二) 自然地理环境对中国传统文化的影响

自然地理环境是人类赖以生存和发展的物质基础,同时也是人类产生意识或精神的基础。越是远古,人类对自然地理环境的依赖性越大。

1. 文化的多样性与多元化一体格局

中国东部低平而潮湿,西部高峻而干燥,因此中国古代就形成了东南、中原以农耕为主,西部以畜牧为主的人文生产景观。同时,从南到北温度和干湿度的变化,决定了秦岭、淮河以南的中国南方产业结构以稻作农业为主,秦岭、淮河以北至长城的中国北方以粟作农业为主,而长城以北则以游牧业为主。这种区域的差别,在客观上构成了中国多民族共居、多种经济成分共立、多种文化类型并存的自然物质基础。由于中原地区自然环境相对优越,文明起步较早,历史上就形成了各民族内聚、多元化类型融合的趋势,从而出现了中国传统文化形成发展过程中的多元化一体的格局。

2. 文化的封闭性大于开放性

中国的地理环境,东临大海,西北横亘茫茫沙漠,西南有崇山峻岭,在生产技术不发达的古代,这些都是人类不可逾越的天然障碍,对农业民族造成无法突破的限制。这种一面临海、三面交通不便,而内部又有广阔空间的地理环境,使中国形成一种与外界隔绝的状态,没有向外拓展的野心,养成了独自经营、和平温顺的国民性格。虽自古就与外部有联系,尤其是唐宋元明清以来这种联系更为频繁,但由于中国四周的天然阻隔和相对封闭的自然地理特点,中国古代一直缺乏对外开放、向外进取的条件和动力,封闭性大于开放性。

而相对优越的地理环境,加上中华民族的勤劳智慧,使古代中国在西方近代文明兴起之前,长期成为世界东方乃至整个世界最富足最强大的国度,因而产生了"中华帝国,无求于人"的自我陶醉、自我封闭的观念,很少愿意接受其他文化的影响,以至形成较稳定的模式,到了近代才非常被动地、痛苦地改变。

3. 文化具有强烈的延续性与一贯性

正因为中国文化是在一种半封闭状态下产生的,所以它是一种自发的文化,独立成为一个系统:一方面,中国不容易出现由于别国文化的传入而造成自身文化发展的"断层";另一方面,文化的内陆性使得整个汉民族在坚持、保留自己的文化传统上比其他民族坚决得多。古代北方的游牧民族虽然具有相当的军事实力,并多次武力入主中原,但在文化上却是弱者,最根本的原因是其文化不适应农业文化,因此军事上的征服者毫无例外地成为文化上的被征服者,他们最终自觉或不自觉地接受了华夏文化。

二、中国传统文化的经济基础及其影响

由于中国是个半封闭的大陆国家,黄河、长江流域的地理环境特别适合发展农业。由于地理环境的差异,中国北部和西北部以游牧经济为主,而其他地区则以农耕经济为主。从古至今,中华大地都是依靠优越的农业环境养活了大量的人口,并继续供养着世界上数量最多的人口。农业是中国传统文化最深厚的经济基础。

(一)以农为本的经济模式

中国是世界上最早经营农业的国家之一,同时也是世界上少数几个农业文明中心之一。据考古学家考证,早在七千多年前的新石器文化时代,黄河、长江流域就出现了农耕文明的典型,它们分别是兴起于黄河中游的"仰韶小米文化"和兴起于长江流域的"河姆渡水稻文化"。农业首先在黄河下游达到较高水平,黄河中下游自然也就成了中国上古时代的政治、经济和文化中心。"黄河是中华民族的摇篮",说的就是这个道理。随着农业生产力的发展,特别是铁制农具和牛耕的普及,中国的农耕区域才逐渐向水草肥美的长江流域扩展。

中国以农业立国,历朝历代都很重视农业生产。帝王们也都有耕籍田、祷求雨、劝农事的仪式和措施。而与此同时,中国的农业技术也较为发达。农具的制作、牛耕的发明、农书的刊行以及与农业有关的天文历法的形成都领先于世。

战国时期，商业已发展到一定水平，农业则基本转向小农经济。法家首先提出“重农抑商”的政策。商鞅以为“令民心归于农”是圣人的“治国之要”。秦汉以后，工商业进一步发展，而重农抑商、重本轻末思想更加严重起来。汉武帝采取抑制工商业政策以后，以工商为末的观念被普遍接受。而这种重农抑商、崇本息末的观念到清朝末年还在许多士大夫的思想中体现出来，如曾国藩就推崇“耕读为本”。因此，中国古代社会不是没有商品经济，而是商品经济始终处于被遏制的地位，是作为农耕经济的补充而存在的，始终没能独立发展起来。

也正是在农耕经济的基础上，传统的中国文化才得以形成和延续。中国传统文化，无论是物质的，还是精神的，都是建立在农耕经济的基础上的，它们形成于农业区，也随着农业区的扩大而传播。

（二）农耕经济对中国文化的影响

以农为主的经济模式对中国文化有着巨大的影响，在一定程度上可以说，中国传统文化就是农业文化。

1. “天人合一”的和谐观念

“天人合一”观念，是数千年来中国农业文明的产物。农耕经济最显著的特点是对自然条件有很强的依赖性。从事农业生产，必须有适宜的气候、阳光、雨量，自然条件好，农业就丰收，所谓“风调雨顺”则“五谷丰登”；《吕氏春秋・审时》说：“夫稼，为之者人也，生之者地也，养之者天也。”意思是说，庄稼，种它的是人，生它的是地，养它的是天。《黄老帛书・君正》说：“人之本在地。”这是说土地是人类生存的根本。人以土为本，以水为命，顺天时，因地利，靠人和，天人和谐相处，这是中国农业文化的特点。而农业生产的这种特点培养了中国人乐天知命的特性。

作为一个农业民族，中国人采用的主要是农业劳动力与土地这种自然力相结合的生产方式，他们建立的自然经济社会是一种区域性的小社会，与外部世界处于隔离状态。农民从生到死都困在土地上，日出而作，日落而息，生产劳作往复循环，在封闭的圈子里活动，因此养成了因循守旧、安于现状的心理。但另一方面，中国人吃苦耐劳、勤俭持家的美德也得到了发展。

2. 安土重迁的乡土观念

农业的重要生产资料是土地，有了土地才有了生存与繁衍子孙的条件，因此，先人们对祖辈耕作过的土地极为重视，甚至超过了自己的生命，对土地及土地上的植物充满了眷恋的感情，久而久之，便形成了“安土重迁”的乡土观念，不到万不得已的时候，是决不会背井离乡的。

一代一代的人扎根于一处，必定随着人口的增加，形成一个家族。而当一个家族形成后，就会在地方上产生一种群体力量。这种力量抗拒外来的侵略，保护家族成员的安全，调节家族内部之间的矛盾，使每个人都有一种相对的安全感。因此，人们深深感受到家乡土地对自己的重要性。“金窝银窝不如自己的草窝”，“落叶归根”，这种来自对自己土地的热爱深深融入我们民族的遗传基因，世代相传，便成了民族文化精神的一部分。中国文化的乡土观念，在功能上有着巨大的凝聚作用，使中国人对家乡、对祖国、对民族、对文化都有着普遍的亲和感和认同感。

3. 尊君重民的政治观念

长期运作于中国的农耕经济是一种商品欠发达、彼此孤立的经济。在这种土壤上生长起来的极度分散的社会，需要高高在上的集权政治加以统治，以抗御外敌和自然灾害，而这种人格化的力量则来自专制君主。因此，“国不堪贰”的尊君传统是农业社会的必然产物。在中国古代，除极少数异端思想家提出过犀利的非君论外，大多数思想家都有不同程度的尊君思想。总之，农业社会需要并养育了一个君主集权政体，它剥夺了人民群众的一切权利，将军、政、财、文大权全部集中到朝廷以至皇帝个人手中。这就是马克思论述过的“亚细亚生产方式”土壤中生长出来的“东方专制主义”。

与集权主义相伴而生的是“民本主义”。农业社会存在与发展的前提是农民的“安居乐业”。农民安居乐业了，农业生产才能稳定有序，朝廷的赋税才能源源不断地供给。反之，“民不聊生”、“民怨沸腾”，则农民造反的情况就会增多，将危及整个统治的稳定。因此，重民思想便成为文化传统的一贯之道。《尚书》曰：“民可近，不可下。民惟邦本，本固邦宁。”这里将“民”确立为“邦”的根本，深刻认识到了“民意”所具有的决定邦国盛衰存亡命运的巨大力量。此后，抽象而神圣的“民心”成了儒家政治哲学中制约君权的最重要的精神资源。孔子的“宽则得众，惠则足以使民”，“百姓足，君孰能不足？百姓不足，君孰与足？”……这些都是孔子反对暴政，主张惠民、养民的政治理念的写照。而孟子的“民为贵，社稷次之，君为轻”，更是置民于君之上，几乎将民本主义的理想发挥到了极致。

“以民为本”作为仁政王道的核心，始终是中国古代主流意识形态的重要内容。而“得民心者得天下”等观念，更是成为了中国传统文化最根本的价值信念之一，以至于任何一个现存秩序的挑战者，为了证明自身行为的正当性，都会打着“顺乎民意”、“替天行道”等旗号。我们在充分肯定民本思想的积极内涵的同时，也必须指出其严重的局限性，它与现代民主有着本质的区别。严格地说，民本政治的主体并不是人民，而是王权。对于普通百姓来说，所谓“惠民”，不过是统治者偶发的善心，并不能使自己的利益得到切实的保障，他们不过是“子民”甚至是“草民”。

4. 重实际、轻玄想、知足常乐的心态

长期的农业劳动使中国的百姓们领悟到一条朴实的真理：“一分耕耘一分收获。”说空话无补于事，实心做事必有收获，中国人很少去玄想人世之外的事情，他们关心的是现实生活，关注琐碎的日常事务，关注平凡的世俗生活，抽象的宗教总是难以被中国人所接受。中国是小农经济社会，小农生产的特点就是事必躬亲，所有繁杂的农事都必须一件一件地亲自去做，否则你就不能养活自己。中国古代农耕经济的特点是自给自足，这一特点一方面养成了农耕居民兢兢业业、脚踏实地、自力更生、自食其力的勤劳务实精神；

另一方面，也由此造成农耕居民重实际、轻玄想、知足常乐的心态，形成农耕民族无求于人、安于现状的群体文化人格。

总之，农耕经济赋予我们民族的特征太多了，中国人酷爱和平、勤劳节俭、温顺良善的品性都是农耕经济的产物。

三、中国传统文化的社会结构及其影响

一个民族文化的产生、发展，除受特定的地理环境、经济基础的制约外，社会组织结构对它的影响也是至关重要的。中国古代社会组织结构的特点在于特别重视血缘宗法关系，这给中国文化打上了深刻的烙印。

（一）宗法制度的产生与确立

所谓“宗法制度”即血缘宗法制度，是中国古代解决职权和财产分配，维护世袭统治秩序的一种制度。这种制度是由氏族社会的父系家长制演变而来的。根据现存文献和考古资料，中国古代的宗法制度产生于商代后期。

宗法制度的完备和确立，是西周建立以后的事情。西周宗法制度的创立者是周公。周公确立的宗法制度包括以下三方面的内容。

一是嫡长子继承制。这是一种王位继承方式。宗法制度的核心是嫡长子继承制。周王室从成立之后推行固定的嫡长子继承制。在整个奴隶社会和封建社会中，帝王为了保证王位有人继承，同时也是为了满足他们的淫欲要求，都采取了广纳后妃的办法。所谓“三宫六院七十二嫔妃”。帝王的正妻所生的儿子叫嫡子，非正妻所生的儿子叫庶子。对于帝王来说，无儿子很苦恼，深恐无人继承王位而政权旁落，但儿子太多也有问题，因为争位的危险也可能造成混乱。为了在思想上和组织上保证帝王死后政权的顺利传递，于是从周公开始规定只有嫡长子才有资格继承王位。如果嫡妻无子，就只能立庶妻中级别最高的贵妾之子。

嫡长子继承制的优点在于定名分，即王位早有归属，嫡长子只有一个，只有他有权占据王位，这就杜绝了兄弟之间为争王位而造成的祸乱。嫡长子继承制的弊端也是显而易见的，嫡长子继承王位是天经地义，他的贤与不贤不在考虑之列，哪怕他是个傻子也照样继承王位。比如公元290年，西晋武帝司马炎死后，他的傻儿子司马衷依照嫡子继承制当了皇帝，称为晋惠帝。晋惠帝非常傻。有一年发生灾荒，百姓饿死的很多。惠帝知道后问道：他们为什么非等着饿死？他们挨饿的时候为何不吃肉粥？喝点肉粥不就饿不死了吗？这样的皇帝自然无法掌管朝政，只能由别人代管，于是便引出了八个宗室亲王为争夺中央统治权而进行的连年混战，史称“八王之乱”。由此可见，嫡长子继承制有太多的弊端无法克服，太多的矛盾无法解决，矛盾激化到一定程度，就是为了争夺王位而兄弟相残。历史上这种例子数不胜数。这些嫡长子继承制的反叛者，都证明了嫡长子继承制原本想制止兄弟间为争王位而残杀的初衷并没有实现。

二是封邦建国制。封邦建国制即分封制，是古代国君分封诸侯、巩固政权的制度，这种制度也是周代创立的。周王室灭商和东征胜利后，为控制广大被征服地区，把王族分

封到各地做诸侯,对地方进行分区管理。诸侯在分封国内,享有世袭统治权,对天子承担服从王命、定期朝贡、提供军赋、护卫周王室等义务。诸侯又按照天子的办法分封卿大夫。卿大夫依此分封士。士是西周统治阶级中最低的一个阶层,一般要靠自己的技艺和本领为卿大夫服务。这就形成了王封诸侯、诸侯封卿大夫、卿大夫封士的分封制。秦统一全国后,废除分封制,推行郡县制。但以后历代王朝还有不同程度的分封,只是性质不尽相同。同嫡长子继承制一样,分封制也是企图以血缘纽带巩固政权。实际上,分封制往往是造成诸侯割据、连年征战不止的罪魁祸首。

三是宗庙祭祀制。宗庙是包括天子在内的各级大宗供奉祖先神位的场所。宗庙祭祀制度是为了达到维护宗族团结而发展起来的一种制度,核心是强调尊祖敬宗,家族本位。据史书记载,周天子为七庙,诸侯为五庙,大夫为三庙,士为一庙。郑玄注说:周制,七庙包括太祖庙一,文王和武王庙二,亲庙四(亲庙包括高祖、曾祖、祖父、父亲四庙)。天子祭祀七代祖宗。

这种宗庙祭祀制度,在长期的发展中形成了中国传统的礼乐文化(祭祀时有严格的程序和隆重的仪式,乐队兴师动众,人员众多)。它对维护宗族团结、维护宗法制度起到了一定的作用,影响了一代又一代的中国人的宗族观念。今北京故宫前左侧的劳动人民文化宫便是明清的太庙,右侧的中山公园是明清的社稷坛,还有祈年殿、天坛、地坛、日坛、月坛,都是明清皇帝祭祖的地方。中国传统的宗庙祭祀制度不仅世代相传,影响到世世代代中国人的宗族意识,而且也影响到周边国家和地区。

(二)宗法制度影响下中国传统社会结构的特征

纵观整个中国历史,不论政权怎样交替,战乱如何频繁;不管是汉人统治全国,还是北方游牧民族统一全国,万变不离其宗的,就是宗法制度深深地影响了一代又一代的中国人,各朝各代宗法制度的模式基本上循而未改,世代相传。在相传几千年的宗法制度的影响下,中国传统社会结构具有以下四个特征。

1. 家天下的延续

在中国古代,家天下自周代确立,一直延续到清代,一人得势,鸡犬升天,自古皆然。可以说,一部中国史,就是一部家族史。周代统治天下是姬姓家族,秦朝是嬴姓的天下。按照秦始皇的设想,从他开始做皇帝,以后各朝代应当是嬴姓一代一代地传下去。汉代刘邦曾与大臣们约定,“非刘氏而王,天下共击之”。这种家天下的思想不仅统治者有,就是一般的平民,普通的知识分子也受其影响。《三国演义》的作者罗贯中,之所以在整个一部著作中扬刘抑曹,把刘备看成正宗,无非是站在刘氏江山天经地义的立场上来演义历史。西汉末年农民起义军觉得自己争天下理不直气不壮,于是去找西汉皇室的后裔作为自己的旗帜:绿林找来刘玄,赤眉找来刘盆子,因为起义军也认为汉是刘家天下,应当刘姓做皇帝。唯有《西游记》里的孙悟空喊出“皇帝轮流做,明年到我家”的口号。

家天下的主要特点:一姓家庭统治一个朝代,只要这个朝代不灭亡,这个家庭就一直统治下去。姓嬴的秦国传了三代,姓刘的西汉传了十二代,姓司马的东晋传了十一代,姓杨的隋朝传了两代,姓李的唐朝传了二十一代,姓赵的宋朝传了九代,蒙古族姓孛儿只斤的元朝传了九代,姓朱的明朝传了十六代,满族姓爱新觉罗的清朝传了十三代。由此可见,中国历史,就是一部部家族统治史,一个家族接一个家族的长达两三百年,短则十来年的统治构成了中国的政治史。

2. 封国制度不断

封国制度本是西周宗法制度的主要内容之一。秦始皇统一中国后曾废分封,建立郡县。汉代却又采纳分封制。魏晋以后历代王朝仍然沿用了分封制,只是叫法不同而已。皇帝的家族和亲戚一直享受封邦建国的特权。历代皇帝几乎无一例外都把自己的家族和亲戚成员分封到某个地区做官。这种制度保证了权利集中在一个血缘家族之中,同时也存在着容易引起叛乱等弊端。

3. 家族制度长盛不衰

整个中国古代,战争、动乱时有发生,战争和动乱的结果都是一样的,那就是一个旧家族的灭亡和随之而来的新家族的诞生。各朝各代都有一些豪门贵族在产生、在发展、在扩大。汉代,据史书记载,出现了一些政治上拥有巨大权利,而且广占良田的大家族。汉末政治家仲长统曾描述过这些大家族的气派。

魏晋南北朝时期,王导家族势力极大,以至于东晋司马睿在登上皇帝宝座时,拉王导同坐,接受文武百官的朝拜。东晋时流传"王与马共天下"的谚语,如实地反映了王导家族势力的强大。

宋代以后,豪门大族不计其数,他们虽然不属皇姓,但权势极大,有自己的庄园或园林,有大量的土地,享受着荣华富贵,且历代相传。

另一方面,家族制度在经济领域有一定的积极意义。中国的"老字号"企业几乎都是某一个家族承办的,如乐仁堂、荣宝斋都是家族企业。当前,我们要发展私人企业,私人企业也大多是家族企业。家族制度运用得好,有利于增强企业的凝聚力和向心力,因为这是最佳的利益共同体。

4. 家国同构

家国同构是指家庭、家族和国家在组织机构方面的共同性。

家国同构的格局导致了"忠孝相通",孔子的弟子有子曾说:"其为人也孝弟,而好犯上者,鲜矣;不好犯上而好作乱者,未之有也。君子务本,本立而道生。孝弟也者,其为人之本与!"这就是把对家长的孝和对国家的忠相提并论。孝敬父母就是忠顺皇帝,忠顺皇帝就是效忠国家,忠孝同义。这种宗法制度下的产物使得中华民族许多爱国英雄以忠于皇帝为初衷,以忠孝国家为结果。蜀国诸葛亮、唐朝郭子仪、南宋岳飞……都是在家国同构的社会里,既效忠皇帝又热爱祖国的英雄。

(三)传统社会结构对中国文化的影响

1. 由于家族制度的长期存在,中国人非常重视家庭生活

梁漱溟在《中国文化要义》中曾借用卢作孚的话来说明这个意思:"家庭生活是中国

人第一位的社会生活……人们责备中国人只知有家庭,不知有社会;实则中国人除了家庭,没有社会。就农业而言,一个农业经营单位就是一个家庭……人从降生到老死的时候,脱离不了家庭生活,尤其脱离不了家庭的相互依赖。你可以没有职业,然而不可以没有家庭。你的衣食住行都供给于这个家庭当中。你病了,家庭便是医院,家人便是看护……家庭是这样整个包围了你,你万万不能摆脱。"所以,陈独秀说中国人是以家庭为本位的。

以家庭为本位的中国人,作为家庭的一分子而存在,个人绝对属于宗法组织。中国文化所讲的人是群体的人,而非个体的人。个体的人必须服从宗法组织,这样也就造成了中国传统文化带有群体意识的特征,表现为注重整体价值,压抑个性;强调个人利益服从集体利益等。

2. 由于宗法思想的长期熏陶,中国人非常重视血缘关系

中国人对血缘关系高度重视,亲族之间的交往是中国人人际关系中极为重要的方面。亲族圈是中国人重要的活动环境。中国人还非常注重亲族的远近与长幼关系以及与自己的血缘联系方式。中国人亲属间的称谓是非常细致严格的。例如,兄和弟就有长幼之分,兄称哥,弟称弟,甚至在弟前还要加一"小"字。而西方人是兄弟不分的,英语统称"brother"。叔叔、伯伯、舅舅在中国人眼中是有亲疏之别的,一般是叔伯亲于舅舅,因为前者是父亲的兄弟,后者是母亲的兄弟。而西方人对三者一般看待,英语统称为"uncle"。中国历代皇朝都依照"立嫡以长不以贤,立子以贵不以长"的原则继位,这便也是从宗法制度派生出来的血缘至上的继承法。结果虽然减少了一些争权夺位的纷争,却繁衍出许许多多的昏君。

注重血缘关系的优点是中国人注重亲情,人情味浓厚。而带来的缺点是任人唯亲、夫贵妻荣、父尊子显等裙带风、人情风盛行,法理因情理而变,一荣俱荣、一损俱损。

3. 在宗法制度下,形成了以家庭伦理道德为核心的传统伦理道德

在家国一体下,国不过是扩大了的家,家则孕育着国的特征和原则。传统家庭按照宗法原则规定了人的等级差别,即父尊子卑、男尊女卑、夫尊妻卑、长尊幼卑、嫡尊庶卑。由于家国同构,这一原则体现在国家上便是君尊臣卑的整个社会的等级差序,中国传统社会的差序结构本质上是以人自然的和血缘的差别作为社会差别的根据,个人的社会身份决定于家庭的地位,从而使人们的差别、社会的等级秩序僵化为不可改变的模式,这也是它遭到现代人们批评和抛弃的根本原因。

中国传统家庭伦理道德又是以"孝"为核心展开的。"孝"是中国伦理的最高原则,也是中国文化的灵魂,所谓"百善孝为先"。"尊亲"成为中华民族古已有之的道德传统。"孝道"也被视为一切道德规范的核心和母体,忠君、敬长、尊上等等,都是孝道的延伸。"始于事亲,中于事君,终于立身。"(《孝经·开宗明义》)人只要有了孝亲的观念和实践,他也多半是个忠臣驯民。

4. 在宗庙祭祀制度的熏陶下,中国人重视尊祖敬宗

宗法制度既然是以血缘亲疏来确定同宗子孙的尊卑等级关系,以维护宗族的团结,所以中国人十分强调尊祖敬宗。宗庙祭祀制度就是为了达到维护宗族团结而发展起来的一种重要手段。孔子曾说过:"三年无改于父之道,可谓孝矣。"

总之,在专制性很强的中国政治结构的环境中生活,中华民族的整体观念加强了,而国家利益、君主利益至上的观念被强化了。这对中国文化的负面影响也是相当大的,主要表现为:专制主义缺乏民主,使中国人存有严重的服从心态,这是造成中国人奴性化人格的根本原因;中国人往往对统治的权威和权力存有盲目的崇拜心理,因此"官本位"现象一直是困扰中国社会政治、经济和文化发展的严重阻力。

拓展延伸

各抒己见:由赵本山主演的影片《落叶归根》讲述了一个在外打工的农民为了遵守承诺,想方设法将同乡的尸体运回千里以外的家乡安葬的故事。这个故事反映了中国人的哪些传统观念?你觉得这种观念在现代社会是否已经过时?

第三节 中国传统文化的特点

每一个国家、每一个民族都有自己的文化,而每一种文化由于产生的地理环境、经济基础及社会历史条件和发展演变的过程不同,又各有特点。

预习指南

理解中国传统文化的诸个特点及特征。

故事导入

英国历史学家汤因比曾说,在近六千年的人类历史上,出现过二十六种文化形态,其中包括四大文明古国的文化体系,即中国古代文化、印度文化、巴比伦文化、古埃及文化等。但在这些文化形态中,只有一种文化体系是长期延续发展而从未中断过的文化,这就是中国传统文化。延续不断,经久不衰,具有顽强的生命力和应变能力,这正是中国传统文化的一个重要特征。

一、强大的生命力

在中外历史上,不少优秀的文化因为异族入侵而中断,如希腊、罗马文化因日耳曼人

入侵而中断沉睡了上千年;印度文化因雅利安人入侵而雅利安化;古埃及文化则因入侵者的变化而不断改变自己的面貌:曾经一度希腊化,后又罗马化,再后又伊斯兰化。中国传统文化却大不相同,十六国时期的五胡乱华,宋元时期契丹、女真的相继南下,乃至蒙古族、满族入主中原,都未能中断中国传统文化,相反却是征服者最后被征服、被同化、被融合,中国传统文化吸收了各少数民族的新鲜血液,增加了新的生命活力。没有这种融合,也就没有中国文化的博大精深。

中国文化的同化力和融合力,正是其强大生命延续力的内在基础。

二、强大的凝聚力

中国传统文化还具有强大的凝聚力,这种凝聚力主要表现为文化心理的自我认同感和超地域、超国界的文化群体归属感。早在西周时期,中华先民就有了"非我族类,其心必异"的观念,表达了从心理特质上的自我确认。到了近代,中国人更自觉地意识到:中华之名词,不仅非一地域之国名,亦且非一血统之种名,乃为一文化之族名。直到今天,数以千万计的浪迹天涯的海外华人,虽然身在异国他乡,但他们依然与中华民族的文化血肉相依。在他们的意识与潜意识中,一刻也没能忘记自己是中华儿女。美籍华人、诺贝尔物理学奖得主杨振宁教授说:"我个人的道德观念和作风,受到东方传统的影响,因为我是在中国社会长大的。我在美国已住了四十多年,对西方人的做人方法也有了了解并受到影响,但我处世为人,仍旧是从我成长过程中所获得的价值观念出发。"(新加坡《联合早报》1987 年 2 月 2 日)近年来,千百万华侨都来关心祖国的振兴,正是这种文化凝聚力在起作用。

中国文化的这种凝聚力还表现在:每当历史上出现外敌入侵之时,中华民族都能万众一心,抵御外敌;而每当内乱出现之时,人们往往能够在"中华一体"的民族认同基础上,捐弃前嫌,团结一致,变分为合,化乱为治。正是由于这种强大的凝聚力,中国文化才不断地增添新的内容,生生不息。

三、巨大的包容性

中国文化能够兼收并蓄,具有巨大的包容性。

首先表现在处理民族关系方面。早在《尚书·尧典》中就有"协和万邦"之说,即主张各国互相团结,和睦共处。历代统治者在制定和执行民族政策方面,也多采取了极大的宽容态度,如汉代司马相如受汉武帝之命"通西南夷",招抚少数民族,便以"兼容并包"、"遐迩一体"为指导思想,并称这是汉武帝"创业垂统,为万世规"(《汉书·司马相如传》)。正是这种兼容天下的胸怀,使汉王朝将不同民族(东夷、南蛮、西戎、北狄)融合为一体,成为统一的中华民族。中华民族是一个由 56 个民族组成的大家庭,长期以来民族间的不断融合,形成中华民族的统一整体,而中华民族的形成正是因其持有的包容精神所致。

其次表现在对待不同的学术流派、不同的思想观点、外来文化等方面。中国文化都能坚持原则,包容他者,兼容并蓄。在中国文化中,各学术流派、各宗教团体始终可以长期共存。春秋战国之际,是中国文化的发展成熟时期。当时是九流百家争鸣,儒、墨、道、法齐显,经过长期的平等互立、自由辩论,儒、墨、道、法、兵、名、阴阳等各家思想学术精华都作为中国传统文化的基本要素被保留下来了。“天下殊途而同归,一致而百虑”,反映了先秦百家学说精华相互包容荟萃的历史事实。中国又是一个多宗教的国家,佛教、道教、伊斯兰教、基督教、摩尼教、犹太教长期共存,并且各个宗教和教徒之间可以和睦相处,做到相互宽容和理解。有时甚至可以一人兼信两种或两种以上宗教。而官方在宗教政策上也基本上采取兼容并包的方针,使得各种宗教同时发展。如唐太宗李世民就尊道、礼佛、崇经。因此,宗教在中国不像在西方那样具有强烈的排他性。

四、内容的多样性

“有容乃大”,中国文化的这种包容性,同时促成了中国文化内容的多样性和丰富性。中国地域广大,民族众多,所以中国文化呈现出丰富多彩的差异,比如历史上形成的楚文化、晋文化、秦文化、齐鲁文化、吴越文化、巴蜀文化、苗文化、藏文化,等等,都是异彩纷呈,各有特色。

五、以人为本的人文精神

所谓“以人为本”,就是将人作为考虑一切问题的出发点和归宿。肯定天地之间人为贵,人为万物之灵,在人与物之间,人与鬼神之间,以人为中心,这是中国传统文化的基调。

首先表现为强调“天人合一”的观念。

中国古代把人与自然的关系称为天人关系。在天人关系上,中国古代哲学的基本观念,就是人与自然和谐相处。自然与人合二为一、融为一体,也就是所谓的“天人合一”观念。

人与自然的和谐相处,是人类文明顺利发展的基石。强调人与自然和谐相处的“天人合一”思想,是中华文明的精髓。这种思想既是中国传统文化的基本精神,也是中国古典哲学的核心。它在中华文明的起源、形成和发展过程中,具有重要意义。

其次表现为重人生、轻鬼神的思想。

同世界上任何一个民族一样,在中国远古时期,也产生过原始的宗教以及对天命鬼神的崇拜。但从周代开始,中国人的宗教观念产生了重要变化,这就是疑“天”思潮以及“敬德保民”的思想观念。周人对天人关系,不再像殷人那样完全听命于天,而是在天神思想笼罩下,尽人事以待天命。

中国文化一贯注重现世的人生,珍视生命的价值。人一直居于核心地位,而神的地位不能与人相比。这种重现世人生,排斥、轻视鬼神的思想,促进了中国文化的发展。

六、道德至上的价值取向

中国文化是在以血缘宗法组织为基本单位的社会结构中成长起来的。一个家族(宗族)集体的存在和巩固,最重要的是建立起以血缘关系为基础的长幼尊卑秩序,这种秩序主要由道德来维持。

从孔子开始，道德价值就已被推崇到最高地位。孔子说“君子义以为上”，把道德价值作为人追求的最高目标。孔子很重视生命的价值，但认为道德价值高于生命本身的价值，在必要情况下，人应当“杀身成仁”，而不可“求生而害仁”；荀子认为人是“最为天下贵”，人贵就贵在一个“义”字上。可见，儒家一开始就把道德价值提到了至高无上的地位。儒家对义利关系的看法，对中国传统文化产生了深远的影响。

一般来说，“义”是指正义、应当，指最高道德原则；“利”是指利益、功利。而儒家从一开始就强调重义轻利的价值观。孔子的“君子喻于义，小人喻于利”，把是重义还是重利当成划分君子与小人的重要标准。孟子的“鱼，我所欲也；熊掌，亦我所欲也。二者不可得兼，舍生而取义者也”，更形成了“以身任天下”的坚贞之志，“宠不惊而辱不屈”，“生死当前而不变”。重义轻利，重的是道义，轻的是功利。在这种价值观念影响下，无数志士仁人为民族大业义无反顾地献出自己的生命，他们是中华民族崇高道德人格的光辉写照。

七、追求和谐的中庸哲学思想

“和”作为哲学范畴，是指对立面的统一。“和实生物”，只有“和”万物才得以生长，天下才能太平，国家方能兴旺，个人才能幸福。儒家主张君仁臣忠，父慈子孝，兄弟之间讲“悌”，朋友讲“信”，等等，目的也是为了维持人与人之间和谐的局面。孟子说，“天时不如地利，地利不如人和”，将“人和”作为决定战争胜负的关键。事实上，这一思想不仅适用于战争，在其他工作和活动中，能否做到“人和”也是能否取得成功的关键。

经过长期的历史沉淀，持中贵和的哲学思想渐渐成为中华民族普遍的社会心理和中国文化各门类的共同追求：政治上，人们重视君臣、国家、民族间的和谐；经济上，“不患寡而患不均”；思想方法上，主张“执其两端而用其中”，既不要过分也不要不及；个人修养上，主张“从容中道”，“文质彬彬”；艺术上，主张“乐而不淫，哀而不伤”（《论语·八佾》）；美学上，主张“以和为美”；戏剧文学上，主张“大团圆”的结局，等等，都是强调“和”。

拓展延伸

1. 上网查一查中国各地祭祖的民风民俗，特别是孔庙、黄帝陵。
2. 探讨中国传统文化诸特点产生的原因。

第二章 中国古代哲学

第一节 中国古代哲学的发展与演变

中国传统哲学是相对于中国近代哲学和现代哲学而言的。中国传统哲学主要经历了春秋以前时期、先秦诸子时期、两汉经学时期、魏晋玄学时期、隋唐佛学时期、宋明理学时期。在这几个阶段，中国的哲学随着当时的时代背景、政治需求变化而变化，经历了神话故事，诸子百家（儒家、道家、墨家、法家），黄、老之道，独尊儒家，玄学，佛学，“理气论”，“心性论”，以顺应时代发展的要求。

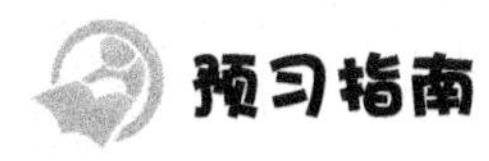

预习指南

了解我国传统哲学的发展历程

故事导入

优等生的自卑

我曾经在学校里体验过作为一名优等生的骄傲感。当时很流行根据成绩排名次，整个学生时代，我一直稳稳地占据着榜首。那时候我真是风光无限，有一次在全省大赛上获得大奖以后，班上同学如众星拱月一般将我围在中间。平时，常常有同学送给我我喜欢看的书籍杂志，耐心地等着我一块儿去食堂，只要我招呼一声，也总是有人很乐意跟我去打乒乓球或者去河边散步。当然，我也是老师眼里的红人。

但是，除了我自己，没有人知道，也没有人相信，我的心里埋着深深的自卑。我一直觉得，自己除了会读书、考试成绩好之外一无所长。我羡慕有同学能下一手出色的围棋和象棋；我羡慕有同学在全校运动会上百米跑的那种风采，最后冲刺时在现场掀起的那种欢呼对我来说太陌生也太有诱惑力了；还有能轻松做二三十个腹部绕杠的同学、能写一手漂亮粉笔字的同学、能说几句话就逗得别人前仰后合的同学……我厌恨自己是一个平庸而且乏味的人。

当时有一个同学小明，此人潇洒不羁，每次班级活动中都是最活跃的，组织能力也很强。更难得的是，他的学习成绩也很不赖。当然跟我相比还是逊了那么一筹。大概也正因如此，我一直觉得他斜视我的眼光里有一点点敌意。我记得有一个晚上，在寝室里，他用一贯看不起人的口气在那儿对另一个同学说："有什么了不起的？"我听了以后马上就心虚地以为他是在讥讽我。因为就在那天傍晚，班主任直接任命我为校刊的副主编，我的心里战战兢兢，觉得像小明这样的人肯定不服气。但是我当时什么也没说，只是有点难受又有点不安地入睡了。

转眼毕业 10 年了，我跟小明早已成为好友。聊天时说起往事，他怎么也不相信我居然还会自卑。他说他才自卑呢，他表面上嘻嘻哈哈，但也曾暗中努力试图冲击我学习上的霸主地位，但每一次都失败，眼看我似乎在不经意之中斩获一个个奖项，他的心里也逐渐从嫉妒变成了佩服。他说之所以不太跟我说话，就是因为我不太跟他说话。

他还说，如果那些成绩不佳的同学知道我那么羡慕他们，恐怕也不至于自动把自己归入"差生"的阵营，觉得中学几年了无意趣了，因为他们能从优等生的自卑感里收获一点自信。如果你羡慕优等生，那么请相信你自己一定也有值得他羡慕的东西，这个世界上的尺度永远不会是单一的，野百合也有春天，你根本无须自卑。如果你是优等生，当然也没有必要太过苛求自己的完美，世界上没有完美的人，每个人都有自己的软肋。但倘若心里会冒出一点点的自卑感，那也未尝不可，这点骄傲感背后的自卑感可以提醒你，你没什么好膨胀的，你只不过是一个小小考场上暂时的领先者而已，真正的挑战永远在考场之外。

中国的传统哲学可以上溯到旧石器时代中晚期（约 12000 年前），从打制完美、完善的石器到赋予石器的意义以及岩画的遗留等，足以证明，那个时代已经具备了"朦胧的哲学"概念，随后就有了现在称之为"卦"的伏羲古易的思想、思维。然后进入新石器时代（约前 10000 年—前 3000 年）转入青铜器时期（夏末商初）时，中国传统哲学才有了一定的模糊概念，例如天命观，以及比天命观稍早些的神灵观。学术界一般把公元前 11 世纪的殷周时期，也就是传说周文王推演《周易》的时期到 1840 年鸦片战争以前的中国哲学称为传统哲学。

中国哲学凝聚着中华文化的基本精神，是中华民族数千年文明发展的结晶。几千年来，中国人无论是探索宇宙的奥秘，追求人生的至高境界，还是探讨丰富生活的意义，树立理想的价值信念，主要都是通过中国哲学来实现的。传统哲学中"天人合一"的宇宙观、道德理想高于一切的价值观、辩证而系统的思维方式，都是中国传统文化最主要的思想基础，对于中国文化的发展有着巨大而深远的影响。

中国哲学思想博大精深，源远流长。从现存资料看，中国古代哲学萌芽于殷周之际，产生于生产实践和社会生活中人们对自然及自身的积极思维。其发展大概可以分为以下几个阶段：

一、春秋以前时期

哲学思想往往萌芽于神话故事，我国上古传说时代有许多神话故事都试图对自然界的复杂现象做出完整的解释，例如《盘古开天辟地》、《女娲炼石补天》、《女娲造人》、《两次"绝地天通"》、《治水平土》等。随着社会的发展，中国古代哲学的初期形态，往往以《易经》八卦说、阴阳说、五行说为代表。《易经》是一部用于占筮的书，它是古人"仰观俯察"后形成的智慧结晶，其中包含着宇宙万事万物不断变化发展的观念、事物矛盾对立的观念以及矛盾转化与人的能动性等哲学思想。阴阳说最早的记述见于《诗经》，而最早关于五行说的记载则见于《尚书》，它们的出现，表明了中国古人的思维逐步由神学迈向理性化方向，也标志着中国哲学的产生。

二、先秦诸子时期

随着传统天命神学的全面崩溃，"学在官府"的情况被打破，这就促成了诸子蜂起、百家争鸣的局面。百家诸子的兴起，为哲学思维的发展奠定了基础，从此中国哲学进入创立的时代。

1. 孔子（前551—前479年）

孔子是中国古代伟大的思想家和教育家，他也是儒家思想的创始人。他的哲学思想体系是"礼——仁——知"相统一的体系，而其哲学思想的核心是"仁"。那么，什么是"仁"呢？《论语》中的"仁"有这样几种意义：① 以血缘关系为基础的人与人之间的亲密关系。② 诚实性的"仁"，即孔子讲的"直"。③ 爱人，这是孔子"仁"的基本含义，即孔子讲的"忠恕"。④ "杀身成仁"的人格力量。⑤ 守礼，即中庸的为人处世方法。孔学的精妙之处，是从人类最一般的家庭关系入手，讲求父义、母慈、兄友、弟恭、子孝，并把这种外在的行为规范转化为内在的道德伦理意识的自觉追求，进而以家国同构的原则将其推广开来。

孔子像

2. 孟子（前372—前289年）

孟子哲学思想是孔子思想的继承和发展，他主要提出了"心"的概念，从"性善论"出发把仁义礼智包含在人性之内，并把"仁"推广到全社会，形成了以"仁政"为核心的政治思想。另一方面，他又通过仁爱之心的推广，把道德精神提升到与天相协调一致的境地，为其后的正统儒家把"天人合一"作为人生理想境界奠定了基础。

3. 荀子（前313—前238年）

战国末期的哲学家荀子，通过总结百家学说形成独立而完整的唯物主义思想，他发挥了孔子关于"礼"的思想，提出"性恶论"，注重社会规范对人们的行为约束。荀子以

"天行有常"的思想,去除了"天命论"里的宿命成分,建立了无神秘色彩的天道观。荀子在"天行有常"的思想上,又提出了"制天命而用之"的光辉命题,在肯定自然界客观规律的同时,更强调人的主观能动性。荀子"形具而神生"的观点,是中国哲学史上首次运用形神范畴,肯定形体和精神的主从关系,坚持唯物主义的形神一元论,对古代形神观有重要的贡献。

4. 老子(约前571年—前471年之间)

道家虽非显学,却影响深远。道家创始人老子第一次提出天之起源问题,主张"道"为天地万物之本源,用"道"阐明宇宙万物的构成,"道"同时又是宇宙运行的总规律,"反者道之动","道"的运转被看成是一个周流不息、对立转化的过程。老子认为人们对"道"的把握要借助"静观"的直觉方法,这就开创了中国哲学史上的直觉认识论。但道家的朴素辩证观忽视了矛盾转化的前提条件,从而走向了形而上学。道家又从"道法自然"出发,强调人性的自然发展,反对后起的人为的道德,认为只有"绝圣弃智"、"绝仁弃义"、"绝巧弃利",才能复归人的自然本性,达到"保身"、"全生"、"养亲"、"尽年"的人生价值。这种超逸的理想价值观与儒家的治国平天下的价值观,成为后世人生哲学的两大主流而影响深远。

老子像

5. 庄子(前369—前286年)

庄子哲学是对老子"道"的发挥,否定了墨家的感觉经验和孟子的唯心论。庄子的"道"是追求人精神上的绝对自由,他认为只有彻底摆脱人际关系,才能得到真正的自由。不过,庄子发现和肯定了事物的相对性,这种辩证的哲学思维,对于改变固有的、僵化的思维方法,克服独断论和绝对主义,都有着非凡的意义。

6. 墨子(约前468—前376年)

战国时儒墨并称显学,百家争鸣中墨家是儒家最大的反对派。墨家创始人墨子一方面倡导"非命"(否定命的存在),崇尚人力,另一方面又宣扬"天志"(天有意志)、"明鬼"(鬼神能明鉴人间是非),肯定上帝鬼神的存在。在墨子的哲学里,天志兼爱而不受制天命,天道酬勤,天喜欢自强不息的人。而墨子哲学思想的主要贡献是在认识论方面。他以"耳目之实"的直接感觉经验为认识的唯一来源。墨子强调感觉经验的真实性的认识论也有很大的局限性,他曾以有人"尝见鬼神之物,闻鬼神之声"为理由,得出"鬼神之有"的结论。但他并没有忽视理性认识的作用,墨家学派创建了中国第一个逻辑思想体系。

7. 韩非子(约前280—前232年)

韩非子是战国末期法家思想的代表,他的哲学思想包括:"道理相应"的天道观,他的

“道”是为法治服务的；韩非的认识论承认人是有认识能力的，而且坚持从实际出发去认识，并且提出了“参验”的检验标准；提出了“矛盾”的概念。韩非作为法家的集大成者，他最大的贡献是总结了之前的法治思想，将“法”、“势”、“术”作了统一论述；人性论方面，他与荀子一样，提倡“性恶论”。

8.《易传》

《易传》是儒家后学依托孔子而撰写的解说《周易》的著作。一般认为，它是整个儒家最基本、最精粹的哲学典籍，对后世儒家思想的发展影响很大。在宇宙观方面，《易传》信奉“道”一元论，以“太极”化生说取代“道”生天地万物说，降“道”于“太极”之后。《易传》把天道、地道、人道均统一看成是宇宙秩序的有机构成，体现出把天、地、人视为一体的宏观思维方式。《易传》关于变化、矛盾以及矛盾的转化，已经有了量变引起质变的思想。《易传》的阳刚辩证法思想最后并没有能够脱离形而上学的宿命。《易传》还说明了“人性”与“天命”的关系：“一阴一阳之谓道。继之者善也，成之者性也。”这对后世宋明理学人性论的发展影响甚大。

三、西汉经学时期

秦亡汉兴，数十年里各家学术还有相当的发展，其中以道家之学最盛。汉初道家之学是集众家之善的“黄老之学”，它提倡无为论，即“无为而治”，这与当时社会经济萧条，需要大力发展生产有关。随着汉朝统治的稳定和经济实力的增强，有着雄才大略的汉武帝接受董仲舒的建议，罢黜诸子百家，独尊儒术，从而正式确立了汉代经学。在哲学思想上，表面看，董仲舒以先秦儒学仁义礼智的基本理论与阴阳五行学相结合，建构起天人一统的宇宙论系统图式，创立了新儒学的神学唯心主义体系，从而不仅为西汉大一统的集权政治而且也为整个封建统治奠定了理论基石。尽管董仲舒对中国哲学史上的一些特有范畴如天与人、名与实、常与变等作了一些有益探讨，但他的天人感应论，相对于荀子“制天命而用之”而言，是一个严重的倒退，它还诱导了谶纬神学的盛行，致使经学神学化、宗教化。面对神学的兴盛，进步思想家王充奋起驳议，他在《论衡》中高举“疾虚妄”的旗帜，系统批判了当时流行的各种迷信，以“元气自然说”撕开谶纬家给天蒙上的神秘面纱，以“天道自然观”反对“天人感应论”，抨击鬼神迷信，断言人死不能为鬼，指出知识来自感官经验，反驳“圣人生知”的谬论。王充思想同样比较粗糙。实质上，从汉初的《淮南子》，到后面的《春秋繁露》、《黄帝内经》，其中都是融阴阳五行为一体的宇宙系统论思想，这就奠定了魏晋玄学发展的基础。

四、魏晋玄学时期

魏晋时期经学式微，玄学兴起。玄学由老庄哲学发展而来，玄学家综合儒道两家的思想资料，对已经失去维系人心作用的汉代经学，实行颇为精巧的玄学唯心主义改造：在内容上以唯心本体论代替神学目的论，否定阴阳灾异之说和谶纬神学迷信；在形式上以高度抽象的义理思辨取代经学的烦琐考据和象数比附；在学风上以清新俊逸的论证，代替经学的扼守旧章、拘泥文字，一股力度超过以往任何时代的思辨新风注入中国传统哲学躯体，标志着哲学思想的深化。玄学倡导者何晏、王弼认为“无”是一种最高的哲学范畴，它既是万物的本体，也是最高的人格理想，强调“有生于无”，注重现实功利世界之外的精神人格的追求。同时的阮籍、嵇康也都以老子的“自然”反对儒家的“名教”，指斥虚伪的礼教，追求顺情适性的个体自由。西晋裴頠以“崇有论”反对玄学尚无薄有的思想，认为道是原始的“有”的总结，“有”为自生而非生于“无”，指出贵无贱有，必致“遗制”、“忘礼”而无以为政。郭象也反对造物主，认为任何事物都是自生的；他推崇庄子的“无为”，主张任人自然发展，反对勉强地返于自然。玄学大盛之际外来的佛教也逐渐流行起来。佛教东传的过程中虽然为人们辟出了又一精神解脱的新天地，但却受到传统伦理观念的抵制和夷夏观念的排斥，并且还受到中国本土无神论思想的挑战。东晋以来，孙盛、何承天就撰文批判佛教的神不灭论。齐梁之际，范缜作《无神论》，系统提出“形质神用”学说，指出形体是质即实体，精神是形体所具有的作用，形亡神灭，从根本上否认了神不灭论。在中国本土文化的强大抗拒力面前，佛教文化表现出惊人的调适性，而最终与中国文化相互吸收、相互融化，形成了佛儒争胜、三教鼎立的形势。

五、隋唐佛学时期

隋唐时佛教进入鼎盛阶段，天台宗、唯识宗、华严宗和禅宗纷纷建立起自己的体系，于中国传统哲学思维模式之外另辟蹊径。作为特殊形态的宗教唯心主义，隋唐佛教虽亦以神学理论服务于封建特权统治，但它在玄学论证了自然与名教统一的基础上，进而启示了天国和尘世的统一，出世与入世的统一，并在本体论、认识论、发展观等方面对哲学思维的螺旋发展起了推动作用，对宋明时代的唯心主义哲学有着重要的影响。隋唐时与佛学并行的还有儒家、道家，但以佛学为主流。所以隋唐是儒、释、道三方并存互动时期，这也为宋明理学的发展打下了基础。

六、宋明理学时期

两宋时，理学思潮兴起，理学以儒学为本，融合了释、道哲学，建立了以“理气论”、“心性论”为中心的道德形而上学体系。周敦颐为理学开山，他的主要贡献是在《太极图说》中提出了“无极而太极”的宇宙观。张载以“气”为宇宙本体，驳斥了从原始迷信到释道理论的各种唯心主义，并进一步将“天”与“人”合为一体，使伦理学获得本体论的论证。“二程”则以“天理”为宇宙本体。程颢认为“心即是天”；程颐讲“性即理也”，把人性的主要内容仁义礼智包括在“天理”的内涵之中，使封建的伦理道德上升到世界本原的崇高地位，至此，理学体系已初具规模。

朱熹像

南宋理学分为两派。一派宗小程，以朱熹为首；一派宗大程，以陆九渊为首。朱熹是宋代理学的集大成者，集中论述了理、气、心三者的关系，认为“理在事先”，有理有气然后有心，而心又兼含和主宰着性（内在的道德理性）和情（具体的情感欲念），只有格物穷理，才能达到心的自我认识。因此，朱熹以“格物—致知”为基本出发点，提出了一整套“正心—明德”的修身公式。朱熹所建构的理学体系繁博宏富，但最至关紧要的核心仍然是伦理学本体，“天理，只是仁义礼智之总名，仁义礼智便是天理之件数”。陆九渊主张直接求理于心，提出“心即理也”的命题，强调发明本心，所谓本心即是仁义礼智之心。他宣称“宇宙即是吾心，吾心即是宇宙”，具有主观唯心主义的倾向。朱学把理提升到天之上，陆学把理安置于心之中，方法不同，归趋是一致的。

南宋后期，程朱之学受到尊崇。明初朱学势力更大，但亦已逐渐流于形式而无更高发展。明中期王守仁由朱学转向陆学，成为宋明理学的集大成者。王守仁从认识论上讲心物不二，一切皆在于心；从主观唯心上讲人生，以为人生的最高准则是“致良知”。“良知”即是人本存的道德原则，同时又是人的道德自觉和实践，肯定知行合一，离行无知，而知即含有行，一念发动即是作为，强调道德情感、直觉和体验。王氏哲学是中国主观唯心论最圆满的发展。张载之后，唯心哲学大肆泛滥，而唯物哲学后继乏人，直到明中叶以后，罗钦顺和王廷相才提出“理在气中”的唯物观点，反对程朱理学而影响于早期启蒙思想家。

明末清初，进步思想家开始突破理学的局限，以王夫之为代表的思想家集唯物主义思想之大成，全面总结和清算了理学诸流派，建立起唯物主义与朴素辩证法相结合的体系，达到中国古代哲学的高峰。王夫之认为“气者理之依”，“道者器之道”，理不能脱离气而存在，道本之于器而随器变，一反程朱理学道决定器、理生万物的唯心主义本体论。在认识论上，他以“能”与“所”为逻辑起点，通过格物与致知、学与思、博与约、诚与明等范畴的解释，使认识过程充分展开，提出了感性具体经过知性抽象上升成为理性的认识三阶段的理论，最后由知与行，使理性认识进入实践。王夫之的哲学，标志着中国封建社会哲学发展圆圈的终结。其后的颜元、戴震等人的思想分别显示了唯物主义经验论和唯理论的哲学倾向，历史地预示着朴素形态的唯物辩证法必将取代形而上学，成为新的哲学形态。考据学派的崛起，也加速了理学的衰败。这一切标志着中国传统哲学的终结和新时代哲学的即将来临。

拓展延伸

《女娲炼石补天》的故事

中国上古神话中，有一位化育万物、造福人类的女神，这就是女娲。据说天地开辟以后，大地上虽然有了山川、湖泊、花草鸟兽，可是还没有人类的踪迹。大母神女娲想创造一种新的生命，于是她抓起了地上的黄土，仿照自己映在水中的形貌，揉团捏成一个个小人的形状。这些泥人一放到地面上，就有了生命，活蹦乱跳，女娲给他们取名叫做“人”。就这样，她用黄泥捏造了许多男男女女的人。但是用手捏人毕竟速度太慢，于是女娲拿起一截草绳，搅拌上深黄的泥浆向地面挥洒，结果泥点溅落的地方，也都变成一个个活蹦乱跳的人。于是大地上到处都有了人类活动的踪迹。女娲还使男女相配，叫他们自己生育后代，一代一代绵延。在神话中女娲不单是创造人类的始祖母，而且是最早的婚姻之神。

后来不知什么原因，宇宙突然发生了一场大变动，半边天空坍塌下来，露出一个个可怕的黑窟窿，地上也出现一道道巨大的裂口，山林燃起炎炎烈火，地底喷涌出滔滔洪水，各种猛兽、恶禽、怪蟒纷纷窜出来危害人类。女娲见人类遭受这样惨烈的灾祸，就全力补修天地。她先在灌河中挑选许多五彩石，熔炼成胶糊，把天上的窟窿一个个补好。又杀了一只大龟，砍下它的四只脚竖在大地四方，把天空支撑起来。接着杀了黑龙，赶走各种恶禽猛兽，用芦苇灰阻塞了横流的洪水。从此灾难得以平息，人类得到拯救，人世间又有了欣欣向荣的景象。为了让人类更愉快地生活，女娲还造了一种名叫“笙簧”的乐器，使人们在劳作之余进行娱乐。

女娲是母系氏族社会的神话人物。这个神话，反映出当时人类对自身起源和自然现象的认识。

第二节　儒道思想

儒家，又称儒学思想、儒家学说，是中国哲学思想中最重要的学派，是中华文明最广泛的信仰构成。儒学世界观基本上以对天的理解以及天人关系的各种形态的可能性之优劣比较与选择等两个问题为出发点，作为其建立世界观的主要脉络。而人的存在意义与价值，更可因其自身之努力与创造，得与天地的存在意义同其伟大。孔子教导“为仁”的原理；孟子则提出“性善论”；荀子提出“性恶论”；周敦颐的“主静立人极”功夫；张横渠的“存天理、去人欲”；程颢“识仁”、“体贴天理”；程颐“涵养须用敬，进学在致知”；朱熹的“格物致知”、“穷理尽性”；陆象山的“立其心之大者”；王阳明的“致良知”；湛若水的“随处体认天理”；刘蕺山的“慎独”与“诚意”……这些儒家学者试图透过相近或相异的概念范畴或思想体系，都是为了透过这些人类自身由内而外的功夫修养，来追求并达到儒家理想的社会政治体制与文化理想。

道家是中国古代哲学的主要流派之一，以“道”为世界的最后本原，所以称之为道家。道家创立于春秋后期，创始人为老子。由于对“道”的理解不同，到战国中期，道家内部开始发生分化，形成老庄学和黄老学两大不同派别。前者的思想以《老子》《庄子》《列子》为代表，后者的思想以《管子》中的《心术上》《心术下》《白心》《内业》四篇为代表。道家哲学影响到整个中国古代哲学的发展。

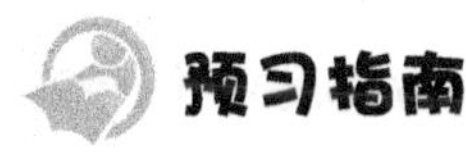

预习指南

了解儒家思想的发展，了解道家思想的发展

故事导入

佛祖与老子逛茶园

有一天，佛祖在大街上遇到老子，两人握手长时间没有松开，像遇见多年没见面的老朋友一样亲切地注视了好久，一句话也说不出来（佛祖想：言语道断，心行处灭；老子想：道可道，非常道。），然后两人好像明白彼此心思似的，只是激动地异口同声地说："哥们，缘分呐！咱们到那边的茶园里坐坐吧。"那个步调一致啊，真是太默契了。到了茶园，佛祖问老子："吃点啥呢？"老子说："随便。"佛祖想，听说过这地方有随份子的，哪有随便的啊！转念又一想，老子这人听说很有头脑，随便里头一定有不随便的道理，可不能随便小看他的话。还是自己的老想法，还是随缘吧，于是很有风度地叫服务员："女子，过来，麻烦你，这有啥特色的介绍一下。"服务员一看是两位没钱的主，就随便说了一句，你们俩啊，就别高消费了，就在这园子里打打牌得了，如果渴了的话，就喊我，我给你们倒开水。佛祖问老子："行吗？"老子说："正合我意！"佛祖高兴极了，因为他今天刚好带了5块钱，如果没有服务员这一小瞧，自己可就在老子面前出洋相了，真是苍天保佑啊，阿弥陀佛！

两人被领到一个安静的茶摊上坐了下来，周围环境很安静，空气不错，遮阳伞是一棵很大的、叶子很茂密的树，显得格外清凉，桌子上放了一副很特殊的扑克牌，已经被分成二份，省得二人再洗牌了，两人商议就玩大压小，就是我们经常玩的"跑得快"，看谁的点数大谁就发牌，最后发完牌的一方胜。下面老子出牌了，"A"，老子说，A是第一的意思，可不是数目1的意思，第一就是说没有比他更大的了，你看着走。佛祖说："我出0"，他进一步解释说："我这个是代表空，不是数目0，不是无的意思，是空间的那个空，宇宙间的空间大不大？无量无边，还有比这大的吗？"老子说，"平了，你大，我承认，我也大，和你是一个意思，因为道生一，道就是你那个无形无象的空，一回事！"佛祖点头，表示承认，这下没法出牌了。佛祖建议："就用你们中国的钉钢锤。"佛祖想，钉钢锤是不以人的想法定胜负的，完全是命运决定的，那命运是谁定的呢，是自己的业力决定的，也就是自己平时是怎么做造成的，我平时忍辱，持戒，布施，干得都是天下一等的好事，命差不了，定能赢。老子也在琢磨，钉钢锤好，钉钢锤是中国人的强项，也是最公平的，只要二人同时出拳，结果就会很公平，因为这是天说了算的事，我最了解天了，天是不会让我输的，因为人法地，地法天，天法道，道法自然。我这钉钢锤的本事可是向自然学的，还能不赢吗！两人都抱着百分之百胜算的把握开始钉钢锤。好戏开始，老子出拳头的瞬间佛祖在禅定中看到了老子的想法；佛祖想出布，老子在一旁也非常明白，因为他一使用无为法，自然就知道佛祖在想什么，二人就在明明白白中反复反复变化了无数个瞬间的想法，都无法出牌，因为你变想法的瞬间他就知道了，想法也跟着变了，连出手的机会都没有，双方都是高手，都是强劲的对手，但谁又都不是谁的对手，争得分不出上下来，持续了一阵子，双方的体力消耗得很厉害，一个拳都没出出来。最后他们都笑了，笑得很神秘，但又是那么坦然，佛祖说："我服你了，你让我真正理解了佛经上说的'佛法是不二法门'这句话的意思……高和低是一不是二，是一回事；胜和负是一不是二，是一回事；你是我最强的对手，但你已经不是我的对手，因为我一直在破你的技术，也在成全你的技术，你也一样，你和我是一回事，不是两回事，争个胜负有什么用，争个高低有什么用？"老子惊奇地说："这话正是我想说给你的，你抢先了一步，道德经上说，长短相形，高下相倾，前后相随……你高明，是因为我能识破你的高明，你就更高明，但你高明到极处，也就是我高明到极处的时候，因为能力都是被逼出来的。"说到这里，两人都有种相见恨晚的感觉，佛祖说，要是在二千多年前我就遇到你，我还到那深山老林里修苦行干啥呢！？有你这么个难缠鬼我不早就成佛了嘛，害得我走了那么多的冤枉路。老子说："我也不是故意的啊，你没看到吗，我到现在还骑着头白牛在无目的地晃悠吗？我过的日子和你差不多。"两人说着说着，都忘记了向服务员要水喝，也忘记了饥饿，不知不觉下班的时间到了，服务员走到他们跟前说："二位，已经晚上0点了，哪位先生埋单啊？"佛祖顺手从钵里拿出准备好的五元钱递给女服务员，阔气地说："不用找了！"老子说："别，我来！"，赶快到牛背上取钱包，等回来时，佛祖已经出了茶园的门。佛祖说："我已经付过了。"老子说："你看，让外国朋友破费，真不好意思。"佛祖说："都一家人了，还跟我客气！"老子想："外国人就是实诚。"两人边走边聊，不久就消失在人们的视线中……那服务员在一旁偷着乐呢："这俩傻子真好伺候，一口水都没喝，就轻而易举地被我赚了那个印度佬的五元钱。"

一、《易经》与八卦

《易经》之"易"，有三个方面的含义：① 变易：揭示万物变化之规律；② 简易：将复杂的万物之理抽象简单化；③ 不易：以字形中的"日月"代表阴阳，这是万物不变的规律。

伏羲之先天八卦图

我们通常所说的《易经》，往往是指《周易》，但严格说起来，《周易》的范围比《易经》要小很多。《周礼·春官·太卜》："掌三《易》之法，一曰《连山》；二曰《归藏》；三曰《周易》。"《周易》是周文王囚禁羑里时，在连山、归藏的基础之上研究而得，后经周公发扬光大，再由孔子以此作为教育弟子的教科书，从此得以保存下来。我们今天所说"周易"一词，几乎就是"易经"的代名词。真正的周易，是指四书五经中的《周易》一书，由"经"和"传"组成，"经"是指周文王所写的"卦辞"，以及周公所写的"爻辞"；"传"共有十部，因其助人理解经文的作用很大，后人形象地称之为《十翼》,就如同周易的十个翅膀。为了让人更好地理解,人们在传习周易的同时,增加了卦序、卦象等。

关于八卦,《周易》的《系辞》中这样描述:“易与天地准,故能弥纶天地之道。仰以观于天文,俯以察于地理,是故知幽明之故。原始反终,故知死生之说。”

《系辞》上告诉我们,伏羲统治天下,仰观天文、俯察地理,辨别鸟兽之文,与地上万物相对照,近取诸身,远取诸物,作八卦以通神明之德,以类万物之情。此后历经神农时代、黄帝时代,一直到尧舜,才逐步形成完整的64卦体系。此后,再经过禹、商、周近二千年的补充才发展为周易。

为什么要用蓍草来占卜?《说卦传》清楚地告诉了我们:“效法天地”。“昔者,圣人之作易也,幽赞于神明而生蓍。参天两地而倚数;观变于阴阳而立卦;发挥于刚柔而生爻;和顺于道德,而理于义;穷理尽性,以至于命。”

二、儒家思想的发展

儒家文化是中国传统文化的主流。儒家文化的渊源很深,至少可以追溯到夏、商、周三代未曾中断的文化积淀。在这个前儒家的文化母体中,宗法性的社会结构和宗教性的精神结构都经历了漫长、连续的自然发展过程,逐渐形成了独特而完整的“礼乐文化”系统。在宗法性社会结构中,亲属关系与政治关系同构,治家与治国融为一体,一切社会关系都被家族化了,一切社会关系都依照亲属关系的原理和准则来规范和调整。在精神领域,尽管各种宗教礼仪越来越发达,但人们对神灵的信仰却逐渐衰落,人们对祭祀的肯定,更多的是出于对祭祀的社会功能的认可,而不再是出于纯粹的宗教信仰的需要。于是,从礼乐文化的内部逐渐生长出一种人文的、理性的精神,形式化的仪典文明逐渐转变为政治和伦理的理性追求。这种理性化的思潮,至春秋战国时代达到顶峰。但它与古希腊哲学开端不同,不是体现为注重观察和把握自然的理性,而主要是一种政治的理性、道德的思考和人生的智慧。

(一)先秦儒学

孔子,名丘,字仲尼,是儒家学派的创始人,被后世尊为“圣人”。他生活在“礼崩乐坏”的春秋时代,宗法秩序面临解体,整个社会陷入了全面的混乱:一方面由于各诸侯国的政治力量正试图突破宗法等级的严格限制,谋求自身的独立发展,从而导致了人们现实生活的无序状态;另一方面由于原有的天命鬼神崇拜遭到了普遍的怀疑和否定,而新的共同信仰尚在酝酿之中,从而导致了人们精神生活的无序状态。为了解救现实和精神的双重危机,孔子提出了一整套应对方略,并为之四处奔波。晚年孔子潜心授徒,编辑整理儒家经典,其弟子将其思想言论和日常行为记录下来,汇集成《论语》。

孔子的思想博大精深,涵盖政治、道德、教育、宗教、艺术等多个方面,其核心是德政和仁学,而仁的学说又是其全部思想的灵魂。孔子试图从历史的延续性中把握人类生存的根本意义和社会发展的最一般原理。他从三代社会的历史中,看到了宗法礼制的合理性,并将其中的“亲亲”和“尊尊”精神概括为“仁”。“亲亲”是社会关系中的自然亲情,

“尊尊”是人与人的自然差异的社会放大,二者构成人类社会的凝聚力和秩序性的基础,集中体现了人的本质,即自然性和社会性的高度统一。仁,最基本的含义是“爱人”,它的根在于“亲亲”,故孝悌为仁之本。由爱亲人而次第展开,达至泛爱民众,构成了仁的差等性和广博性,从而使“尊尊”原则被“亲亲”原则所包容。仁的推展方法是忠和恕:尽己之心是忠,推己及人是恕。仁的最高境界是“克己复礼”,这是一种让自己的自然情欲自觉纳入社会规范的努力,最终实现“从心所欲不逾矩”的完全人格和精神境界,并体验到某种自由无限的安宁与和乐。这种内在德性的涵养培育,不仅是个人的精神归宿,而且是改造社会、实现长治久安的根本依据。他指出:“道之以政,齐之以刑,民免而无耻。”单纯依靠政治强制力量来整合社会,不仅达不到真正的长治久安,而且人的本性将受到戕害。相反,“道之以德,齐之以礼,有耻且格”,用从宗法秩序中抽象出来的“亲亲”与“尊尊”相结合的精神来组织社会,则社会可以安定,人性可以保全。孔子的“修己安人”之道,极大地影响了此后中华民族文化性格的形成,极大地影响了中华民族思想发展的方向和社会政治格局演化的进程。

孟子像

孟子,名轲,是儒家的“亚圣”,留下的著作有《孟子》七篇。儒学自孔子创立,中经曾子、子思等人的传播,至孟子而“显于当世”。孟子的思想恢宏磅礴,震撼人心。其大端有标举仁义、力倡性善、着意修养、阐发仁政等,其中“性善论”是关键。孟子首次以仁义并提的方式来概括儒家的最高价值,特别重视义利之辨,确立了儒家的道义立场。孟子一方面认定仁义是人区别于禽兽的社会性本质,另一方面又通过人的自发心理来论证仁义具有确定的自然基础。仁义是人的社会性和自然性交融合一的集中体现,是人性的核心内容;它只能是善的,因为它是自然和社会的最高本质,同时也是人类追求的最高目标。既然仁义就是人的本性,那么人人都可以“反身而诚”,“养吾浩然之气”,而“尽心知性”,得“大丈夫”胸襟,堂堂正正做人。既然人类社会必须朝着合乎人性的方向发展,那么现实的专制帝王推行的就是“霸道”而非“王道”,没有理由任其存在,在极端的情况下,人们可以推翻这种暴政。由于宋儒的极力推崇,孟子的影响在宋代之后迅速扩大,其地位仅次于孔子,儒学也被称为孔孟之道。

荀子,名况,字卿,又称孙卿,是先秦时期最后一位儒学大师,著作有《荀子》三十二篇。荀子明确意识到宗法秩序解体、家国分离已是不可抗拒的潮流,因此他最关心的问题,是在新的历史条件下如何安定社会人心。他主张王霸兼用、礼法并施、天人相分、人之性恶等说,其中“天人相分”和“性恶论”是其理论基础。荀子的“天”主要指不以人的意志为转移的自然现象,因此天与人各有其职,社会治乱与天无关,人也不要与天争职。

人应该致力于人事,为此可以"制天命而用之"。人先天就有的,属自然,叫"性";后天努力而得的,属人为,叫"伪"。顺从自然情欲,必生争夺祸乱;制止祸乱的礼义,只能出于人为。因此"人之性恶,其善者伪也"。善源于客观的人类共同利益。情欲是天性,不能去掉,但可以用礼义之善来节制,这就是"化性起伪"的教化修养过程。就社会治理而言,王道优于霸道,霸道又优于亡国之道,因此从人类共同利益出发,如果王道难求,霸道也是可取的。礼义德教虽是治国根本,但刑赏法度也是治国所必需,因为礼与法都是维护人类共同利益的手段。甚至君与民的关系,也要从客观的善的角度来理解,与孟子"民贵君轻"的思想不同,荀子非常强调"尊君"。荀子思想对后世影响深远,直至宋代才明显减弱。

荀子像

(二)汉唐经学

汉代儒学以"经学"的面目出现,即通过注解先秦儒家经典的方式来表达其思想主张。儒家经典主要有《易》《诗》《书》《礼》《春秋》等,汉武帝创建"太学",设置专讲这五部经书的"博士",教授弟子。官方教育依据的经典,都是用当时通行的隶书写的,故称今文经;西汉后期,据说民间又发现了一些用篆书写的经典,称古文经。由此,汉代经学又分"今文经学"和"古文经学"两大派。

董仲舒(约前179—前104年)是汉代今文经学杰出的代表人物。他依据的主要经典是《春秋公羊传》,他阐发的春秋公羊学成为当时中央政权的统治思想,其主要著作有《春秋繁露》等。董仲舒通过发挥《春秋》中的"微言大义",构造了一整套囊括天人、包揽宇内的庞大的神学目的论的理论体系。他运用神秘主义的"天人感应论",一方面以君权神授理论证明君权的合法性,坚决维护大一统的政治局面,另一方面又把仁义解释为天的意志,试图以天的权威来约束君权,将专制君权纳入价值理性的轨范。董仲舒成功地将儒家思想引入到现实政治的操作层面,形成了"罢黜百家,独尊儒术"的意识形态统一的局面,为中国皇权社会确定了意识形态的基本构架。

董仲舒像

刘歆(？—23年)是古文经学兴起的关键人物。他曾与其父刘向同校皇家藏书,在校皇家藏书时见古文经典数部,如《春秋左氏传》等,于是逐一予以精心整理。他曾建议将古文经《左氏春秋》《逸礼》《古文尚书》等列于学官,被群臣所阻,但从此研习古文经的风气大开。古文经学的最大特点,是反对今文经学中神秘主义的天人感应和谶纬迷信,主张用实证考据的态度来解释儒家经典的原意。至东汉后期,一大批饱学之士因厌恶政治黑暗,纷纷潜心于古文经学的钻研。其中,郑玄(127年—200年)字康成,隐修经业,精通古文经学,集汉代经学之大成。他几乎遍注群经,所注兼采今古文,尤详于典章制度、名物训诂,对后世经学的发展有深远影响。

唐朝统治者对儒学比较尊重,并予以有力提倡,只是出于现实政治的考虑,仍以三教并重作为意识形态的基本原则。贞观年间,唐太宗鉴于当时儒学师说多门,章句繁杂,命孔颖达(574年—648年)主持编撰五经义疏,整理儒学。孔颖达率诸儒泛采南北各家之说,历时二十余年,编成《五经正义》一百八十卷,完成了对儒家经典的系统整理,形成了经学注疏的"定本",为官方经学考试提供了统一的标准,很大程度上满足了意识形态的需要。然而,由于官方经学日益流于繁琐的笺注,儒家真精神不得彰显,从而使儒家在与佛道二教的激烈交锋中每每处于下风,而儒家信仰也出现了严重危机。于是,中唐以后,韩愈(768年—824年)、李翱(772年—841年)等人发起"文以载道"的古文运动,主张从"道统"和"性命之源"的角度重新解释儒家精神,全面恢复儒学权威,为宋明理学的创立提供了有益的经验和准备。

(三)宋明理学

北宋初,在相对宽松的文化政策的鼓励下,在激烈的民族矛盾的刺激下,士大夫们掀起了一场声势浩大的儒学复兴运动。他们重揭《春秋》"尊王攘夷"之旨,把唐亡的教训归结为忽视儒家的纲常伦理,将背离儒家传统的佛教和道教统统斥之为夷狄之教。在他们的持续努力下,越过繁琐笺注而探讨儒经义理之风大开,士气随之大变,重忠孝、讲廉耻、砺气节的社会氛围逐渐形成。理学就是在这场儒学复兴运动中孕育而生的。

一般认为,理学分为"程朱理学"和"陆王心学"两大派。理学的形成和发展大致经历了三个时期:理学的创建期,以北宋五子为代表;理学的成熟期,以"二程"和朱熹为代表;理学的发展和深化期,以陆九渊和王守仁为代表。

1. 理学的创建期。周敦颐(1016年—1073年)字茂叔,世称濂溪先生;邵雍(1010年—1077年)字尧夫,谥康节;张载(1020年—1077年)字子厚,世称横渠先生;程颢(1032年—1085年)字伯淳,世称明道先生;程颐(1033年—1107年)字正叔,世称伊川先生,此五人并称"北宋五子",是理学的开创者。他们吸收佛道二教的理论成果,运用抽象的哲学思辨,将儒家的仁义价值提升到了"天道性命"的高度,形成了各自的严密体系,不同程度地论证了儒家之道作为信仰对象的合理性,在重建儒家信仰方面取得了一些实质性进展。其中,张载的地位有些特殊,有人认为他开创了理学的"气学"一派,是理学中唯物主义的杰出代表。

2. 理学的成熟期。程颢、程颐兄弟是理学从第一期到第二期转折点的代表人物,他们找到并确定了理学的最高范畴"天理",论证仁义即是天理的本体论思路,初步建构起理学的基本框架。朱熹(1130 年—1200 年)字元晦,号晦庵,南宋人,是理学的集大成者。其著作很多,影响最大的有《四书集注》《近思录》《朱子语类》《朱文公文集》等。他按照“二程”的思路全面总结了北宋以来的理学成就,确定、充实并完善了理学的理论框架,基本完成了重建儒家信仰的理论论证。朱熹庞大缜密的理学体系,大致由本体论、修养论以及社会政治理论三个部分构成。在本体论方面,朱熹以“二程”为主,部分吸收了张载的思想,形成了复杂的理气论和心性论。在修养论方面,他详尽地探讨了“仁”的境界,区分了“小学”和“大学”两个阶段,系统阐发了“格物致知”等多种功夫,强调日积月累、循序渐进。在社会政治理论方面,他坚持以道统论为依据评判历史和现实,大胆断言秦汉以来的所有帝王都是无道之君,认定儒家因为掌握了道而拥有干预政治的天然权力,主张干预政治的关键是要设法“正君心”。朱熹在历史上被擎为“致广大,尽精微,综罗百代”的一代“宗师”,地位仅次于孔孟。他的思想在他生前被官方定为“伪学”,而在他死后却被官方奉为儒学正宗,并影响了后世六七百年之久,对维护专制皇权制度起了重要的作用。

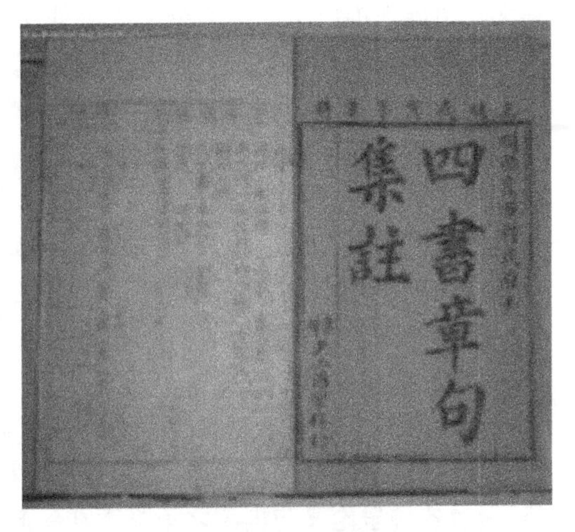

《四书集注》书影

3. 理学的发展期或深化期。陆九渊(1139 年—1193 年)字子静,自号象山居士,南宋人,是心学的开创者。其著作有《陆象山全集》。他提出的核心命题是“心即理也”,并用自己的体验而不是逻辑思辨来展开和印证这个结论。他的名言“宇宙便是吾心,吾心便是宇宙”等,就是他的体验所得。他批评朱熹的理学“支离”,说了很多,却不能使人当下感奋,树立起对儒家价值的坚定信念。因此他反对埋首书册,日积月累地追求外在的知识,主张于人生日用处直接体悟,“发明本心”,以作为自己安身立命之地。他认为“物欲”和“意见”是人心之蔽,所以要将其剥落、扫除。陆九渊的思想言论具有很大的冲击力,在当时和后来都引起了强烈的反响。王守仁(1472 年—1528 年)字伯安,自号阳明子,明代人,是心学的集大成者。其著作收入《王阳明全集》。他系统论证了“心即理也”的命题,认为人是天地的心,“灵明”是人的心,因此,宇宙“发窍之最精处,是人心一点灵明”,“充天塞地中间,只有这个灵明”。这个“灵明”就是天理,就是本心,就是良知。没有这点灵明,天地万物和社会人生都将成为毫无意义的

王阳明像

虚无。由此他推出了一连串结论:“心外无物,心外无事,心外无理。”由于人人都有良知,所以只要识得此理而不失,则“满街都是圣人”。学以至圣的修养关键在于“致良知”。为了遏止伪善流行,他特别强调“知行合一”。他晚年对“无善无恶是心之体”的肯定,引导王门后学走向了带有近代个性解放色彩的自然人性论思潮。总之,陆王心学强调学问的目的在于做人,因此主张扫落枝叶,直奔主题。在本体论上,心学不谈理气关系或宇宙结构,直接从心性出发来谈宇宙本体;在修养论上,心学反对向外追逐客观知识,要求直接返身内求、体认本心。心学的出现,标志着重建儒家信仰的理论任务已经完成,宋明理学的重心转向了在儒家信仰支配下的生命实践。

(四)清代儒学的流变

清代近三百年儒学发展的脉络相当复杂,先是心学与理学之争演变为汉学与宋学之争,接着是汉学内部出现了今文与古文之争,随后爆发的鸦片战争又引入中学与西学之争,最后各种争论又与满汉之争交织在一起。

明末清初,满族入主中原,民族矛盾骤然激化。一批儒家知识分子先投身于抗清斗争,后又采取与朝廷不合作的态度。他们在总结明亡的教训时,纷纷对宋明理学进行了深刻反思,提倡“经世致用”之学。其中,最杰出的代表有顾炎武、黄宗羲、王夫之等。黄宗羲(1610 年—1695 年),时人称梨洲先生。他站在心学立场上对宋明理学进行反思,主要著作有《明儒学案》、《明夷待访录》等。他提出“心即气也”、“心无本体”,反对脱离现实而谈心性、脱离工夫而谈本体;他提出“天下为主,君为客”,认为现实颠倒了这种关系,因而“为天下之大害者,君而已”;他还创造性地提出了以“学校”为最高议政机构的设想,这样“天子亦遂不敢自为非是,而公其非是于学校”。王夫之(1619 年—1692 年),世称船山先生,则站在理学立场上进行反思,其著作收入《船山遗书》。他对理学各派都有批评,而对张载最为推崇;他批判总结了自先秦以来的文化遗产,几乎在所有的传统范畴和命题上都提出了超越前人的见解。他强调“有形而后有形而上”、“天下唯器”、“理在气中”、“势之必然处见理”、“有欲斯有理”等,集中国古代唯物论思想之大成。他以“循天下之公”为标尺,反对分封制而肯定郡县制,在猛烈抨击“孤秦”、“陋宋”的同时,又敏锐

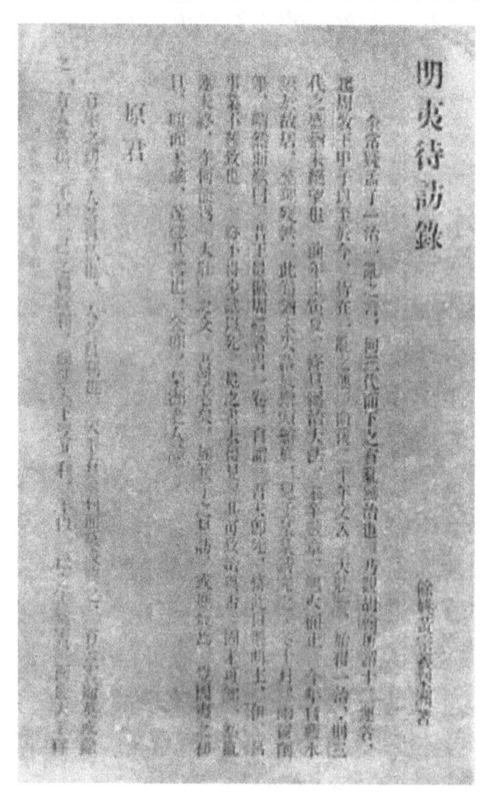
明夷待訪錄

原君

《明夷待访录》书影

地指出“秦以私天下之心而罢侯置守,而天假其私以行其大公”。顾炎武(1613 年—1682 年),时人称亭林先生。他的反思基本跳出了理学和心学的框架,其代表作有《日知录》《音学五书》等。他提出“经学即理学”,批评宋明理学“以明心见性之空言,代修己治人之实学”,主张博考经史,游历四方,钻研关系国计民生的实用学问。他抨击“私天下”的君主专制,把“亡国”与“亡天下”区别开来,梁启超把他的这种思想概括为“天下兴亡,匹夫有责”。他学识渊博,注重考据,开清代朴学之风气。清代的意识形态虽仍为程朱理学,但由于官方文化专制的高压,程朱理学的地位已江河日下,儒家学者纷纷转入民间的经学研究。乾隆时期,四库全书馆的开设,将民间的考据之学提到了半官方乃至官方的地位,乾嘉汉学由此而兴。乾嘉汉学的主要代表人有惠栋、戴震等。惠栋(1697 年—1758 年)字定宇,吴派经学的奠基人,所著有《九经古义》《易汉学》等。他博闻强记,笃守家法,清代汉学的门户壁垒由他而立,故被时人推为学术正统。戴震(1723 年—1777 年)字东原,擅长考据、训诂、音韵,对经学、语言学、哲学等均有重要贡献,其著作有《声韵考》《孟子字义疏证》等。他以经学家的严谨,对理学的重要范畴逐一分析批判,进而提出“理存乎欲”之说,猛烈抨击宋明理学的“存天理、灭人欲”思想是“以理杀人”。他沉痛地说:“人死于法,犹有怜之者;死于理,其谁怜之!”

戴震的弟子众多,名家辈出,如段玉裁、王念孙、王引之等。然而汉学在他们手里,却逐渐变成了逃避政治迫害的避难所或学者孤芳自赏的奢侈品,不但批判精神荡然无存,且门户之争严重束缚了人们的思想。于是,从儒家经典中寻找微言大义的今文经学悄然而兴。清代今文经学传至龚自珍、魏源,终于放出异彩。龚自珍(1792 年—1841 年)号定盦,著有《定盦文集》。他以春秋公羊学中的“三世”循环观为据,从当时表面太平的“盛世”假象中,看到了大乱将至的“衰世”真相。他极力主张改革弊政,挽救危机。就在龚自珍去世的前一年,鸦片战争爆发了;十年后,太平军兴,清朝果然进入了衰落乱世。魏源(1794 年—1857 年)以今文经学为旗帜,倡导经世致用之学。尤其在鸦片战争前后,他受林则徐嘱托编撰了《海国图志》,成为当时介绍西方世界的最主要的一部著作,对中国人破除“天朝”观念、客观认识西方起了很大作用;他提出的“师夷长技以制夷”主张,也成为后来“洋务新政”的指导原则。

康有为像

鸦片战争和太平天国起义的相继爆发,使得中西冲突和满汉矛盾交织在一起,中国社会的总危机已经到来。如何解决这些矛盾、冲突和危机,成为这个时期的焦点。为此,宋学和汉学阵营里都涌现出了重量级人物,他们是康有为、章炳麟。康有为(1858 年—1927 年)号长素,时人称南海先生,是晚清今文经学的集大成者,主要著作有《新学伪经学》《孔子改制考》《大同书》等。他认为今文经学的本质是“托古改制”,其“三世说”表达的是由“据乱世”经“升平世”至“太平世”的进化论;而当今正值进至升平世的关键时刻,必须变法改制,推行君主立宪,方能救国救民。据此,他积极主持戊戌变法,失败后逃往国外,但仍坚持君主立宪的主张,反对革命和民主共和。章炳麟(1869 年—1936 年)号太炎,是清末民初的一代国学大师,论著收入《章太炎全集》。他早年研习古文经学,因宣扬反满的“种族革命”而声名大振;流亡日本期间曾广涉西学,中年后又潜心佛典。他运用正统汉学的研究方法,扩展其内容而开拓新途径,在哲学、文学、史学、语言学等方面都有颇深造诣,被梁启超誉为“能为正统派大张其军者”。他提出“善亦进化,恶亦进化”的“俱化进化论”,提出“无道德者不能革命”,提出“维持进化,纯在依自,不在依他”等,在中国旧民主主义革命时期产生了较大的影响。

(五)儒家的人格思想

儒家思想是中国文化的主流。其核心思想就是孔子提出的“仁”。孔子解释说“仁者,爱人也”,“夫仁者,己欲立而立人,己欲达而达人”,即对他人的爱,是人格修养的基础。孟子进一步提出“老吾老,以及人之老;幼吾幼,以及人之幼”的博爱思想。“自强不息”、“厚德载物”,是天地的爱心,是天地的道德境界,也是人格的最高境界。因此,中国人总是自觉地承担对国家、民族的责任感和使命感,形成忧国忧民的爱国传统。

中国文化的核心思想是和谐。社会和谐的基础是人人具备爱心,甚至是无私奉献的心。但是人的天性中具备私我欲望,因此就需要“修身”,“自天子以至于庶民,壹以修身为本”。

《大学》把修身的要素归纳为“三大纲领八个步骤”。三大纲领分别是“明明德、亲民、止于至善”,八个步骤分别是格物、致知、诚意、正心、修身、齐家、治国、平天下。八个步骤是人修身过程中的八个阶段,而前者是后者的基础。

修身的具体依据就是“五常”。所谓的“常”是指它不分时代、地区、民族、年龄及身份,只要是人就具有永恒的约束性,分别为仁、义、礼、智、信。儒家“五常”与佛家的“五戒”、“十恶”(身体行为有杀、盗、淫,言语行为有妄语、绮语、两舌、恶口,意念行为有贪、嗔、邪见)有相通之处,即常是从正面讲人该怎么做,戒和恶是从反面讲人不该做什么,因此“十恶”也叫“十善”。

人天性中就有私欲,因此衡量人品的重要标准,就是看他如何对待“钱权名利”的问题。儒家主张“君子爱财取之有道”,并且用“五常”作为道德修养的规范。为了实现儒家的理想社会——由君子构成的大同世界,宋代儒家代表人物张载提出“为天地立心,为生民立命,为往圣继绝学,为万世开太平”。这是中国文化的根本目的,也成为中国知识分子与生俱来的使命。

所有这一切,都是为了实现儒家的人格理想——“内圣外王”。进,则造福一方百姓;退,则修身求圣,乃至不论“穷”、“达”都要济世。

三、道家思想的产生和发展

原始道家初创于老子,大成于庄子。老子的著作有《老子》,也称《道德经》。《道德经》洋洋五千言，精辟深刻，词约义丰。老子学说的最高范畴是“道”，整个道家学说都是以“道”为中心概念展开的。庄子的著作有《庄子》，诗意盎然，哲理渊博，“洋洋捭阖，仪态万方”。庄子继承老子的道的学说，改造老子的辩证法为相对主义，构成了一个庞大的富有艺术气息的哲学体系。老子和庄子的思想成为中国文化的核心思想，影响深远。

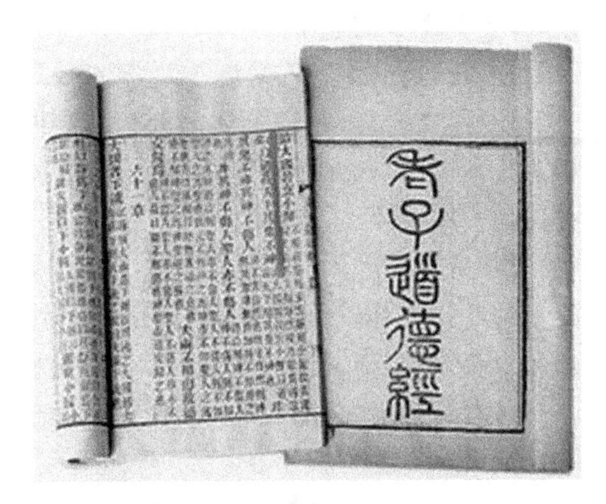

《道德经》书影

汉代的《淮南子》一书杂采儒、法、墨等家学说，但其基本思想是道家，是黄老之学的集大成之作，代表了汉代道学的最高成就。《淮南子》也将“道”规定为最高范畴，具有时空的无限性，把道说成既是被体验的客体，又是进行体验的主体；既是人的意识活动，又是活动所指的对象：“夫道者，复天载地，廓四方，柝八极，高不可际，深不可测，包裹天地，禀授无形……舒之幕于六合，卷之不盈于一握。约而能张，幽而能明，弱而能强，柔而能刚。横四维而含阴阳，紘宇宙而章三光。”

魏晋南北朝时期，庄子的思想勃兴，出现了新道家，其中的代表人物是王弼。王弼（226 年—249 年），今河南焦作人，“幼而察慧，年十余，好老氏，通辩能言”，有《老子注》《老子微指略例》等著作。其理论观点主要有：贵无，主静，圣人体无，言不尽意。所谓“贵无”，就是以无为本，直认老子的道即无。这里的“无”，不是有无之无，而是一切事物赖以存在的本体，它超言绝象，不具有任何具体属性，唯其如此，才能主宰万物的存在和变化。所谓“主静”，是认为“无”是绝对的本体，又是不动不变的永恒存在，因而以静为本，以动为末。他强调以静制动，息乱以静。所谓“圣人体无”、“言不尽意”，是说圣人既具有超人的神明，可以直接体认“无”，又能“以无为为君，不言为教”。因为超言绝象的“无”，常人不能认识，圣人虽可体认，可以意谓，但也是“言不尽意”。因此人们只能“善会其意”而“得意忘象”、“得意忘言”，即把象（卦象）、言（卦辞）作为认识的媒介，而主要去认识“意”即义理。

魏晋玄学也是当时盛极一时的哲学思潮。它以道家为本，杂糅儒家，其理论经典是“三玄”：《周易》《老子》《庄子》。前期玄学以自然为本，以名教为末，让自然统领人为的名教，显然是以道统儒。中期玄学所说的自然主要指人性的自由发展，借自然否定名教，着重发挥庄子哲学中批判现实的精神。后期玄学力主独化论，以为宇宙万物都是自生而独化的，既不靠造物主，也不靠虚无，更不相互依赖，秋毫不独小其小，大山不独大其大。因此，万物只要性足自得，便没有什么差别了。由此推之，君臣上下乃是天理，人人都应安命乐性。唐以后的道家思想没有新的建树，道教势力却得到了充分发展。

（一）老子的哲学

1. 道的学说："道"是老子哲学的最高概念，被认为是宇宙万物产生和存在的基础。老子所开创的学派叫道家学派。什么是"道"呢？道的本义是道路，在《道德经》中被引申为法则、规律和天下万物的统一性，用来说明宇宙的本原。"道先天地而生"，天地万物都由道产生。道生万物就像母生子、树根生树枝一样："道生一，一生二，二生三，三生万物，万物负阴而抱阳，冲气以为和。""道"是"天地之根"、"万物之母"。万物从根本上说是道的产物，阴阳二气的冲荡变化是万物生成的原因。老子认为，道的本性是无。这样，道生万物，反过来，也可以表述为："天下万物生于有，有生于无。"老子把道看成"无"，并不意味着道是空无、虚无的，并不否认道的物质性、客观性。《道德经》第二十五章说："有物混成，先天地生，寂兮寥兮，独立而不改，周行而不殆，可以为天下母。吾不知其名，字之曰道。"道是一种神秘的存在，它不可认识，但可以体验。"道之为物，唯恍唯惚。"道是天地万物运动变化的规律、规则。"反者，道之动。"道并不是不运动的，而是向相反方向运动（转化）的。道的运动可理解为循环运动（"周行"）。"强为之名曰大，大曰逝，逝曰远，远曰反。"这个"反"，有相反运动和回复运动之意。

"弱者，道之用。"道的功能或作用是柔弱的。然而，正因为它柔弱，却能战胜一切最坚强的事物。"天下之至柔，驰骋于天下之至坚。""天下莫柔弱于水，而攻坚强者莫之能胜。"滴水穿石是道家以弱胜坚的最好证明。老子用婴儿和草来类比他的"贵柔"思想："人之生也柔弱，其死也坚强。万物草木之生也柔弱，其死也枯槁。故坚强者死之徒，柔弱者生之徒，是以兵强则灭，木强则折，强大处下，柔弱处上。"这是说初生的婴儿，虽说柔弱，却最富有生命力；新生的草木，虽说稚嫩，但生命力同样旺盛，而一旦长大了，成熟了，反而走向死亡。

2. 德的理论：德者物之所得。老子的德，就是指从道那里得到启发、好处。怎样得道？老子提出朴素、谦下、无为的理论。老子认为朴素、谦下是圣人的美德。圣人是体现宇宙本原的道的德性的，而道的德性就是无为无欲、朴素处下的，因此圣人即是敦厚朴实、谦虚处下的。老子反对轻薄浮华，主张"见素抱朴"，"处其厚而不居其薄，处其实而不居其华"。另外，老子还主张无为。对无为的理解争议较多，比较集中的有两种：一种是蓄势待张的意思，一种是因势利导的意思。由此而达到无不为的效果。

3. 辩证法思想是《道德经》的重要特点。《道德经》就对立统一、量变质变、否定之否定等论点均有精深的论述。老子关于道生万物的公式指出了道生万物的主要环节，却没有具体说明宇宙起源、世界演变、万物生成的规律。"反者，道之动"的公式揭示出道本身无时无刻不在运动变化之中。"天下皆知美之为美，斯恶矣；皆知善之为善，斯不善矣。""祸兮福所倚，福兮祸所伏"，说的是事物的对立统一。"天下之大事，必作于细"，"千里之行，始于足下"，阐述的是量变到质变的思想。

（二）庄子的哲学

庄子思想主要体现在四个方面。一是道论。庄子对道作了四重规定：第一，道没有作为,没有形象,却“有情有信”;第二,道是非物,无形象可寻,不能为感官把握;第三,道无老无神无极,在时空上无法穷尽;第四,道自为本根,自生自足,亦为万物本根。二是相对主义的齐物论。照庄子看来,人是气聚合成的,死后又回到气中。通天下只有一种气,所以,万物在气这一点上是一致的。“万物皆一也。”人我是万物中之一物,自然也可以与物为一。这是“齐物论”的主要观点。三是“齐是非”的相对主义认识论。庄子由“齐物论”推出“齐是非”。庄子认为,客观世界客观事物没有办法取得确定的认识,也没有明确的是非。因为作为认识对象的万物都是相对的,没有质的确定性,是与非没有确定不移的客观标准,无法作出判定。四是人生哲学的自由观。理想人生的自由境界是庄子追求的最高目标,也是庄子人生哲学的核心内容。庄子所理解的自由是对各种条件限制的脱离和超越,自由的大小取决于超越的程度。庄子的自由与道紧密联系着,自由是一种得道境界和理想人格。

上述四个方面,最终可以归纳为其中的“齐物”、“逍遥”两点。齐物是方法和过程,逍遥是目的。《庄子·天下篇》:“独与天地精神往来,而不傲睨于万物;不谴是非,以与世俗处。”

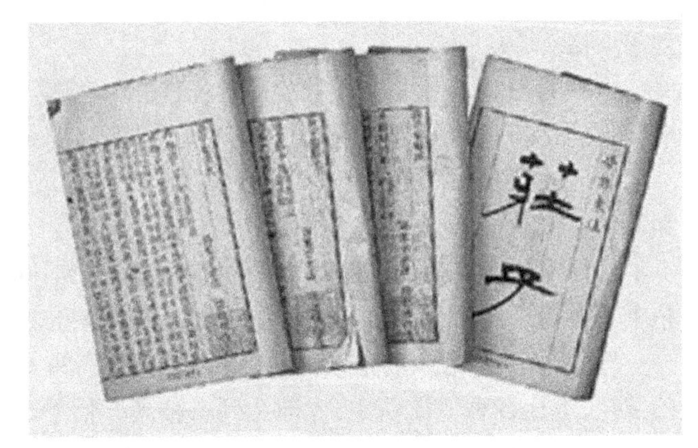

《庄子》书影

1. 齐物。齐物,即使物齐。齐物的意思是天下万物没有区别。庄子认为,事物的性质是相对的,没有本质的区别。他说,细小的木头和粗大的梁柱、丑的和美的、宽大和狡诈、奇怪和妖异、生和死、是和非是人为的主观认定。

庄子认为,人的认识能力是相对的,根本不存在客观标准。他举例说,人睡在潮湿的地方会得腰痛病,难道泥鳅也这样吗?人爬到高树上会胆怯,难道猴子也这样吗?那么人、泥鳅、猴子三者,究竟谁算知道正当的住处呢?毛嫱、西施,人以为是美的,可是鱼见了她们就吓得钻入水底,鸟见了她们就吓得高飞,麋鹿见了她们就赶快跑开。那么人、鱼、鸟、鹿四者,究竟以谁的尺度作为衡量美与不美的标准呢?于是他得出结论说:“自我观之,仁义之端,是非之涂,樊然淆乱,吾恶能知其辨?”意思是事情是非一团混乱,无法判断,无法认识。

2. 逍遥。逍遥的意思是心灵上无拘无束,自由自在,任性驰骋。庄子认为,既然事物是无法认识的,并且无所谓是非、善恶、美丑,那么人的主观努力都是心灵的羁绊,人的一切努力都是多余的,只能听从“天”和“道”的安排。他说,鲲鹏展翅飞翔,要靠大风和长翼;人行千里,要带三个月的粮食。这种有依靠的生活,不能说是自由的。真正的自由,应当是不依靠任何条件的(“无待”)。他理想中的绝对自由的人是“至人无己,神人无功,圣人无名”。意思是至高无上之人不感到自己的存在,神人没有任何作为,圣人不计较名誉的毁败,因而他们在精神上才是绝对自由的。他认为,如果能够根本忘掉人与物、人与人之间的一切差别和界限,就能达到与天地万物浑然一体的精神境界,且在这精神境界中获得自由。

(三)道家思想对中国传统文化的影响

1. 道家理想人格

所谓“理想人格”,即人的内心世界中价值追求的深入体现,是人们崇奉、取法的思想精神。理想人格一旦确立,人就会主动追寻、事事遵奉这种理想精神。中国传统文化所关注的人生问题的核心,就是理想人格问题。从先秦时代起,几乎所有的思想家都提出了自己的关于人格的学说。比如儒家,提倡的是积极入世的人道、仁德人格;而道家提出的是遁世的、顺天随意的理想人格。儒和道提出的两种人格,是对中华民族影响最大的理想人格。

道家的理想人格可用八个字概括:淡泊无为,顺天随意。其核心是顺从人的天性,即顺其自然,保其本性。道家理想人格的基本内容:

① 贵柔。强调“无为不争”,“不敢为天下先”,只有以柔克刚,以退为进,才能无为而无不为。

② 贵愚。通过去智、绝学来学会顺天随意的学问,才能无智无忧,无欲无我,才能使精神不再为外物所累,达到一种虚寂混沌、形神俱忘的人生境界。

③ 贵啬。意指人的精神活动不受外物诱惑,人的智慧不陷入外物的蒙蔽,控制自己的欲望,不让各种情欲萌生,才能达到一种虚无恬静、物我两忘的理想人生境界。

中国传统知识分子历来有两种品格:一种是积极进取,建功立业,大济苍生,刚健有为,我们称之为“进”;另一种是清心寡欲,遁世避人,寄情山水,淡泊无为,我们称之为“逸”。这后一种“逸”的品格,就来自道家提倡的淡泊无为、顺天随意人格。例如中国古代诗词中,田园山水诗是一大主脉,便是淡泊无为品格的最佳证明。

中国古代诗人或多或少都有过回归田园、退隐山水的想法。的确,在宦海沉浮、人世苍凉、忠贞屈黜、奸佞当道的政治背景下,“进”则不能,必然转而求“逸”。逸,并不意味着纯粹的消极退却,而是寄情田园山水以求个性的自由和生命的超脱,独善其身,返璞归真。诗人久被屈辱羁绊的个性品格,在青山绿水、白云蓝天、红霞碧树中重获了自由的生命。

2. 道家思想在社会生活中的表现

道家思想在中国社会各领域中产生了深刻的影响,主要表现在:

① 顺应自然之道,因势利导做事。例如大禹治水,修建四川都江堰等水利工程。

② 后发制人的原则。老子主张:“不敢为天下先,故能成其先。”这就是以守为攻、以退为进的方式方法。在中国的政治、军事或为人处世方面,这种变劣势为优势的转化策略,无不来自道家思想。毛泽东的游击战的战略战术有十六字诀:敌进我退,敌驻我扰,

敌疲我打，敌退我追。这即是道家思想在军事上的运用，体现了以柔克刚、避敌锋芒的策略。除了军事，在人际交往中，讲究韬光养晦、不露锋芒，凡事“一慢二看三通过”，察言观色，做到胸有成竹。这种谨言慎行、一动不如一静、静观其变的韬略，也同样是受道家思想的指导和影响形成的。

③ 先予后取。老子提出：“将欲夺乏，必固予之。”“将欲翕之，必固张之。将欲弱之，必固强之。将欲去之，必固与之。是谓微明，柔弱胜刚强。”老子的这种相反相成的理论，充满了辩证法。在中国，很多人都学会了这种欲取先予的“反方向”策略的运用。要想他弱，先让他强；要想得到，先行付出。这种曲线迂回的韬略，就是道家思想的表现。交朋友，不能总想从他那里索取，而要先行献上一片真情，朋友才可能成为知心人。做买卖，不能总惦记着从顾客兜里掏钱，而要先献上一片爱心，为顾客着想，满足顾客的愿望，做好周到的服务，最后，才可能有皆大欢喜的结果：顾客有所得，卖家有所取。即便买卖不成，还有仁义在，且待回头客。

④ 能屈能伸，曲能成全。老子认为虫子尚知以屈求伸，才能前行，所以为人处世也应采取以曲求全、以屈求伸的策略。在中国传统文化中，充满了这种退让圜转的生存之道，如“进一步龙潭虎穴，退一步海阔天空”，“留得青山在，不怕没柴烧”，“识时务者乃为俊杰”，“大丈夫能屈能伸”等。

⑤ 物极必反。老子说：“持而盈之，不如其已；揣而锐之，不可长保。金玉满堂，莫之能守；富贵而骄，自遗自咎。功遂身退天之道。”为了防止事物向坏的方面转化，他极力反对走极端，反对过分的行为。对中国人来说，这又是极其可靠、有用的信条。盈满则亏，物极必反，早已深入人心。中国人一向以谦虚为本、以一为基，讲究守拙处直，不居功自傲，不功高名重，不显山露水。

四、儒道互补——中国古代系统观

从哲学的认识论和目的性，乃至思想方法来看，儒学道家各有差异，很不相同。然而正是因为异，方成为儒道相互吸引的基础，也成为二者耦合的契机。中国文化史上的儒道结合、互相补充，使中国哲学传统具有了不同于其他哲学传统的独特个性。

（一）儒道互补使中国传统文化最终发展出完善的系统观

现代系统论对“系统”的定义是“相类或相异的事物按一定的秩序和内部联系，组成具有相互补充、相互依赖和相互制约的整体组织（自组织）”。依据这个定义，中国很早就出现对系统的认识并将这种认识付诸实践。

中国古代系统观发源于殷周时业已成形的阴阳观念，至“五行论”成熟时，中国古代系统观便脱颖而出，成为中国古代管理和商战等行为的指导方法之一。可以说，阴阳观和五行观共同构建了中国古代系统论的基本框架，但使这种方法论在社会实践中得到论证并使之逐步发展完善的，其功应归于儒的同一说与道的相对论的完美结合。儒道互补的系统观在古代世界辩证法发展史上不仅有突出的地位，而且有自己的系统和特色。其要点是：

其一,着眼于整体稳定、协调的对立互补以及有别有序的阴阳交感的矛盾观。中国古代的哲人们历来重视事物的矛盾关系,视阴阳交感和变易为宇宙的根本规律,但对事物的矛盾关系,他们所强调的不是对立面之间的排斥、斗争、分裂,也不是同一、相加,而是相承相应、相辅相成的互补关系。《内经》曾指出"智者察同,愚者察异。愚者不足,智者有余",在"同"的基础上结合起来的阴阳两极或矛盾各方面相济为用,各以对方作为自己存在的依据,因此,矛盾的各方可偏胜而不可偏废。在交易运动中,不是一方克服、消亡另一方,而是一方的消长变化必以另一方相应的消长变化为补偿,始终保持着整体的稳定。

其二,着眼于整体的完善和连续的物极必反、生生不息的循环运动观。在阴阳对立中,互补的双方并不是等价的平等关系,而是存在着严格的"有别"、"有序"的等级秩序,即对立双方的地位和作用不同,存在着主导与被主导的协调关系。

其三,以应变为目的,以"全体"、"用中"为要点的实践辩证法。儒道互补的系统观为中国文化确定了一个绝妙的核心,即中国文化所倡导的最大的美德,那就是"中和"(中庸)。其中,如果是从社会的角度来看,"中"代表了人的个性。在儒家看来,每个人的个性都应该是"稳固"的,不会随波逐流,就像一根直上直下的木棍,宁折不弯;每个人在坚持自己的理想上都应表现"执著",所谓"富贵不能淫,贫贱不能移,威武不能屈";每个人都有自己的独立见解,不应朝三暮四,以显示自己的"清高"。"和"则主张"关系",代表"变化"——"应时而变"、"应事而变"、"应物而变",代表"和谐"——忍耐、等待、适应和协调,也代表"平凡"("庸"的其中一个含义)。以气质而论,儒家正是以"中"为特点,坚持理想、坚持信仰、坚持原则,就像一个稳定的方形,不会轻易改变自己,却缺少了一些变化;道家则以"和"为特点,信赖相对、信赖变化、信赖圆融,就像一个不稳的圆形,善于顺应,却缺少了一点原则。当儒道结合起来,就如同方圆互补,"中—和"(中—庸)系统最终确定。这时,中国文化系统表现出来的气度,那便是既可秉持个性又不失与外界的人物事联系,既可坚持原则又不失随时变化,所谓"知进退存亡而不失其正"(《易经》)。

(二)"近取诸身"的实践方法

儒家注重经验,道家注重理性,但二者都着重"心"的作用,这成为儒道融合的基础之一。中国哲学在讨论"心"的问题时,既借助儒的"经验",又借助道的理性,形成一种直观(或具体)的理性主义。所谓直观的理性主义,即从具体的意义来建立理性精神,其不同于西方重玄思和思辨,充满躁动不安的理性主义,而是独树一帜,把人视为理性的动物,确认人可以凭借理性的功能来认识真理,但这种理性主义又是具体的,以大量的经验和观察作为基础,《易经》便是从阴阳的相互变化中,观察、领悟并发展了"变"的哲学。从生活中的经验,从自身的感悟推测尚不可知的"天道"的本质,便是"近取诸身"的方法。

(三)内在的人学倾向

在儒道互补的结构里,从方法上看,道是主导,但从目的来看,则儒是主导,这决定了中国哲学的发展方向,基本上是以人学为主,探究人与人之间的关系,对人生经验进行积极的反思。由于有道家思想的补苴,对人的研究已经不仅仅具有人类学的意义,同时也具有了宇宙学的意义,即将人与自然或实在视为和谐的统一体,人的"心"(心灵)、"体"(肉体)之间没有一种根本的界限,人的存在及其存在价值的根本意义是生命,而生命的含义又与自然和创造性活动(如"道"、"天")联结在一起。

相应地说,中国有关社会的理论比较发达,从社会出发的理论观念甚至表现出政治伦理哲学化的倾向。囿于这一特点,中国传统文化虽然也出现了思辨和有关方法,但哲学的科学倾向却不发达,使得中国的哲学缺乏完备的理论形态。

(四)智与慧的结合

中国传统文化尤其注重智与慧的结合,与西方哲学所执著的"智"(智力、理智)大不相同,中国哲学中的"慧"是达到理想人格的一切准备,包括仁、义、礼、信等;"智"是人间际遇中的机敏和睿智,所谓"运筹于帷幄之中,决胜于千里之外",就是这种智的哲学在军事战略上的一种运用。智慧结合,能使人在处理社会关系时,高掌远跖,明见于未萌之前,即"智者其所能接远也"。受哲学这种特征影响,中国人更重视代数、工艺、运筹和建构,与西方人重视几何学、分析物理、形式逻辑和解构形成鲜明的对照。

拓展延伸

孔子的饮食之道

孔子在《乡党》里将儒家关于饮食的观点阐述得最为详细。大致看来可以分为三个方面的内容:一是关于饮食卫生方面,一是关于饮食本身的要求方面,一是饮食礼仪方面。

对于饮食卫生,儒家的理念是很科学的,很多方面符合现在的食品卫生学和食品保健方面的知识。例如,变质的鱼和肉,不能吃(鱼馁而肉败,不食);吃东西应该以谷物为主,吃肉不要超过饭食的数量(肉虽多,不使胜食气);不是正常的吃饭时间不要吃东西(不时,不食);酒可以多喝,但不要导致喝醉(惟酒无量,不及乱);不要随便在街上买东西吃(沽酒市脯,不食)祭祀用的肉不能超过三天,否则就不能食用(祭肉不出三日,出三日者不食之)。从这些方面来看,孔夫子对食物的保质问题是比较注意的,虽然这和当时的食品储藏手段简单有关,可按照他这样做下来,几乎能够保证我们吃到新鲜的绿色食品。

但这还不意味着,我们在孔夫子那里就能比较随意地开始享受食物了。在"食不厌精,脍不厌细"的精神感召下,我们对食物的期望值已经达到了一个比较高的地步。这时,规矩出现了。且让我们模拟一下吃饭的情景:首先上来一盘菜,孔老夫子一挥手叫撤下去,原因是烹饪方法不对,菜的颜色和气味都不对,不能吃(色恶,不食;臭恶,不食)。我们也觉得不对劲,表示同意,不吃就不吃,我等下一道菜。二道菜来了,我举起筷子刚准备吃,孔夫子又叫撤,原因是火候过了,食物太烂,不能吃(失饪,不食)。好吧,再忍一会，反正也不怎么饿，虽然我们不觉得煮的太熟跟填肚子有什么关系，可是孔夫子是我们大家尊敬的人！上第三道菜了，颜色味道都很不错，火候也到位，这下总该让人吃了吧？不行，孔子又挥手了，一个字：撤！又怎么了？这个菜切得不方正，刀工不好，不能吃（割不正，不食）。我们有点懵了，只要熟了，味道好，刀工只是小问题而已，何必这样挑剔呢？这时一般人的忍耐已经要达到极限了。好不容易等到第四道菜，看孔子半天没有说话，以为可以吃了。刚想动手，配菜的酱上来了，这时孔子又说话了：撤！这个酱不是配这道菜的，搭配错误，不能吃（不得其酱，不食）。孔老夫子自己穷得叮当响，难道就因为酱不对就不吃了？《礼记·曲礼》说：献孰食者操酱齐。意思是吃什么菜要配什么酱。可是按照《周礼》的说法，周王可享用的佳肴有120种，相应的酱也有120种，要记得这些种类，还真不是一件容易的事情。

第三节　古代哲学与中国传统文化

中国传统哲学在整个中国文化体系中起着主导作用。哲学是文化的组成部分，又是文化的思想核心：中国传统哲学凝聚了中华文化的基本精神，也深刻地影响着中国文化的发展。中国哲学把宇宙看成是一个对立统一、变化不息的运动，这一运动过程不仅是自然界万事万物生生不已、日新月异的创化过程，而且是人类道德精神与天道融合，不断升华的发展过程。中国哲学视生命的创造历程为人生价值实现的过程，强调天人同性共德，万物一体，从而达到内外和谐、天人合一的精神境界；认为人的道德理想高于一切，把哲学与政治伦理紧密联系在一起，特别注重个体道德意识的完善，强调人际关系的和谐；同时较为注重客观辩证地认识世界。

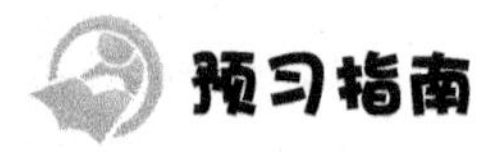

预习指南

了解中国古代哲学对中国传统文化的影响

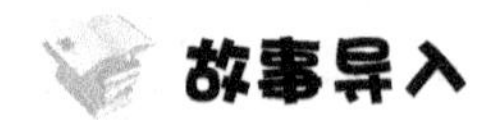

故事导入

夫妻肺片

中午李霞回到家，看到桌上妈妈买来了一道四川名菜——夫妻肺片，以前李霞也吃过这道菜，由于最近她着迷于《舌尖上的中国》，便问妈妈这道菜有啥来历。妈妈点点她的头："小捣蛋，你还要考妈妈呀！不过，你还真考不倒我，我还真知道关于这道菜的来历。"原来早在清朝末年，成都街头巷尾便有许多挑担、提篮叫卖凉拌肺片的小贩。用牛杂碎边角料特别是牛肺成本低，经精加工、卤煮后，切成片，佐以酱油、红油、辣椒、花椒面、芝麻面等拌食,风味别致,价廉物美,特别受到拉黄包车、脚夫和穷苦学生们的喜爱。20世纪30年代在四川成都有一对摆小摊的夫妇,男叫郭朝华,女叫张田政,因制作的凉拌肺片精细讲究,颜色金红发亮,麻辣鲜香,风味独特,加之他夫妇俩配合默契、和谐,一个制作,一个出售,小生意做得红红火火,一时顾客云集,供不应求。有那常来品尝他们夫妻制作的肺片的顽皮学生,用纸条写上"夫妻肺片"字样,悄悄贴在他夫妻俩的背上或小担上,也有人大声叫喊,"夫妻肺片,夫妻肺片……"一天,有一位客商品尝过郭氏夫妻制作的肺片,赞叹不已,送上一个金字牌匾,上书"夫妻肺片"四个大字。从此"夫妻肺片"这一小吃更有名了。为了适应顾客的口味和要求,夫妻二人在用料和制作方法上不断改进,并逐步使用牛肉、羊杂代替牛肺。虽然菜中没有牛肺了,但人们依然喜欢用夫妻肺片这个名字来称这道菜,所以一直沿用至今。

一、天人合一的理想境界

在中国古代哲学中,虽然也有"天人相分"乃至人对天不必敬畏等思想的存在,但作为一种主导文化,强调天人相辅相成、和谐统一的"天人合一"命题,无疑构成传统文化的"道统"思想。而且,这一传统是儒道合流的,老庄为代表的道家讲的自然之天与孔孟为代表的儒家讲的德性之天,在天人合一的基础上是相容相通的。

在中国哲人看来,自然宇宙与人是一有机整体,因此人应"上下与天地同流",天、地、人三者相生共存。在古人看来,自然宇宙及万物皆有情,即所谓"天地含情,万物化生"(《列子・天瑞篇》)。故人与自然应处情景交融之中,同时体悟造物之寓意,陶冶性情,譬如庄子的"观鱼之乐",苏轼的"其身与竹化",辛弃疾的"我见青山多妩媚,料青山见我应如是"。自然宇宙还有表现至善至美的价值。儒家"天人合德"的思想更是以宇宙至善为基础建立起来的。他们所以视宇宙为至善,是因为它表现了承载天地、化生万物的大公无私之德。这就如《吕氏春秋・无私》篇写的那样:"天无私覆也,地无私载也,日月无私独也,四时无私行也,行其德而万物得遂长焉。"

中国古代哲人这种天人合一的观念显然与西方思想家的观念有所不同。在西方传统哲学中,自古希腊以来,都把自然作为人类认知和行为的对象。特别是从16世纪开始发展起来的机械唯物主义自然观,经过培根集其大成,更是提出了"知识就是力量"、"人定胜天"、"征服自然"等勘天思想。所以,西方哲学家对天人关系的理解都是建立在人与自然相对立的基础之上,完全是以一种功利的眼光去对待、了解和认识自然的。

中国传统哲学对自然的看法,则排除了功利思想,不从知识的途径去探索和认识宇宙的奥秘,而是通过道德修养工夫去领悟宇宙的"真几"。因此,自然宇宙不是我身外的知识活动的对象,而是与我自身为一体,是普遍生命的表现,一切至善至美的价值理想尽可以随宇宙生命的大化流行而得到表现与安顿。因此,它既是道德的领地,又是艺术的王国,故圣人的使命便是"原天地之美而达万物之理","淡然无极而众美从之"(《庄子・刻意》)。正因为宇宙的一切现象都含有道德审美价值,所以中国人的自然价值系统又是道德审美的价值系统。中国传统哲学的这一思想对中国传统的人生价值观念,文化的传承以及文学与艺术的发展产生了极其广泛的影响。

当然,也正如冯友兰所说的那样:“如果人类将来日益聪明,想到他们需要内心的和平和幸福,他们就会转过来注意中国的智慧,而且必有所得。如果他们将来并不这样想,中国人四千年的心力也不会白费。这种失败的本身会警告我们的子孙不要在人心的荒原上再寻找什么了。”这段话无疑是很发人深省的。我们知道,人与自然的关系问题,直至今日,仍然是现代人必须认真对待的问题。近代西方强调认识并战胜自然,确实取得了重大成就,但是,如果不注意生态平衡,也会受到自然的惩罚。改造自然是必要的,但破坏自然则一定会自食其果,从这一点上讲,中国传统的天人合一思想对现代人而言又确实有其重要的理论启迪意义。这也许就是为什么今天许多西方学者为自然生态问题所困扰时开始把目光投向中国古代智慧的根本缘由。

二、知行合一的安身立命之道

在知行问题上尽管哲人们提出了诸多的命题和学说并进行了一些不同观点的论争,但作为一种根本的安身立命之道,追求知行合一可以说是中国古代哲学的一个基本传统。

知行合一作为先哲所推崇的一种安身立命之本,也曾被形象地称为“读万卷书,行万里路”。在哲人们看来,要求知,首先就要“读万卷书”,即广博地学习前人所积累的知识,特别是研习圣贤之说。这实质上要求的是通过博览群书获得间接知识,因而它是一个人闭门苦读的过程。譬如孔子年轻时读书就极其刻苦勤奋。显然,求知从“博览群书”开始,实不失为合理之举。因为以个人有限的精力,万事之理是不必也不可能亲身一一发现与经历的。因而明智之举就是通过博览群书把已有的知识、学说纳入自己的胸中,并在学习、研究、借鉴、评说前人的基础上,有心得、有见解、有创新,从而自成一家之言。

但古代哲人们同时又认为,光读书是不够的。博览群书之后,还必须进入践行的阶段,亦即游遍各地,亲见、亲历、亲行,这在古代哲人那里常被称为“游学”,游学在很久以前就成为读书人的传统。譬如孔子曾周游列国;孟子闭门读书多年之后也周游各国,成为当时有名的游士;墨子、荀子也曾四处游学;汉代的司马迁更是在苦读十年之后,背起行囊遍游天下,竟久不思归。在古人看来,游学的益处不仅在于可亲见亲历,增长见识,而且可以在游历中将自己的知识和学说施之于“行”。所以孔子、孟子、荀子都有游说列国的经历,他们极力劝说君主采用自己的政治伦理学说,以使自己的政治抱负在济世救民的实践中得以施展。可见,游学既可获得新知识,又可验证学来的间接知识,更重要的是还有机会在实际生活中推行自己的见解与学说。无怪乎古人要特别强调“行万里路”了。

在中国古代哲人那里,知行合一中的“知”除了一般的读书求知之外,更重要的还特指德性之知。这就是说,这种“知”更多的不是向外求诸自然的科学认知,而是向内心处做工的德性之知,古代哲人强调读圣贤书的缘由也就在于此。因为圣贤往往是德性崇高之人,读圣贤书就是追求德性之知的过程,这一文化传统集中体现在孟子的如下一句名言之中："学问之道无它，求其放心而已矣。"（《孟子·告子上》）可见在孟子看来，追求知识没有别的途径，唯一的方法是在人生实践中"求其放心"，即把因物而迷失了的"心"找回来。因此注重"心"的修养，几乎成为传统认识论和知行合一观的最重要和永恒主题，在宋明理学那里更是把这一"德性之知"或"心理之学"发挥到了极致。

知行合一的哲学传统对中国文化的影响集中在"内圣外王"的做人思想方面。"内圣外王"是儒家推崇的最理想做人方式，这里讲的"内圣"就是指在内心修养上要学习古代圣贤，这主要是学与知的过程，而"外王"则是指自己修养所达到的内心德性去推己及人进而再躬身践行推广至整个社会，使全社会都达到"王道"的理想境界。

中国古代哲人提出并倡导的这一"内圣外王"的做人理想，其积极之处在于他把人的修养与国家、社会的发展统一起来了，因而在知行合一的基础上，他倡导的是一种刚健有为、自强不息的入世践行精神。儒家的这一"内圣外王"的做人方式几千年来已经深深积淀在我们民族的精神意识中，至今仍对中国人的人生、思想和追求产生着积极深远的影响。

三、践行的实践理性态度

如果要对中国古代形神之辨的传统作一个总结，那么我们也许可以说，作为中国古代哲学一大传统的是践行说。在这个"践行"的理论看来，追求虚无缥缈的神不灭、灵魂永存的所谓"神道"是不明智的。以中国古代哲人的理解，"立德"、"立功"、"立言"之三不朽中，"德"指的是个人道德品格方面的价值，像屈原、岳飞、包公、文天祥一类的人，忠信精诚、品格高尚，使当时的人们景仰敬爱，更使千百年后的人们怀念崇敬，这便是立德的不朽。"功"就是指为国家为百姓建功立业，像唐宗宋祖、一代天骄成吉思汗，他们开辟新天地，为历史谱写了新纪元从而为子孙后代造福，这是立功的不朽。"言"则是指言论著作，像《诗经》三百多篇中的许多无名诗人作诗，像司马迁写《史记》，像曹雪芹写《红楼梦》，这是立言的不朽。可见，中国传统的多种不朽说，不问人死后灵魂能否存在，只问他的人格、他的思想、他的事业有没有永久存在价值。因此，所谓的"不朽"，就是通过践行的创造活动给后人留下物质或精神财富，从而被后人景仰、效仿、纪念，而一个人生命的价值也就在这个实践理性的途径中得到了最后也是最崇高、最完美的体现。

中国古代关于生命通过践行而使自己走向不朽的学说，对中华民族的历史显然产生了极为积极的影响。中国古代的圣人贤者孜孜以求的莫不和追求生命的"三不朽"相关。中华民族史上那些至今英名永存的人，譬如老子、孔子、屈原、司马迁、李白、杜甫、苏轼、文天祥、李世民、成吉思汗以及严复、康有为、孙中山等人，无不是以其独特的创造和不懈的奋斗精神，或立德，或立功，或立言，或兼而有之，而使自己的生命永垂不朽的。中国古代这一通过践行而走向不朽，因而不追求虚无的灵魂不灭的人生观理论至今仍有着积极的意义。置身21世纪的今天，它可以激励我们为中华民族的伟大复兴而励精图治、艰苦创业。

拓展延伸

中国传统文化：茶、中药、文房四宝（砚台、毛笔、宣纸、墨）、四大发明；佛、道、儒、法宝、阴阳、禅宗、观音手、孝服、纸钱；唐诗、宋词、《三十六计》、《孙子兵法》、《西游记》、《红楼梦》、《三国演义》、《水浒传》、《诗经》；中国书法、篆刻印章、中国结、京戏脸谱、皮影、武术；木版水印、甲骨文、钟鼎文、汉代竹简；竖排线装书、剪纸、风筝；乐器（笛子、二胡、鼓、古琴、琵琶等）；龙凤纹样（饕餮纹、如意纹、雷纹、回纹、巴纹）、祥云图案、中国织绣（刺绣等）、凤眼；彩陶、紫砂壶、蜡染、中国瓷器；古代兵器（盔甲、剑等）、青铜器（鼎）；国画、敦煌壁画、写意画、太极图；石狮、飞天、太极；对联、门神、年画、鞭炮、谜语、饺子、舞狮、中秋月饼；鸟笼、盆景、五针松、毛竹、牡丹、梅花、莲花；大熊猫、鲤鱼、芭蕉扇、风箱；黑头发黄皮肤、丹凤眼；唐装、绣花鞋、老虎头鞋、旗袍、肚兜、斗笠、帝王的皇冠、皇后的凤冠；泥人面塑、锄头、清朝大辫子、铜镜、大花轿、水烟袋、鼻烟壶、筷子；华表、牌坊、长城、园林、寺院、古钟、古塔、庙宇、亭、井、黄土、民宅；汉字、数字8、6、4；秦砖汉瓦、兵马俑、桃花扇、景泰蓝、玉雕、中国漆器、红灯笼（宫灯、纱灯）；金元宝、如意、烛台、罗盘、八卦、司南、棋子与棋盘、象棋、围棋；黄包车、鼻烟壶、鸟笼、长命锁、糖葫芦；玉佩、鹫、千层底、刺绣、丝绸、檐……还有各种各样的传统节日如春节、元宵节等等，很多事情有各种礼仪和习俗……每个地方、民族还有其自己的特色。总之中国的传统文化形式多样，内容丰富。

第三章 汉字寻根与教育溯源

第一节 汉字的起源与演变

汉字为上古时代的华夏族人所发明创制并作改进，目前确切历史可追溯至约公元前1300年商朝的甲骨文、籀文（大篆）、金文，再到秦朝的小篆，发展至汉朝隶变，至唐代楷化为今日所用的手写字体标准——正楷。汉字在古文中只称“字”，少数民族为区别而称“汉字”，指汉人使用的文字。汉字是世界上最古老的四大文字系统（包括汉字、古埃及的圣书字、苏美尔人的楔形文字和玛雅文字）中唯一沿用至今的文字。

古语有云：“天下事物之象，人目见之，则心有意；意欲达之，则口有声……声不能传于异地，留于异时，于是乎书之为文字。文字者，所以为意与声之迹也。”语言文字承载着民族的文化和历史，作为语言载体的方块字是中国文化的缩微。汉字凝结了中华民族的智慧，镌刻着民族文化的烙印。汉语言文字的起源和演变是辉煌中华文明的历史见证，也是照亮我们民族几千年历史的明灯，更是灿烂中华文明的杰出代表。

预习指南

通过阅读参考书与搜索网络资料，初步了解汉字的起源、发展、演变，感受汉字的独特魅力。

故事导入

光绪二十五年（1899）夏天，居住在北京东安锡拉胡同11号的王懿荣（1845年—1902年）身染疟疾，久治不愈。一位医术高深的老中医为王懿荣开出一剂药方。药方上有一味名曰“龙骨”的药，立刻引起了王懿荣的注意。其家人从药房抓药回来后，王懿荣亲自查看，发现了中药里的“龙骨”碎片，有的碎片上镌有奇异的纹络。他便抱病亲临药房叮嘱药房老板，如果再有商贩送“龙骨”来，请代为引见。不多时日，古董商范维清被引见到王府，这次他带来了十二片“龙骨”。这是他到河南安阳、汤阴一带去收购青铜器，没有如愿，听当地人说“龙骨”是药材，就顺手牵羊地收集了十二片，心里想：“这样也不枉跑一趟”。王懿荣见到刻有文字的甲骨片，分外高兴。他仔细端详着每一片甲骨上一个个单一成形的“符号”，紧缩的眉头舒展了。他兴奋地告诉在场的人：这是比钟鼎文更古老的中国文字！范维清这时才恍然大悟，原来这药材是真正的古董。于是，王懿荣以每字一两银子的高价买下了这十二片甲骨，并当场给范维清六百两银子，指使他为自己继续大量收购。随即，派家人到京城各大药店以重金把刻字的甲骨全部买下，以至于典当细软，倾其家财也在所不惜，在他壮烈殉国前竟收集了一千五百片！

一、汉字的起源

文字是记录语言的符号系统，作为符号，文字都具有一定的形体，又与口语中的一定语音形式相联系，同时蕴含着语义，具有形、音、义三要素。从造字方法上看，文字经历了表意、表音、表意兼表音三个阶段。第一个阶段是由记事图画直接发展出来的象形表意文字；第二个阶段是表音字的出现，如古埃及的圣书字、古美索不达米亚的楔形文字、中国古代的汉字、中国西南地区彝族的彝文等；第三个阶段是表意兼表音的文字的出现。

汉字的发明是中华民族文明史上的一件大事。汉字的起源和产生一直是一个备受关注的问题，自古以来就有不少神话和传说。

（一）结绳说

“结绳”是通过在绳子上打结来记事的做法，以结的大小、颜色的不同来帮助人们记忆。《周易》中说：“上古结绳而治，后世圣人易之以书契。”《说文解字》也说：“神农氏结绳为治，而统其事。”根据这些记载，上古有很长一段时间都用结绳记事，神农氏应是结绳记事的最后时代。至于怎么结绳记事，现在已无从可考，现在只能参考一些其他民族结绳记事的方法。据记载，古埃及、古波斯、古代日本都曾经有过结绳记事，而且近代美洲、非洲、澳洲的土人和20世纪50年代我国的藏族、高山族、哈尼族等民族都还保持着古老的结绳记事风俗。秘鲁的土人用数条颜色不同的绳子，平列地系在一条主要的绳子上，根据所打结或环在哪条绳子上，什么位置和结、环的数目，来记载不同性别、不同年龄的人口数。这些都表明，结绳的确是历史的遗存。

人们把结绳记事与文字联系在一起，是因为人类创造结绳记事的方法与发明文字的想法是一致的。实际上，结绳记事本身不能独立、完整地记录事情，更不可能表示语言中的语音。因此，它只是一种原始的记事方法，而不具备文字的性质。但这种记事法在汉字中仍然留下了痕迹，比较明显的是十和十的倍数的字：十、廿、卅等字形都像在绳子上打结的形象。

汉字起源于结绳记事之说，不仅有文献的记载，而且有中外民俗资料的佐证，更可以从汉字内在的结构中得到部分验证，有一定的合理性。

（二）八卦说

八卦是古代占卜的八种符号，具体是乾、坤、震、艮、坎、离、巽、兑，依次代表天、地、雷、山、水、火、风、泽八种自然现象。八卦的任意两卦相叠合，就组成一个重卦，共可构成六十四个重卦。汉字起源于八卦，不仅古人早有说法，近现代许多名人也持有此观点。刘师培在《文字教科书》中云："八卦为字之鼻祖，乾坤坎离之卦形，即天地水火之字形。"梁启超也说过，八卦是古代象形文字，同样也用"乾坤坎离"是现代的"天地水火"四字来说明。其实，八卦总共才八个符号，即使完全像后来的汉字，也才八个字，而且这些卦象的大部分符号与之相对应的古文字并没有完全的相同之处，这个只要看古文字的形体就很清楚了，但这并不是说汉字的起源与八卦无关，而是与汉字的诞生有着相当密切的联系。

八卦对汉字起源的影响主要在于三个方面。

一是卦象代表的概念有记录思维、语言和储存信息的功能，使用符号能产生这样的功能，使人们对符号有了共性的认识和积极的印象。卦象符号与文字符号之间容易产生有机的内在联系。

二是八卦学说对客观世界事物的分类概念具有普遍性天下之广，物种事理之多，性质差异之大，难以穷尽，但都能用八卦的理论，使它们一一地找到对应关系。这种分类的概念，对用象形符号记录语言、表达客观世界，无疑会具有启发性，对相同性质的事物，用相同类别的象形符号来表示。

三是八卦是由线条构成的，这与汉字用线条表示符号如出一辙。

（三）仓颉造字说

比起前面的两种说法，中国的先民还是比较相信仓颉造字说。《韩非子·五蠹》说："古者仓颉之作书也。"《吕氏春秋·君守》说："奚仲作车，仓颉作书。"《仓颉庙碑》中说仓颉是一个"四目灵光，为百王作书，以传万世"的异人。战国秦汉时的启蒙书叫《仓颉篇》，可见仓颉已成为人们心目中的英雄。东汉许慎把前人之说综合整理，正式将仓颉造字写入汉字史中。

在河南南乐县，至今还流传着有关仓颉造字的故事。相传仓颉参加部落的集体狩猎。走到一个三岔路口时，大家对接下来往哪个方向走发生了争执。一个要往东，说那边有羚羊；一个要往北，说那边有鹿群；还有的偏要往西，说有野牛在前面，不及时猎捕就要失去机会。仓颉感到很奇怪，问他们是怎么知道的，猎人们就说，不同的野兽在地上留下的脚印不同，根据这些脚印就可以判断是什么猎物。这样一说，使正在寻找新的记事方法的仓颉灵光一闪：既然可以依据不同的脚印辨别不同的野兽，为什么不能用符号表示不同的东西呢？正如许慎在《说文解字》中描述的那样："见鸟兽蹄迒之迹，知分理之可相别异也，初造书契。"当汉字被创造出来时，天地鬼神都震动了，谓之"天雨粟，鬼夜哭，龙为之潜藏"。

这当然只是一个神话，但透过这个故事，我们认为古人从鸟兽蹄迒之迹得到"依类象形”、“分理别异”的启示，逐渐创造了文字，这个说法是可信的，这一点，从汉字构型系统也可见其端倪：“番”，就像鸟兽蹄在田野留下的标记，“标记”的意义至今还保留在“番号”这个词义中。

要说古人也真是神奇，早在懵懂的岁月就已经能看到文字的诞生对社会和民族将带来翻天覆地的变化，也难怪有人把汉字列为中国的“五大发明”之一。

（四）人民群众创造说

以科学的眼光来看，数量众多、结构独特的汉字不可能是由一个人在一时一地独自创造出来的，这从古代汉字中存在的大量异体字就可以证明这一点。传说仓颉是黄帝的史官，黄帝又是古代中原部落联盟的首领，由黄帝的史官来搜集和整理分散于各部落的表意符号，最后加工成为最早的文字是较符合情理的。因此，汉字从根本上讲是人民群众集体创造出来，由少数人搜集整理加工，最后成型。

最先持这种观点的是战国时期的荀子。《荀子·解蔽篇》说：“好书者众矣，而仓颉能名传后世，壹也。”即上古时期参与造字的人很多，而只有仓颉的名字能流传后世，是因为他专心的缘故，也可以说他的贡献相对于其他人大一些。荀况虽然没有具体描述众人的情况，但应该不难理解汉字在漫长的演变过程中，众人非但不是被动的接受者，而且还是汉字的使用者和传播者，通过原始创意、认同、筛选、改进和变革等方式方法使汉字从无到有，世代相传。在已经发现的甲骨文中，同一个字常有多种不同的写法，而且时间越早，文字的异体就越多，这正是人民群众共同造字、改字的结果，如果是仓颉一人造字怎么会有那么多异体字的出现呢？

汉字是使用汉语的先民在生产生活发展到一定阶段时出现的产物，虽然有各式各样的传说和故事，但从历史资料和考古发现来看，汉字最初虽然与人民群众的创造有关，但也一定经历过像仓颉这样的伟人对其进行的采集、整理、改造、增补等过程，汉字才能经久不衰，传承千古。这种传承还将延续下去，而且随着中华民族的复兴传遍世界，成为中华民族团结强盛的基石和连接古今中外的纽带。

二、汉字的演变

汉字在几千年的历史发展过程中经历了很大的变化。这种变化主要体现在两个方面：一是笔势和体态的变化，一般称为形体的演变；一是笔画组合的变化，也称为字形的发展。有时候这两个方面是交织在一起的，但本质上是属于两个问题，前者是字体的变化，即书写方法的问题；后者是结构的变化，即字的笔画组成的问题。

引起汉字形体演变的主要因素有两个：一是应用范围的扩大，二是书写工具的改变。文字应用范围的扩大需要文字的书写速度加快，速度的变化必然引起字体的变化；书写工具的改变（由刻刀变成毛笔），为字体的改变提供了方便。

汉字字形的变化，则是为了适应快速而又准确记录的需要。为了快速就要尽可能地简化汉字，这样就形成了大量的异体字；为了准确，就要分化多义字，形成很多的古今字。

汉字的形体演变，一般分为古文字阶段和现代文字阶段，先后出现了形态迥异的多种字体，甲骨文、金文、大篆（籀文）、小篆称为古文字，隶书、草书、楷书、行书称为现代文字。秦末汉初是汉字两个发展阶段的过渡时期。

（一）甲骨文

到目前为止的考古发现还没有看到作为汉字前身的用图画传递的信息和图画文字，因此汉字的起源上限很难实际上确定下来。现在能够提出的根据，最远的只有公元前4000年左右属于仰韶文化的彩陶纹以及时间与此相近的属于大汶口文化的彩陶刻符，它们所处的时代是新石器时期的中期，暂时可以把其作为汉字起源的上限，至于汉字起源的下限就是甲骨文了。

甲骨文

甲骨文是通行于殷商时期的文字，距今已有三千多年的历史。由于它刻在龟甲和兽骨上，故被称为甲骨文。又由于甲骨文是用刀等锋利的器具进行刻画，又叫“契刻”或“殷契”。“甲”就是龟甲，主要用龟的腹甲；“骨”就是兽骨，主要用牛的肩胛骨，也有其他的兽骨。甲骨文于1899年被发现于河南安阳西北小屯村一带。这里曾经是殷商时期的都城。秦汉时期沦为废墟，即“殷墟”。后来在这里发现的甲骨文都称为“殷墟甲骨文”。由于发现的甲骨文多是用于殷商王室的占卜文字，故又称之为“殷墟卜辞”或“甲骨卜辞”，是中国商代后期（前14世纪—前11世纪）王室用于占卜记事而刻（或写）在龟甲和兽骨上的文字。殷商灭亡周朝兴起之后，甲骨文还延绵使用了一段时期。

甲骨文诞生于距今三千多年前，可被今人所发现认识才不过一百多年。正如故事导入中所说，清末光绪年间的王懿荣共收集了一千五百多片“龙骨”，他对龙骨进行仔细研究分析后认为，它们并非什么“龙”骨，而是几千年前的龟甲和兽骨。他从甲骨上的刻画痕迹逐渐辨识出“雨”、“日”、“月”、“山”、“水”等字，后又找出商代几位国王的名字。由此他肯定这是刻画在兽骨上的古代文字，从此这些刻有古代文字的甲骨在社会各界引起了轰动。甲骨文发现的故事，后来被人们称为“一片甲骨惊世界”的奇迹，在中国和世界考古史上写下了带有传奇性的篇章。

由于甲骨文是用刀刻成的，而刀有锐有钝，骨质有细有粗，有硬有软，所以刻出的笔画粗细不一，甚至有的纤细如发，笔画的连接处又有剥落，有的浑厚粗重。结构上，长短大小均无一定，或是疏疏落落，参差错综；或是密密层层十分严整庄重，故能显出古朴多姿的无限情趣。

甲骨文，结体上虽然大小不一，错综变化，但已具有对称、稳定的格局。所以有人认为，中国的书法，严格讲是由甲骨文开始，因为甲骨文已备书法的三个要素，即用笔、结字、章法。

根据新中国成立后的考古发现，甲骨文不仅存在于商代，而且还存在于西周，在山西、陕西、北京等地先后发现了五处地方有甲骨文传世，当然这些甲骨都不多，但其对于西周的历史文化研究提供了依据，而且对汉字的演变提供了极为重要的原始记录。

（二）金文

刻满金文的青铜器

如果说甲骨文是占卜之文，那金文就是祭祀之文了。

金文是铸刻在殷周青铜器上的铭文。古人称铜铸的祭器为“吉金”，故称青铜器上的文字为“金文”或“吉金文字”。商周是青铜器的时代，青铜器的礼器以鼎为代表，乐器以钟为代表，“钟鼎”是青铜器的代名词，铸刻在青铜器上的文字也叫“钟鼎文”。金文应用的年代，上自商代的早期，下至秦灭六国，约一千两百多年。

金文是在甲骨文的基础上发展而来的，与甲骨文属于同一系统的文字。金文是在浇铸青铜器之前刻在模子上的，因此笔道粗肥而圆。西周晚期时，金文的象形程度明显降低，符号性增强。这种变化的主要趋势是线条化和平直化，即粗笔变细，方形圆形的团块变成了线条；弯曲象形的线条被拉平直，不相连的线条连成了一笔。殷周时期金文的主要内容多是一些吉祥、勉励或庆功的话。据考察，商代铜器上便刻有近似图画之金文，其后继续演进，至商末之金文亦与甲骨文一致。此种金文至周代而鼎盛，绪延至秦汉。但商代器物和铭文皆少，秦汉已至末流，所以应算周代为主流。

殷商的青铜器虽十分精美，但是铸刻文字的却不多，有的即使有文字，字数也很少。1976 年在河南安阳发现的商代大方鼎，就只铸有“司母戊”三字。而到了周代，青铜器上的文字就变得多起来了，西周末年的毛公鼎上共铸有四百九十七个字，算是最长的铭文了。

金文发展到后期出现了趋向美术化的倾向，字形大小趋于一致，形态趋向美化，行列趋向整齐，给人以美感。从春秋中叶到战国末年，青铜器铸造技术更趋完善，花纹也更加精细，与此相对应的是字体刻求美化，笔道或故作波磔，或多加点饰，使字的笔画多变为鸟形，实在无法演变者则直接加上鸟形作为装饰，故被称为鸟虫书。鸟虫书主要见于一些青铜器之铭文，尤以兵器为多。这是一种变形的装饰用文字，不应将其看成是另一种文字系统，且使用范围很有局限，简书中就没有此种文字。相比较而言，在文字方面，鸟虫书应是最能体现文字的南方文化特色的。

（三）篆书

篆书是大篆和小篆的统称。秦始皇统一中国后“书同文”废除六国文字，在全国范围内推行小篆，把原来的籀文称为大篆，于是便有了大小篆之分。

大篆是指春秋战国时期秦国通行的文字体，因著录于《史籀篇》，故又称为“籀文”。唐代初年在黄河岸边出土了十个石滚子，上有“秦襄公八年”的文字内容，因此，又称为“石鼓文”。大篆是在金文的基础上演变而来的，只是笔道更加匀称，结构更整齐。

小篆又名秦篆，传为秦朝丞相李斯所创。秦始皇灭六国，统一华夏，其疆域广而国事多，文书日繁，甚感原有文字繁杂，不便应用；加之原有秦、楚、齐、燕、赵、魏、韩七国，书不同文，写法各异，亦亟待统一，于是对大篆进行省改、简化。从出土的秦国文物来看，小篆是由大篆逐渐演变而来的，两者之间并无截然分明的时代界限。小篆较之大篆，形体笔画均已省简，而字数日增，这是应时代的要求所致。

从古文到大篆，从大篆到小篆的文字变革，在中国文字史上具有划时代的意义，占有重要地位。因为汉字发展到篆书，已经实现了线条化、符号化和规律化。所谓“线条化”就是把甲骨文、金文里的圆点、团块、尖笔和粗细不同的笔道改为粗细一样的线条。这种变化在大篆里面已经很普遍，到了小篆里面可以说是完成了。所谓“符号化”，就是把结构复杂的图形简化为简单的符号。所谓“规律化”，就是确定某个字由哪些偏旁组成，确定他们在字中的位置，因而确定一个字的基本写法。

篆书石刻

篆书是古文字阶段的最后一种字体，是古文字通向近代文字的桥梁。要研究古文字，追究汉字的渊源，必须借助篆书。因为许多字在古今两种文字阶段的形体差别较大，没有篆书这个桥梁是很难解读的。

篆书的特点是笔道圆转弯曲，不仅转折的地方写成工整的弧形，而且许多斜笔也要写成工整的弧形。这样的字固然好看，但写起来不够方便，费时费事。因此，篆书作为全国的标准字体没多久，就随着秦王朝的覆灭而被隶书取代了。

（四）隶书

隶书是一种由小篆减省而来的文字体，在秦王朝时就有了，它是当时的一种书写的应急字体。由于这种写法多为“徒隶”所用，故称为“隶书”。秦代时篆、隶并用，小篆是正式字体，隶书是俗体；到西汉时，隶书就成为正式字体。

隶书的出现结束了汉字的古文字时代，进入了今文字的新时代，隶书也成为古今汉字的分水岭。汉字由小篆发展到隶书起了很大的变化。这种变化称为“隶变”。主要表现在以下几个方面：

一是改连笔为断笔，变曲笔为直笔；抛弃了小篆以前的象形原则，把“随体诘诎”的线条分解改变为散开、平直方折的笔画，使汉字抛弃了“描绘”而成为符号的书写，同时字形由长圆变为扁方，便于书写。

二是简化合并了部分偏旁部首。小篆中一个字单独的写法和作偏旁时的写法是相同的，没有明显的区别；在隶书中，偏旁的写法与原字的写法不同的情况随处可见，汉字的形体结构发生了显著的变化，从隶书到现代文字，形体几乎没有发生变化。所以“隶变”就成了古今文字的分界线。

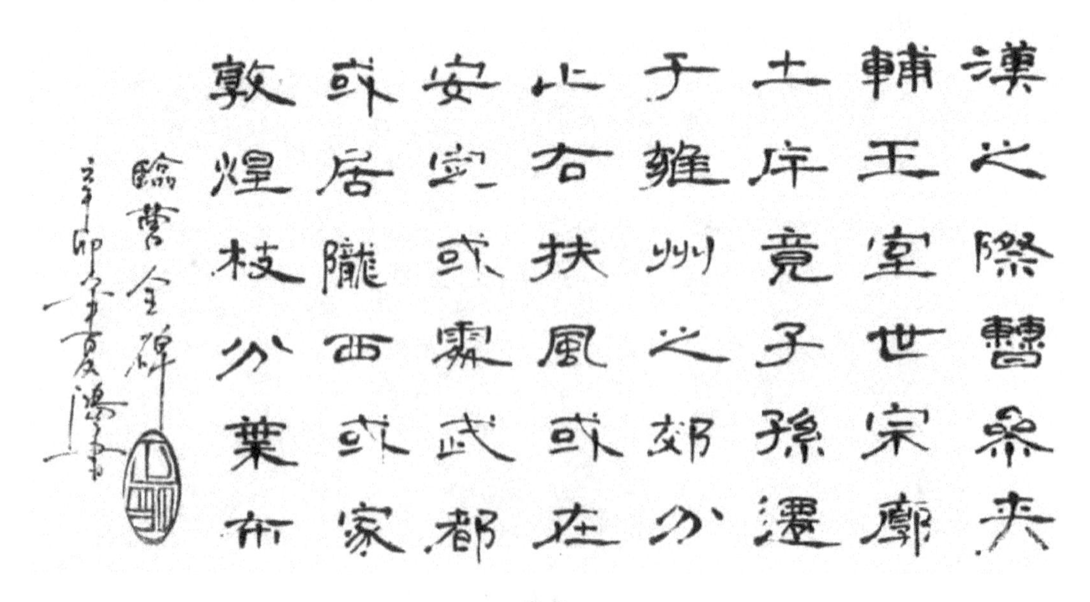

隶书

（五）楷书

楷书是对隶书加以改进的一种字体。它保存了隶书的结构，去掉了隶书的波挑，字体端庄，书写便利。大约在东汉末年形成，到魏晋时代趋于成熟。六朝以来，这种字体被称为“真书”、“正书”，说明它在六朝时已是人们在正式场合通用的字体了。到了唐代楷书盛行，其已彻底消除了隶书的笔意，笔画变得横平竖直，结构紧凑，气势流畅，形体优美。也许是当时有许多书法家都以写真书为主，且大家争相模仿，故被称为楷书。唐代的书法名家辈出，其中欧阳询、颜真卿、柳公权以楷书最为出名，尤其是颜体方正宽博，厚重雄健；柳体遒媚劲健，骨瘦有力，俗称“颜筋柳骨”。到了宋代，随着印刷术的发展，在楷书的基础上形成了专供印刷用的大小一致、笔画粗细均匀的字体，后来称为宋体，以后又有稍作变通的仿宋体、黑体，这些都是楷书的变体。

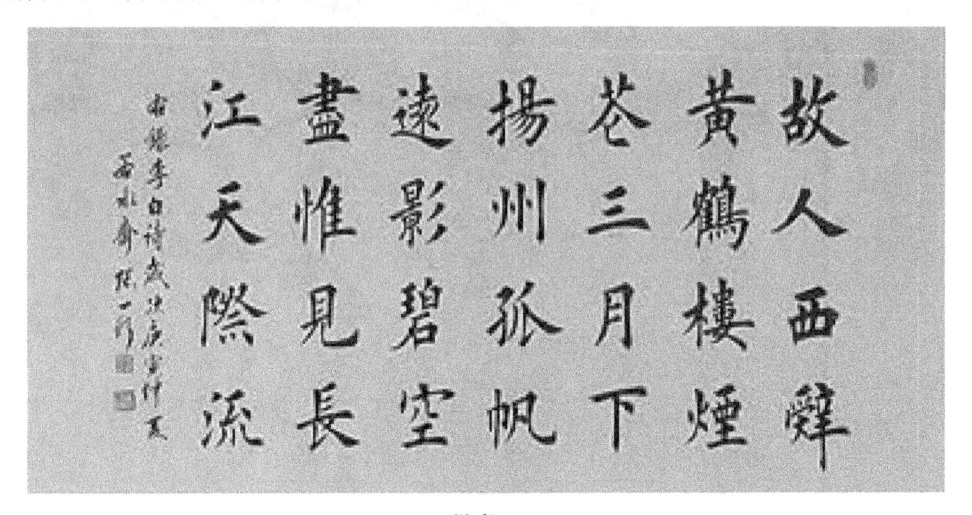

楷书

（六）草书、行书

草书是汉字急剧简化的一种字体，也可以说是汉字的速写体，它大约在西汉中期开始形成，到东汉时广泛流行。《说文解字·叙》说：“汉兴，有草书。”早期草书还带有隶书的意味，传说因为汉章帝特别喜爱这种字体，故又称为“章草”。魏晋时期，草书消除了隶书的笔意，大量使用连笔，只存字的轮廓，以求书写神速。但由于其字形过于简单，偏旁混淆严重，一般人难以辨认，损伤了文字的实际功能；因此其尽管出现较早，却没有大面积推广取代通用字体，但它作为书法艺术的一种，有很高的艺术价值，一直为后人所喜欢。

行书是介于楷书和草书之间的一种字体，早期是介于草书和隶书之间的。无论是隶书还是楷书都要一笔一画端端正正地书写，书写起来较费事，但行书既有楷书便于认识的优点，又有草书便于书写的长处，体现了互补优势。在行书中楷书成分较多的叫行楷，草书成分较多的叫行草。由于行书书写的便利性，自诞生起一千多年来，已成为人们日常生活中用得最多的一种字体，现代人的手写体基本都是行书字体。

数千年的汉字演变历史表明，汉字形体发展的总趋势是简化，便于书写。从象形程度上看，甲骨文、金文、篆体依次减弱，到隶书时基本上消失了象形的痕迹。隶变后，字形简化，偏旁变形并固定，其后楷书、草书、行书的变化更是这种简化趋势的继续发展。从定型程度上看，古汉字定型性差，异体字多，近代汉字定型性较高，异体字大大减少，这也是汉字简化总趋势的一种表现。

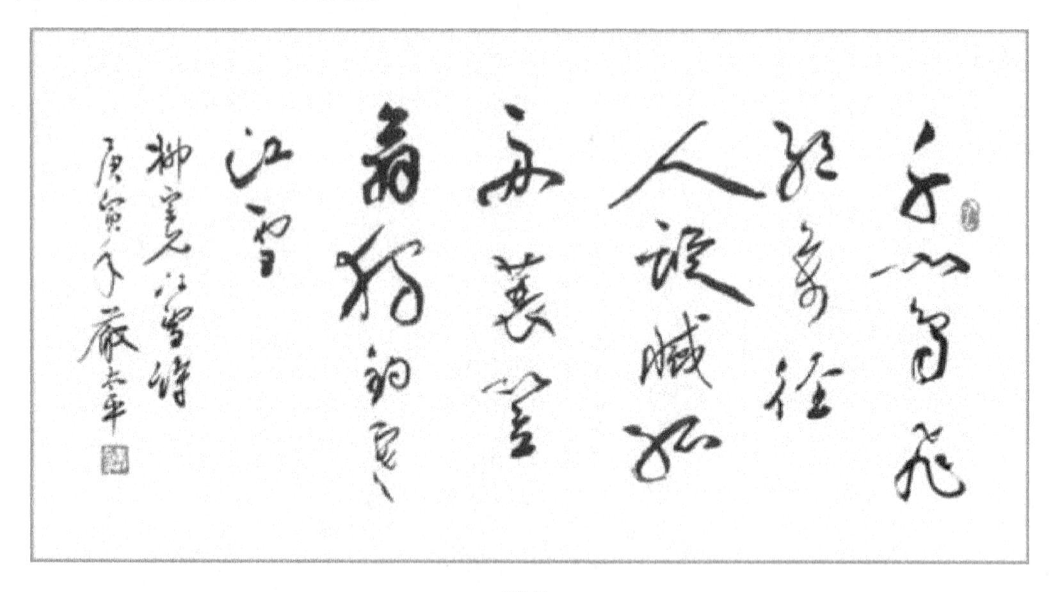

草书

行书

三、汉字的魅力

汉字是一种独特的文字，它屹立于世界文化之林，独树一帜，给人以神奇感、神秘感。

汉字，有人称之为方块字——这是因为汉字整体结构成方块形；又有人称之为表意文字——这是因为汉字具有极为特殊的表意功能。汉字似田块，更似艺术品，是中华文明的艺术瑰宝。几千年来，它伴随着中华民族的历史、社会、政治、经济、文化不断地自我完善和发展。畅游于汉字王国，你会感受到它是那样的富丽堂皇，美轮美奂，这里主要展示汉字之美的几个方面，更多的要请读者自己去品味。

（一）意蕴美

汉字以其独特的表意性体现着传统文化的内涵，文字的人文价值尤为突出，它与汉民族的思维方式、传统伦理、文化精神有机融合在一起，成为了解中国传统文化不可或缺的一环。

汉字中大量的偏旁部首独树一帜，为我们理解和学习汉字提供了重要的线索。草字头的字大多与草本植物有关，木字旁的字大多与木本植物有关，提手旁的字大多与劳动有关，即使我们在初学时不认得它们也能猜到它们大致的意思。具有独特表意性的汉字是帮助我们了解先民生活方式的一把钥匙。如“月”在古代生活中就有代表“肉”的意思，所以我们表示身体器官的大部分汉字中都含有月字旁，如“胳膊”、“肝”、“脑”等等；知道了“月”代表“肉”，“炙”这个字就变得很好理解了，就是把肉放到火上烤，因为“炙”的上半部分就是“月”的变体。汉字之中还有部分文字可“望文生义”。如不好则“孬”，不正则“歪”，二木为“林”，三木为“森”，三人成“众”，这些字的含义一目了然。

汉字独特的意蕴之美还体现在字与其表示的事务紧密相连，使文字本身含有文学化的价值。如“明”很容易理解，因为古人的光源主要来自日月，再如“福”就是表示祈求上天能赐予我们有田种、有饭吃。古人把羊作为吉祥之物看待，《说文解字》说：“羊，祥也。”意为“羊”就是“祥”，这样一说就很好理解“美”、“善”等字为什么要有“羊”字头了。汉字之中融合人文意蕴，给人以诸多启迪。

（二）构造美

汉代就有学者开始把“六书”作为解释汉字构造的基本原则，先后有刘歆、班固、郑众等人在其著述中提过六书。至许慎《说文解字》对六书进行解释，其后六书便以许慎的说法为准，依次为：象形、指事、会意、形声、转注、假借。

象形是抓住事物的主要特征，绘其形状造字法。如“田”像俯视的田野之形，“日”和“月”是太阳和月亮的形象。象形法是最原始的造字方法之一，是汉字发展的基础，其最大的优点是形象逼真、直观性强，但只适用于具体的事物，对于复杂无形的事物就显得苍白无力。

指事就是用象征性符号或在象形字上加提示符号来表示某个词的造字法。看见字的形体就能够认识它，但还需要一点领悟能力。如“刃”就是在刀上作标注，指示刀上最锋利的部位。“本”、“末”就以“木”为基础指示树根和树梢。可见，指事字不像象形字那么直接展示意义，需要简单观察分析才能悟出其真意。

会意就是把两或几个个字放到一起展示其合在一起的新意义，如“止”“戈”为“武”，“小”“土”为“尘”，“山”“石”为“岩”。会意字大多是在象形字的基础上产生出来的，是仅次于形声字的一个家族。

形声是指用一个形旁和一个声旁构成的汉字。如“江”、“河”、“梅”、“空”、“忠”、“恭”、“想”等字。形声字的出现使汉字突破了纯表意的造字局限，不仅使汉字意、音指向明确，而且使汉字由表意体系的文字进化为意音文字，使汉字更成熟，更适宜于记录汉语，同时也可以大量地造字，不仅表意性强，而且能产性非常高，后世创造的新字大部分是形声字。现代汉语中形声字占百分之九十五以上，形声字代表了文字的发展方向。

转注是指两个具有同一偏旁或部首、读音相同或相近、互相解释的一组字。

假借是用已有的较通行的同音字来代替将要造的字的方法，即现在的同音而意异的借音字，古汉语中称为“通假字”。

“六书”中能造出新字的只有前四种，因而称为造字之法；后两种方法是对借用前四种方法造出的字进行解释和运用的，因此称为用字之法。

（三）构型美

在世界上，汉字是唯一的既能记录语言又能作为高级艺术品供人欣赏的文字。写汉字像叠罗汉，有立的，有卧的，有扳肩的，有伸脚的，不仅要整齐，还要叠成花样，而且是好多种不同的花样，这些花样都有一定的“谱”，只能照规矩做，不能自出心裁。一个汉字的构造就是一种建筑，其中有美学也有力学。汉字由于有大量象形字的存在，具有构图美感，加上汉字呈方块结构，字的内部结构讲求方正匀称，字形整齐划一，在漫长的历史发展过程中人们追求汉字书写时的各种变化和风格，形成了丰富多彩的书法艺术。在中国历史上，书法与绘画齐名，享有很高的艺术声誉，这在世界文字中是绝无仅有的。

拓展延伸

1. 通过网络搜索，查一查汉字在进化的过程中都有哪些具体的表象。

2. 不少人提出简体字失去了汉字原有的意义，应该再推广繁体字，你如何看待这个提议。

第二节 汉字的文化功能

文化，从广义上讲，它是人类社会历史实践过程中所创造的物质财富和精神财富的总和。而从狭义上说，它只着眼于精神方面，指社会的意识形态、价值观念、审美情趣、民族心态、生活方式、风俗习惯等等。何九盈先生在《汉字文化学》中指出：“文字是文化的产物,又服务于文化,促进文化的发展,它自身又是文化的一部分。"汉字作为自源文字,是汉族的祖先在长期的社会实践中创造的,它是汉文化的产物。先有汉文化,然后才有汉字,但它又服务于汉文化,对促进汉文化的发展起到了巨大的作用。

预习指南

汉字除了具有各种文字的共同功能之外,还有不同于其他文字的特殊功能。你知道吗？文化功能就是特殊功能中的一种。特殊功能来源于汉字的特殊结构。人们在利用汉字进行交际的实践中,发现汉字在文学艺术、民俗游艺等众多领域的特殊价值与文化现象,具有突出的民族特色。赶紧查阅资料去了解一下吧!

故事导入

"醍醐灌顶 tí hú guàn dǐng""束脩 shù xiū""寅吃卯粮 yín chī mǎo liáng""煞有介事 shà yǒu jiè shì""集腋成裘 jí yè chéng qiú""瓮牖绳枢 wèng yǒu shéng shū"……

同学们,这些词你都认识吗？知道它的含义吗？都能书写正确吗？

随着电子技术的飞速发展,在"提笔忘字"现象越发严重的今天,针对汉字手写危机,一档由中央电视台和国家语言文字工作委员会联合主办的节目——《中国汉字听写大会》,于2013年在中央电视台综合频道(CCTV-1)和中央电视台科教频道(CCTV-10)播出,并以"书写的文明传递,民族的'未雨绸缪'"作为节目的宣传语,邀请国内语言文化专家担任裁判和解说,央视著名播音员轮番担任读词主考官。节目一经播出,产生了极大的社会影响,唤醒了更多的人对汉语文字基本功的掌握和对汉字文化的学习。正如中央电视台科教频道总监金越介绍——"这不是一个秀场,呈现出来的状态可能非常单纯、简朴,但却可以吸引观众在电视机前同步参与,在游戏中学习知识、领略汉字之美。"

一、汉字与中国文化

汉字对中国文化的记录,是通过对语言的记录来实现的。为了将文化成果记录下来并传承下去,汉字、汉语和中国文化之间产生了一种系统的对应关系。从理论上说,中国文化的成果随着时间的推移而不断地增加、累积和丰富,于是汉语的语音、词汇、语法也不断地发展、丰富起来,汉字成为记录汉语的工具。为了满足各种新的需求,在字形、字体、字量、字频等方面,也必然会随着文化的发展和语言的发展而变化、发展。

例如"砲",本来是指抛石机一类的冷兵器,后来发明了火药燃放的火炮,于是记录新式火炮的汉字字形变成了"炮",意符不再写作"石",而写作"火"。

在汉字的字体演变史上,"隶变"是一个典型的因文化发展而引起的字体变化事件。此外,由书写的速度引出了行书、楷书的区别,由对汉字字形的抽象概括引出了草书。秦始皇推行"书同文"而使六国文字消亡,唐末以后因俗文化的兴盛而导致大量异体字的产生。这些也都是由文化而引发的汉字现象。

汉字的发展与文化的发展之间有一个“时间差”。文化的发展处于主导的、领先的、决定性的地位,汉字的发展则处于附属的、跟进的、服从性的地位。在中国历史上,从来没有因为汉字的革命而引起诸如政治革命、经济革命、科技革命。因为在文化这辆车上,汉字只是外壳,是轮子,而不是发动机,更不是操纵方向的方向盘。

小篆成为统一六国文字的字体,为秦始皇兼并天下而提供了政治基础。

隶书的流行,是与社会条件相关联的。秦汉之际,社会事务的增多,文字的使用范围扩大,因而产生了一种需求,需要一种比小篆更便于书写使用的字体,而尚处于雏形阶段的隶书使人们感到了部分的满足,于是被不断地改进完善,逐渐成为通用的书体。

文化的发展是非常丰富多样的,文化对汉字提出的新的需求往往因时而异,由此产生的汉字的变改也就因事而异。因此,汉字与文化之间的矛盾,常常表现为不同的形式。例如:有音无字、有词无字和一词多字、一字多音等。

有音无字、有词无字,可是又不能不标记有关的音、词的时候,也就是文化发展而汉字尚未及时地做出相应反应的时候,正是处于汉字系统向新的发展阶段过渡的时期。在这一过渡时期里,假借字、生造字和借用符号便应运而生。我国历代史书中都有因外民族语言的影响而产生的音译字,如身(Yuān)毒、冒顿(Mòdú)、吐谷(yù)浑。近代科学传入中国后,音译的科学词语更是数不胜数。“维生素C”的“C”,是个汉语中没有的音节,平时就讹读作“西”的音。

现代社会中,科技文化的发展日新月异,导致出现“过渡期”的因素越来越多,而在现代社会高速高效发展的情况下,又不给汉字以足够的条件来弥补它与文化之间发展方面的“时间差”,因此,借用符号便在外来文化和语言的影响下,日益广泛地得到运用。例如:“CCTV”、“卡拉OK”、“B超”、“TOEFL”、“PC机”、“E-mail”等等,这种汉字和借用符号的混用,或者纯用借用符号的情况,如今可以说是司空见惯了。

二、汉字与文化的交流与传播

汉字不仅是中国的瑰宝,在约两千年前就先后传入朝鲜半岛、日本、越南,在不同历史时期作为正式文字使用,对于促进中国和这些国家的经济、文化交流,发挥了重要作用。汉字在这些国家的文化发展中留下了深刻的印记。1965年独立的新加坡共和国,汉字就作为官方通用的文字之一。从东北亚到东南亚,历史地形成了一个汉字圈、汉字文化圈。

汉字文化圈的形成,有其独特的历史条件和地理条件。中国东临大海,北连大漠,连绵高耸的喜马拉雅山和帕米尔高原成为西部的自然屏障,这种地形和地貌的走向,决定了其文化传播的走向为向东、向东北和东南发展。文化交流好比水之就下,往往是由高处向低处延伸,从实处流向虚处。汉文化的传播不仅像“水银泻地”似的向东、向东北和东南发展,也像磁石那样对远近各国有持久的强大吸引力。

殷商文明起源于黄河流域,殷人既可以从陆路与朝鲜交往,又可出黄河口从海路与朝鲜联系,真是水路两便。到了战国时代,地处山东的齐国与朝鲜交通也很方便。燕国也可以从陆路与朝鲜往返。中国的山东半岛、辽东半岛和朝鲜沿岸隔海相望,十分有利于古代沿海各民族的迁徙和文化交流。

据研究,数万年前的旧石器时代,中国与日本列岛之间原有“路桥”相连,随着全球气候变暖,一度存在的通途变成汪洋。后来,人们逐渐知道利用日本的海流渡海而来,由日本来到中国,通常都经对马、壹岐来朝鲜半岛,沿海岸北上,转道辽东,然后南下,到达当时的中国首都。历史上朝鲜是中日文化交流不可缺少的桥梁和驿站。

中国和越南山川相连,《山海经》记载“有汜天之山,赤水穷焉”。据地理学家研究,今亚龙湾中有许多耸立若山的石灰岩小岛,极似“汜天之山”。红河,很可能就是《山海经》中记载的赤水。越南成了古代中国通往东南亚的天然大走廊。这条大走廊,有利于民族迁徙和文化交流。

中国和日本、朝鲜、越南三国有着如此优越的地理条件,为汉字文化圈的构成提供了极其有利的条件。

与西部的游牧民族不同,古代中国以农业经济为主,在这一点上,与日、朝、越三国在经济基础和生活形态上有共同点,为古代中国与东亚各国之间的交往和汉字文化圈的逐渐形成奠定了经济和物质基础。

以“仁义”、“仁德”、“中庸”为核心,以孔孟为代表的儒家思想和儒家文化,不仅是中国几千年封建社会的统治思想和传统文化的代表,而且中原文化对外传播,儒家的文化也被朝鲜、日本等国普遍接受。

中国的汉字分别东传朝鲜、日本,南传越南,对三国的语言文字都产生了不可磨灭的深刻影响。在相当长的历史时期内,汉字仍在这些国家占主导地位,诸如官方文书、科举考试、文史著作等均用汉字撰写。但朝鲜、日本、越南等国在接受汉字后,结合各自情况,适应本国语言的需要,运用其聪明才智,探索、改造、创制或变革了本民族文字。值得一提的是,文化交流从来都是双向的,他们在接受输入的同时,也在输出。他们在汉字方面的一些独特创造,以及近代时期一些由汉字书写的新词语,对汉语和汉字的发展也有诸多的启迪和实用价值。

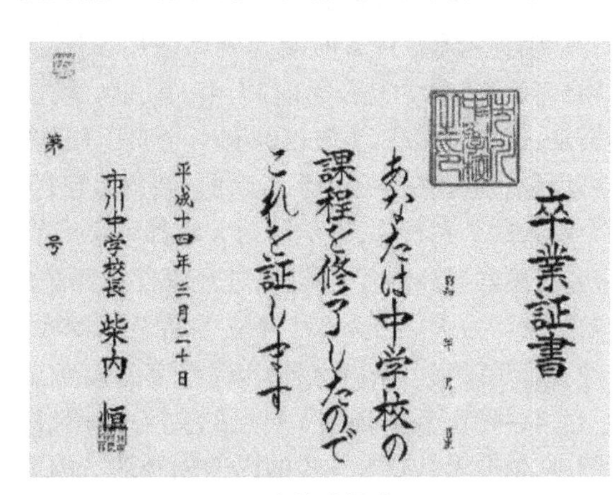
卒業証書
あなたは中学校の
課程を修了したので
これを証します
平成十四年三月二十日
市川中学校長 柴内 恒
第 号

日本毕业证书

(一) 汉字与日文

日本无古文字,只有语言而无文字记载。汉字何时传入日本,尚无定论。一种观点认为,约在公元1世纪中国汉字逐步传入日本。《后汉书》:“建武中元二年(57年)倭奴国奉贡朝贺,使人自称大夫,倭国之极南界也。光武赐以印绶。”1784年日本九州福冈县糟物郡志贺町出土了一枚金印证实了文献的记载。这颗金印上刻小篆“汉委奴国王”。此后,日本先民可能开始逐渐接触汉字,开始使用汉字记录自己的语言。日语与汉语分属不同的语系,因此用汉字记录日语并不是一件简单的事,日本人逐渐改造汉字,创造了独特的“假名”。其中“假”的意思是借用;“名”的意思是名号,指汉字。最初的“假名”叫“万叶假名”,因大量出现在日本最古老的和歌集《万叶集》而得名。比如:雨,日语的读音是 ame,用万叶假名记作“阿米”。

从万叶假名后,开始出现“平假名”和“片假名”。在万叶假名的草体书法上简化而成的一套假名,叫“平假名”。其中“平”的意思是比较通俗方便。早期为日本女性专用,后随着紫式部的《源氏物语》的流行而使得日本男人也开始接受和使用平假名。

片假名是从中国汉字的楷书取出符合声音汉字的一部分简化而来,平安时代的初期为了训读汉文而发明。但是,现在的片假名字形确定下来是在明治时,在这之前一个发音往往有多个片假名对应存在。

“汉字假名混合文”便成为日语书面形式的主流,一直沿用到今天。汉字,在日语中占据着重要地位。

汉字的本源是记录和表达汉语和中国的文化,日本文化的一些特色内容无法用现存的汉字表达,于是需要再造新字,对汉字的“形”重新组合。日本利用汉字“六书”获得了变异和改造汉字的良好条件。日本的“国字”没有抛弃汉字的字素、符号及其结构,而是将字素和符号重新加以组合,而在这种组合中,很多元素就是部首,部首的位置都比较固定,因此这些“国字”与汉字之间在形体上也是融合的。

发源于黄河流域的汉字主要适应内陆文化的一些特点,如“马”在中国古代的交通运输、农业和战争中扮演了极其重要的角色,而日本是岛国,海洋水产与百姓的生活更为密切,发展渔业生产,丰富鱼种的分类是个迫切需要解决的问题,于是“鱼”部首的字在日本新造字中占有一定的比例。

(二)汉字与韩文

朝鲜究竟从什么时候起开始使用汉字,至今没有一致的认识。有人认为是公元前 103 年,有人认为是公元前 17 年,有人认为是公元 285 年。认为是公元 285 年的人的根据是:据史料记载,当时已经有一个叫王仁的朝鲜人带着《论语》到日本讲学去了。因此可以说,至少在公元 285 年以前,朝鲜人已经使用汉字了。但是,也有人认为,这可能是个别人的个别行为,不能作为大家都用汉字的根据。目前,大家公认的是,到公元 5 世纪初,在朝鲜半岛的各个国家,使用汉字已经蔚然成风,学习汉字已被看成是一种十分时尚的社会行为了。公元 551 年立的昌宁碑、568 年立的咸州黄草岭碑和利原的磨云岭碑等,碑文都是汉字。从内容看,当时汉字已相当普及。

1444 年,朝鲜创制了自己的文字——训民正音,即朝鲜字母,朝鲜字母是模仿汉字的笔画,依据天、地、人三才的原理创制的。因而,朝鲜字实际上是由拼音字母组成的方块字。在书写规则上它和汉字差不多,既可以竖书,也可以横书,还可以斜书。在书法艺术上，它也讲究楷书、行书、草书等。朝鲜字母创制后，朝鲜人就开始以汉字和朝鲜字并用的方式来写文章。

（三）汉字与越南语

越南和中国山水相连，自古以来就有者密切的联系和源远流长的传统友谊。据史籍记载，秦代把五岭以南直至当今越南中部的地区称之为"南越"，这里的居民是"百越"的一部分，当时还处于比较原始、落后的状态。秦始皇于公元前 214 年平定南越，在这里设置南海、桂林、象郡。其中象郡包括今越南北部和中部。939 年越南自立为国，直到 19 世纪下半叶沦为法国的殖民地止，越南语和汉语之间都有着广泛而深刻的联系。

越南在一个相当长的历史时期里是越语和汉语两种语言并用，并把汉语和汉字作为正式的官方语言和文字，由此产生了一种流传至今的"汉越字"；在汉字的基础上又创造了越南自己的民族文字——喃字。现代越南语已经有了很大变化，并早已采用了"国语字"的拉丁化拼音文字，但越南语吸收了汉语的许多成分，其中以借词最为突出，据统计汉语借词占越南语总词量的六成以上。

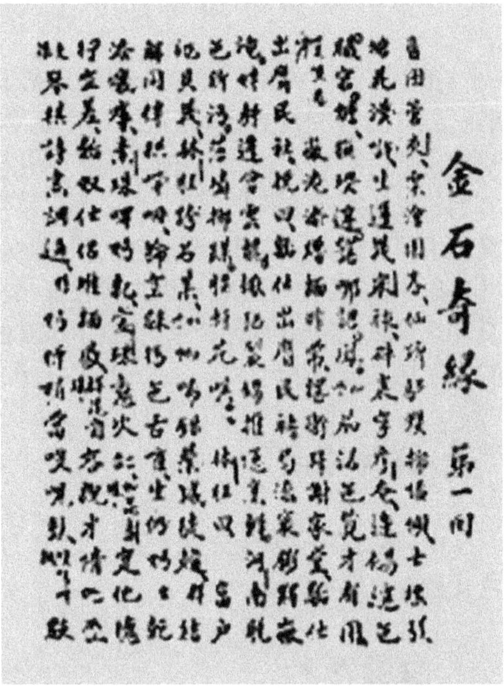

喃字

国语原指越南本国的语言，以区别于外来的汉语。当创造了书面文字喃字之后，国语就用来指喃字。16 世纪末，欧洲传教士到越南传教，一些传教士试用拉丁字母拼读当地的语言，以便于在越南平民中传教。到 17 世纪，教会为越南语创造了拉丁化的拼音文字后，国语（或国语字）被用来指称这种基于拉丁字母的文字，只限于在越南教民中使用。在越南的教徒中有些人懂得和精通喃字，开始时他们认为这种拉丁化文字是一种西方形式的越南书面语，所以把它叫作西国语，以区别于喃字。在法国征服越南以后，他们认为这种拉丁化的越南书面语与法文字比较接近，于是要求学习推广这种文字，以便为在越南普及法语和法文字铺平道路，这样越南教徒自然而然地称它为国语了。"国语字"这个术语就慢慢地为越南人所接受了。在法属时期，法国殖民者曾大力加以推广，但是，国语字始终处于陪衬和辅助的地位。拉丁化的国语字易学易读易写，所以越南抗法战争时期，国语字成了宣传革命、宣传抗法斗争的有力工具。1945 年，八年革命胜利后，国语字日趋成熟，正式成为越南全国统一的通用文字。

拓展延伸

1. 请查一查,海峡两岸汉字使用的异同情况。

2. 我们如今处于信息化时代,信息化起源于西方国家,现今的计算机语言都是英语,这是否说明我们的汉字已经落伍,是否面临被淘汰的危险境地,请就此作简单的讨论。

第三节 中国古代教育的发展历程

在中国古代文献中,教育一词最早见于《孟子·尽心上》,“得天下英才而教育之”。《说文解字》释“教,上所施下所效”,“育,养子使作善也”。古老的中华民族有着悠久的历史与灿烂的文化,素以“文明古国”、“礼仪之邦”著称,而这是与中国古代历来重视教育的建设和发展密不可分的。中国古代教育既是中国古代文化赖以延续和发展的基础,又是中国古代文化不断创新的动力,正是依靠古代教育的传承,中华古老而灿烂的文化才得以一代代流传下来。中国古代教育在其漫长的过程中,形成了独特的民族特点和优良传统,涌现了众多的教育家,积累了丰富的教育经验,对于促进中华民族文化的发展和提高发挥了重要作用。

预习指南

中国的教育有着十分悠久的历史,通过阅读参考书与搜索网络资料,试着了解中国古代教育的发展历程。

故事导入

孟子年少时,家住在坟地的附近。孟子经常喜欢学别人办丧事玩。孟母见此情景,说:“这个地方不适合安顿儿子。”于是就带着孟子搬迁到市场附近居住下来。可是,孟子又玩闹着学商人买卖的事情。孟母又说:“此处也不适合安顿我的儿子”。于是又搬迁到书院旁边住下来。孟子以进退朝堂的规矩作为自己的游戏。此时,孟母说:“这正是适合安顿我儿子的地方。”于是就定居下来了。等到孟子长大了,学成了六艺(礼、乐、射、御、书、数),最终成为了圣贤。

孟母(公元前392—前317年),孟子的母亲仉(zhǎng)氏,战国时邹国人。她克勤克俭,含辛茹苦,坚守志节,抚育儿子,从慎始、励志、敦品、勉学以至于约礼、成金,数十年如一日,丝丝入扣,毫不放松,既成就了孟子,更为后世的母亲留下一套完整的教子方案,她本人也成为名垂千秋万世的模范母亲,在中国历史上受到普遍尊崇。

黎民百姓传颂着她的故事,文人学士为其立传作赞,达官显贵、孟氏后裔为其树碑修祠,后人把她与晋代名将陶侃的母亲陶母,北宋文学家欧阳修的母亲欧阳母,"精忠报国"岳飞的母亲岳母列为母亲的典范,号称中国"四大贤母",而且位居"贤母"之首。

一、古代教育的发展历程

中国的教育有着十分悠久的历史。早在尧、舜、禹时代,就有了教育的萌芽,早在商代起就出现了学校,有了与今天大致相同的学校教育。由此开始的中国古代教育的发展历程,大致可以划分为前后相继、特点各异的三个历史阶段:

(一) 兴起与发展

远古时代先民就开始了教育活动,据《尚书·舜典》记载,虞时即设有学官,但那时学官所管理的只是简单的有关生产和生活的教育活动。从夏朝起,进入了奴隶制社会。由于文字和专门从事精神生产的社会阶层的出现,加之原始社会教育实践的积累,夏朝的教育出现了质的变化,其根本标志是出现了学校。《礼记》说"夏后氏之学在庠","序,夏后氏之序也","夏曰校",可见夏朝已经有了相对正规的学校,这三种学校都是由政府主办,以军事教育为主,这种教育成为后来学校教育的先声。

中国文字在商代进入比较成熟的阶段,当时又有了比较适用的书写工具,文字应用于记述社会各种活动,已出现了分量较重的典册,而且"殷人尊神",喜好"制作礼乐"。在这种情况下,商代已出现了正式的学校,这不仅有历史文献的依据,而且也得到许多出土文物的证实。商代的学校名称很多,有"庠"、"校"、"序"、"学"、"大学"、"瞽宗"等等。商代的学校有根据不同年龄实行不同教育的大学和小学之分。商代教育以"孝"为先的思想教育和以射御为重点的军事教育是学校教育的主要内容,目的是培养尊神重孝、勇敢善战的未来统治者。除此之外,学校还对学生进行礼乐和书数教育。由此可见,商代已具备了"六艺教育"的雏形,为周代教育的进一步繁荣奠定了基础。

西周代替商朝,历史上称为"小周"灭"大殷"。西周统治者为了加强对各诸侯国的控制,建立了一套完整的礼乐制度,开创了"德政"与"礼治"的政治局面。其文化教育沿袭商的"学在官府"的旧制,并进一步发展和完善。西周的官学包括国学和乡学两种。国学设在王城和诸侯国都里,属中央官学,分大学和小学两级;乡学设在乡、州等区域,属地方官学。与商代一样,学校也有大学、小学之分,讲授"六艺":礼、乐、射、御、书、数。"礼"是等级伦理教育;"乐"是艺术教育,包括音乐、诗歌和舞蹈;"射"、"御"是军事训练,这是最重要的教育内容,因为当时部族冲突频繁,贵族子弟要维护族武的传统;"书"是书法习字;"数"则是算术、天文、历法知识的学习。将官学划分为中央官学与地方官学两种类型,以六艺为教学内容,影响深远。

春秋战国时期,教育最重要的事件就是官学的衰落和私学的兴起。官学衰落最重要的原因是世袭制度造成贵族不重视教育和贵族统治力量的衰落,同时王权衰落,诸侯纷争,大批文化职官流落四方,原先深藏于宫廷密室的图书典籍也散落民间,成为一般平民的读物。民间拥有多种学术人才，又有了供教育所用的多种典籍，这为私学的产生和发展提供了条件。

春秋战国的私学，在办学方针、教学内容、教育对象上都有别于当时的官学。在教育对象上，私学放弃了官学的入学等级限制，向全社会开放。在教学内容上，私学更注重学术研讨，提倡百家争鸣，按照各个学派的学术主张来办学。当时的孔子、墨子、孟子、荀子等都是著名的民间私学大师。孔子、孟子、荀子为代表的儒家认为教育的核心是道德教育，目的在于施行“仁政”或“礼治”，他们所强调的是教育在社会发展和人格形成上的作用。墨家由于政治观点与儒家不同，因而教育观也大不相同。墨家培养的目标为“兼士”，重视科技教育，也重视武艺的学习。道家反对后天人为的教育，主张回到无知、无欲、无私和无我的状态，这是一种无教育的教育观。而法家则主张培养“耕战之士”，提出“以法为教，以吏为师”的教育方针。

这一时期各派教育观对后来中国古代教育的发展都产生了很大的影响，其中以儒家的教育思想最为系统和丰富，对封建社会教育的影响也最大。

中国历史上，只有一位皇帝不办教育，就是秦始皇，其实行“以法为教，以吏为师”的政策，以严刑峻法的残酷方式治理国家，结果造成秦王朝二世灭亡，后世王朝都能吸取秦亡教训，积极兴学设教，推动教育的发展。

汉朝一开始就抛弃了秦始皇的暴政，以文治天下，但初期国力空乏，经多年休养生息，到汉武帝时期国力得到显著提升，统治者为加强中央集权的统治，提高吏治水平，以巩固和推进封建社会发展，经过反复比较，确立了“独尊儒术”即以儒家为正宗，辅之以法家、道家的思想文化格局。汉代的学校同样分为官学和私学。官学又分为中央官学和地方官学两种。官学的最高学府是太学，始于汉武帝，设在京师长安的西北城郊。太学的设立有助于统治者利用教育控制人才培养和学术发展方向。太学的正式教师是博士，他们除了从事太学的教学工作，还部分保存了原来作为咨询官吏的职能，参与政府的活动。太学是传授知识、研究学问的最高学府，是历代封建王朝的最高学府和封建知识分子的精神象征。

由上可知，汉代的教育已显露了中国封建社会教育的基本框架，即不仅确立了儒学在中国封建社会教育中的独尊地位，同时也在教育制度、设施、内容、形式等各个方面都为后来整个封建时代的教育奠定了坚实的基础。

（二）繁荣与兴盛

我国古代教育自秦汉奠基以来，历经魏晋南北朝，至唐代已走向全面繁荣。教育的发达和唐代的文学、艺术交相辉映，共同构成盛唐文化景象。进入宋代，我国古代教育更加成熟、精细，达到更高的发展形态。

魏晋南北朝时期，由于长期的封建割据战争以及复杂的阶级矛盾，官学处于时兴时废的状态。但这一时期又是民族大融合、学术争鸣的昌盛时期。在文化教育上，魏晋南北朝起着承上启下的作用；在官学制度上，晋咸宁四年（278 年）设立的国子学，是于太学之外专为世族子弟另设大学之始，南朝的太学，分玄、儒、文、史诸科，进行分科教学，而后又专设律学，对隋唐专科学校的发展具有开创意义。

隋代虽然短暂，但其官制和法律的改革，不仅对唐代政治产生了深远的影响，而且对唐代的教育同样产生了积极的作用。唐代经济繁荣，政治相对开明，各项文化事业都很发达，这为唐代教育的全面发展奠定了厚实的基础。唐代统治者实行宽松的文化政策，在意识形态上奉行儒释道三者并行的政策。儒家自魏晋以来失去了独尊的地位，一度呈现衰微之势，隋唐统治者已意识到儒家思想在巩固统治中的作用，开始再度积极提倡儒家的礼乐教化。唐太宗李世民令人编撰《五经正义》，颁行天下，令人传习，并以此为科举考试的标准，这一措施不仅统一了儒家学说，而且还大大提高了儒家思想的主导地位。以后的唐代统治者又整顿礼仪，制成《大唐开元礼》，使人们从思想到行动都要遵守儒家的教条。特别有意义的是唐代除了以儒家为代表的经学教育体系属于核心地位外，另外还有学习道教的崇玄馆，开创了道举取士。儒道佛三家在教学形式方法上都既自成体系，又相互吸收，使那时的教育思想呈现出杂糅融合、兼容并蓄的特点。

唐代复兴汉代教育的传统，同时又继承了魏晋南北朝以来的教育成果，使学校教育发展到了新的高峰。唐代建立了从中央到地方完备的学制体系。中央官学发展成三个教育系统：普通教育系统、特殊教育系统和职业教育系统。

普通教育系统包括国子学、大学、四门学、律学、书学、算学，其中国子学、大学、四门学属大学，律学、书学、算学属专科学校，六学全由中央国子监领导。特殊教育系统用以满足一等贵族子弟的教育需求，只招收皇室近亲、皇太后近亲、皇后近亲、宰相及其他一品功臣的子孙。职业教育也有相当的规模。中央设有太医署、太卜署、司天台、太仆寺、校书郎。从教育发展史上看，这种专科教育制度比西方发达国家早了一千年左右。

隋唐教育和官制中最重要的事件是科举制的实行。科举制与中国古代教育的发展关系十分密切。在科举制产生以前，培养人才和选拔人才基本上是脱节的，而科举制的诞生将两种制度紧密结合到一起。学校培养的学生，经过科举考试，吏部的铨选，然后取得官职。学校则根据科举考试的要求组织教学活动。科举制的推行，不仅对隋唐的教育，而且对唐代文化乃至以后的整个中国文化发展产生了极为重要的影响。

唐代教育另一大特点是中外教育交流。当时的统治者非常重视和鼓励对外文化教育交流。唐代周边许多国家先后派来留学生学习经史、法律、礼制、文学和科技，在京都长安的外国留学生甚众，其中尤以日本为最多。中日教育交流对日本的教育产生了极为重要的影响，日本在教学制度、教育内容、教育方法上都模仿唐朝，从而推动日本教育大幅度的进步。

总之，唐代教育出现了全面繁荣，达到了封建教育发展的新高峰。以儒家经典为教育内容的经学和以专科知识为教育内容的专科性学校并行，官学和私学并存，科举制将选士制度和育士制度紧密结合在一起，这些构成了封建教育的基本框架，形成了领先其他国家的较完备的教育体系。

宋代始终处于民族冲突的动荡之中,然而宋代的文化却达到中国封建社会的极盛时期。科技的辉煌和理学的兴起,标志着人们对自然与人生的科学研究和哲学思考都达到了前所未有的高度,宋代的教育就是在这一文化氛围中展开的。宋代文化的发达与宋代统治者的文教政策是直接联系在一起的。宋朝为了抑制方镇,强化皇权,确立了重文的文教政策。宋太宗明确表示"王者虽以武功克定,终须用文德致治",而且"宰相须用读书人",从而使其统治对文化教育的倚重日益厉害。宋代教育制度基本上沿袭了唐制,但宋代教育有一个最重要的特色,这就是书院进一步发展。据统计,宋代先后共建书院一百七十三所,其中有不少著名书院,譬如江西庐山的白鹿洞书院、湖南长沙的岳麓书院、河南商丘的应天府书院、河南开封的嵩阳书院、江苏江宁的茅山书院等。由于当时的学校教育已成为科举制度的附庸,引起士大夫们极大的不满,转而寻求书院这一新型的教育形式,书院遂成为集教育、教学和学术研究于一身的教育机构。

宋代教育中另一个重要特点是重视蒙学。蒙学就是对儿童进行启蒙教育的学校,蒙学的教材称为"蒙养书"或"小儿书"。我国古代历来关心儿童的启蒙教育。早在商周时期就已经为贵族子弟设立了小学。春秋战国时期,随着私学的产生,民间也出现了对儿童进行启蒙教育的机构。到了汉代,这种机构已渐趋成熟,被称为"书馆"。宋代是我国古代蒙学发展的一个重要阶段。宋代的统治者非常重视蒙学教育,多次下令在中央和地方设立小学,因此当时的蒙学不仅有民间办的私学也有政府办的官学。宋代蒙学教育在内容上包括了初步的道德行为训练和基本的文化知识技能学习两个方面。蒙学每日的功课主要是教儿童识字、习字、读书、背书、对课与作文,同时也注重培养他们的道德观念和行为习惯。蒙学的要求是十分严格的。在生活礼节方面,要求儿童居处必恭,步立必正,视听必端,言语必谨,容貌必庄,衣冠必楚,饮食必节,堂室必洁。在学习方面,要求儿童读书必须字字响亮,"不可误一字,不可少一字,不可多一字,不可倒一字",且要熟读成诵。这些良好的生活和学习习惯的养成,使学生终身受益。蒙学的发展,使优秀蒙学教材不断涌现,到宋代为止,在众多的蒙学教材中,以《三字经》《百家姓》《千字文》流传最为广泛,一般简称为"三、百、千"。

元代虽是异族统治,但统治者的文化已被汉化,其官学制度沿袭宋制且有所发展。在地方,元朝设立了天文、历算等内容的教育机构,另在乡村创设了社学,以教劝农桑为主要任务,同时也设置经师,施行教化,改变了封建官学不下基层的局面。总体说来,宋元时代使唐代发达的教育更加细致和完善化,标志着中国封建时代的教育已达到它的最高峰。

(三)没落与转型

明代教育是中国古代教育发展中的一个重要阶段。明代一方面实行"治国以教化为先,教化以学校为本"的文教政策,使中央官学、地方官学以及社学都得到空前规模的发展;另一方面明代又在学校教育中实行前所未有的文化专制管理,在科举制中实行八股取士,使其具有活力的内容逐渐消亡。明代教育和明代社会的其他文化形态一样，集中体现了中国封建社会的高度成熟与衰退。明代书院体现了非官方教育发展的状况，实质是反映了知识分子对统治者文化专制的反抗，因而在古代教育史上具有重要的意义。

明代中叶以后，王守仁创立的“心学”教育理论以反传统教育的姿态出现，使明代教育思想出现了多元发展的倾向。以“重实”著称的王守仁，批判理学教育的脱离实际、空疏无用，反映了明代社会发展的新动向，成为明末清初实用教育思潮的先声。

清代是中国封建社会的最后阶段，满汉民族矛盾和中国资本主义生产关系的萌芽，以及中西两大世界对抗和交流构成清代教育的社会基础。清朝作为满族政权，他们要在汉族人口居多、汉族文化根基深厚的中原地区维持统治，只有选择尊孔崇儒的意识形态来进行统治。所以，清代统治者一方面加封孔子为“大成至圣文宣先师”，康熙皇帝还御书“万世师表”悬于孔庙大成殿；另一方面，清统治者再度使理学成为支配人们思想行为的最高权威。清代统治者在文教政策上，全面模仿明朝统治者。入关定都北京后，就确立了“兴文教，崇经术，以开太平”的文教政策。清代的统治者一方面广泛兴设学校，积极发展文教事业，另一方面又仿照明代的做法，制定各种严厉的学规，加强对各级学校的管理和控制。

清代学校教育制度基本承袭明代旧制。由于清代更加重视科举，致使清代学校较之明代更加衰退，有些学校形同虚设。譬如在科举制度影响下，清代地方学校的教学只设考课，实际上成了科举的预备场所。清代科举沿袭明代旧制，建立起完备的科举考试制度，成为吸收知识分子入仕参政的主要途径。所不同的是，除常科外又设特科，如山林隐逸科、博学鸿词科等，以网罗不愿应试的学者；还有翻译科，鼓励满人翻译汉文，充分体现了清朝统治者试图拉拢汉人学者、缓和民族矛盾的良苦用心。

鸦片战争之前，中国封建社会已经是百孔千疮，危机四伏。在这种情形下，以龚自珍、魏源为代表的开明知识分子，发出了改革社会、学习“西学”、改造旧的传统教育的呼唤。鸦片战争以后，中国大地上爆发了以反抗清王朝和外国侵略势力的太平天国农民起义，这场农民革命运动不仅震撼了地主阶级的统治，而且也给封建主义的思想文化和教育制度以很大的冲击。由于西方资本主义列强的入侵，传统的封建教育开始逐步向半殖民地半封建教育转化。洋务派官僚在“自强新政”的口号下兴办洋务学堂，派遣留学生，翻译出版西学书籍。从19世纪下半叶开始，中国思想界逐步形成一股改良主义思潮，甲午战争以后，这一思潮终于发展成为声势浩大的救亡图存的资产阶级维新运动。以康有为、梁启超为代表的维新派，严厉地批判科举制，大力倡导资产阶级新教育。“百日维新”虽然短暂，但也给封建文化教育以巨大的冲击，促进了中国近代资产阶级教育的发展。从1901年起，清政府被迫实行“新教育”。1902年公布的“壬寅学制”，是我国近代第一个比较系统的法定学制。1904年，清政府又进一步公布了“癸卯学制”并在全国施行。1905年清政府下令停止科举考试，至此，自隋代起实行了一千三百年的科举制终于退出了历史舞台，中国教育开始进入一个崭新的发展阶段。

二、科举制度与书院文化

科举制是中国古代一项重要的选士制度,它创立于隋代,废止于清朝末期,对唐代文化教育乃至以后的整个中国文化发展产生了极为重要的影响。书院也是中国古代教育史上富有创造性的一种教育制度。它是集教育、教学和学术研究于一身的教育机构。书院崇尚学术争鸣,对于推动中国古代学术观点的交流与传播起了重要作用。

(一) 科举制度

科举制度是中国封建社会选拔官吏的一种考试制度,它和以前的选官制度最根本的区别在于让普通的读书人均有机会参加学府考试,从而被选拔做官,这就使封建王朝能在更大的范围内选拔官员。

大约从公元前21世纪到公元前5世纪的奴隶制时代,奴隶主贵族施行"亲贵合一"的选"官"原则,即按照血缘关系的亲疏远近分封自己的亲属,并且世袭。到战国时期,情况发生变化。一些国君和贵族开始通过两种新的途径选取人才。一是"养士",亦即将一些有才干的人士供养起来,以备选用,如果是别国的人才担任自己国家的要职,便称之为"客卿"。二是"军功",亦即从立有军功的人员中选拔官吏。但这两种途径只是一些"做法",尚不能称之为"制度"。到了汉代,封建的选官制度才逐渐确立。

汉代的选官制度有两种方式:"察举"和"征辟"。所谓"察举",就是由州、郡、侯国等地方行政长官在各自的辖区内考察、挑选人才推荐给中央政府,国家经过考核后而任以官职。因为是推荐人才,所以又称为"荐举"。察举制度还分有"孝廉"、"茂材异等"、"贤良方正"等名目。所谓"征辟",则是由皇帝或高级官员、地方长官直接征聘所需人才或高级官员。两种方式,以"察举"为多。由于"察举"主要由地方政府掌握,因此,地方行政长官在实际上便控制了官吏的推举权。又由于地方官僚的营私舞弊,不利于人才的选拔,损害了封建专制主义的中央集权统治的利益,于是在魏文帝时便开始实行"九品中正制",这一直延续到隋代。

"九品中正制"是由控制国家政权的大地主阶层所形成的士族集团企图合法地久占高官贵爵而实行的一种制度。其方式是各州设"大中正",各郡设"小中正",由中央派遣官员担任此职,大、小"中正"又将各自辖区内的有关人士确定为上上、上中、上下、中上、中中、中下、下上、下中、下下共九个品级,呈报中央,然后由中央政府按品级授官,高品级的做大官,低品级的做小官。这样,官员的推举权虽由地方政府转入中央政府派出的"中正"手中,似乎有利于中央集权制了,但由于"中正"都为世家大族所把持,故而又出现了"上品无寒门,下品无世族","贵胄蹑高位,英俊沉下沦"的积弊。"九品中正制"最终成为巩固门阀势力的工具,许多优秀人才仍然未被选拔上去,对于中央集权政治而言,同样不利。

察举、征辟、九品中正都是一种"选举"制度,它重在平时的考察和选举对象的门第身份。隋代虽也一度实行"九品中正制",但随着世家大族的日渐没落、寒族地主势力的日益壮大,士族门阀政治不得不让位于官僚政治,这样,"九品中正制"就不能适应新的形势而面临灭亡。同时,又由于最高统治者为了加强中央集权,便把选官权力收归中央。这样，以考试的方法选取人才的“科举制”便应运而生了。

所谓“科举”，就是“分科举人”，是一种封建王朝设科招考和士人“投牒自应”自由报考、以考试为核心的选士制度，其选取的原则是“一切以程文为去留”，即考试面前人人平等的择优录取原则。隋炀帝开设进士科，以文学取士。这种不问出身门第，由朝廷公开考试的选士制度，成为中国科举制度的真正开端，它把读书和做官紧密结合起来，成为封建知识分子进入官场、参与统治的阶梯。但科举在隋朝只是偶尔为之，并未形成常制。

唐承隋制，科举制逐渐完备起来，并进入鼎盛时期。唐代科举考试分常科和制科两种，常科每年分期举行，考试科目有进士、明经等五十多种，其中重要的是明经和进士两科。进士又高于明经，故特别受士人重视，它以考时务策为主。明经科主要考帖经，也考墨义。制科不为士人所重视，被称为“杂色”。唐时，科举制中还有武举，此后一直到清代，都举行武举考试。唐代的科举制度几乎奠定了后世科举制度的基本范式，唐太宗在新科进士入朝礼上所感叹的“天下英雄进入吾彀中”成为历代帝王重视科举、倚重科举的理论依据。

宋代科举在唐代基础上又有了明显的发展。宋朝对科举进行了几次较大规模的改革，以使科举制更为公平，更加有效地网罗统治人才，扩大统治基础。比较集中的措施体现在以下几个方面：创设“糊名”、“弥封”、“誊录”等制度，杜绝了阅卷过程中的徇私舞弊；为防止京城官员和考官亲友考前舞弊，实行锁院、回避和别头试；同时科举取士的名额扩大了，由唐时的几十人扩大为几百人；殿试成为科举考试的最高级别，宋太祖开宝六年(973 年)开始实行殿试，即由皇帝主考，所以进士又称“天子门生”。宋朝几位名相——范仲淹、王安石等还围绕科举与学校的关系做出过许多努力，试图改变学、选分离之弊，但无论哪一位仁人志士都无法阻挡读书人升官发财的梦想，无法改变学习尤其是考试的功利性，因而也就注定了其失败的命运。宋朝成为科举的全盛时期。

元代，蒙古贵族有做官的特权，无需通过考试，故元代对于科举的兴趣显然属怀柔之术，并无倚重科举的真心。整个元朝期间，只举行过七次进士考试，所以元代为科举制的中落时期。

明代为科举制的鼎盛时期，程序更为完备。进学校为科举考试的必由之路，学校分为国学和府州县学两种。国学为中央一级学校，称国子监，学生称监生，可直接做官。府州县学称儒学，经考试进入的称生员，俗称秀才。明代的科举考试分乡试、会试、殿试三级。乡试每三年一次，考期多在秋季，故称“秋闱”。考中的为举人，俗称孝廉。会试在乡试的第二年春季举行，称“春闱”，考中的称贡生。殿试在会试同年举行，由皇帝主持，出榜分三甲，一甲三名，赐“进士及第”，第一名为“状元”，第二名为“榜眼”，第三名为“探花”；二甲赐“进士出身”；三甲赐

探花牌楼

"同进士出身",一、二、三甲总称进士。这时科举制的重大变化是以八股取士为主要内容,以"四书""五经"中的文句命题,只能依题意阐述其中的义理。这种死板的考试形式束缚了人们的思想,同时也把科举制本身引向绝路。

清代的科举与明代相同。科举制发展到清代,它对于维护封建地主阶级的统治,起到过积极作用,但随着封建社会的衰落,其弊端越来越明显,并成为社会进步的一大障碍。八股取士不断遭到开明人士的反对。1904 年清政府举行了最后一科进士考试,1905 年下令停止实行科举制。至此,在中国延续了一千多年的封建科举制度,终于寿终正寝。

(二)书院文化

书院是我国封建社会特有的一种教育机构,由儒家士大夫创办和主持,它有一套独具特色的组织制度、基本规制、讲学形式。它承担着两项重要的文化功能:传播文化与创造文化,前者主要指教育人才,后者主要指发展学术。从唐代末年到清末一千多年的时间里,其居于中国文化与教育史中的重要地位,是中国传统文化宝库中的一颗璀璨明珠,对中国传统文化的繁荣和发展做出了不可磨灭的历史贡献。书院制度积累的丰富经验,至今仍有重要意义,日益引起国内外人士的广泛注意。

当然,这种独特的文化教育组织的形成不是偶然的。儒家起源于西周专门从事教化的司徒之官。儒家学派产生后,就以重视教育作为自己的文化使命,从先秦的私学,到汉代的太学、精舍,均是儒家学者从事教育活动的专门教育机构。书院则是唐宋以后影响甚大的一种教育机构。

江南贡院

“书院”之名源于唐代。唐开元六年（718 年）时曾一度将皇家藏书、校书之所的“乾元院”更名为“丽正修书院”，到了开元十三年（725 年），又改名为“集贤殿书院”。这虽然是“书院”之名的开始，但它毕竟只是朝廷收藏、校勘经籍的地方，还不是后来的那种由儒家士大夫创办的文化教育组织。

唐末，魏晋以来山林讲学的风气复起。李宽在湖南石鼓山结庐读书，李勃与兄李涉隐居江西白鹿洞，这些都是后世书院的渊源和开端，但它们当时都未以书院为名。到了宋代，始称书院，成为一种新型的教育组织和教育机构。

书院蓬勃发展始于北宋。宋代是一个儒生士大夫空前关注道德人格建构的时代。北宋政权尚文治，重教化，鼓励设立书院，以供文人读书修身，吸引了志在修身治国的学者。各地热心文化教育的士大夫们纷纷创办书院，其规模之大、数量之多，已非以往可比。这时涌现了一大批著名书院，包括岳麓书院、白鹿洞书院、嵩阳书院、应天府书院、石鼓书院、茅山书院等。南宋时，书院达到了鼎盛，几乎取代了官学而成为主要的教育机构，其提倡读书和讲学的风气，支配和影响着整个社会的风气。许多著名理学家，如朱熹、吕祖谦、陆九渊等均创办和主持书院，以书院为基地形成不同学派，开展学术交流和争鸣活动。这时书院的文化教育功能、组织制度、基本规制进一步完善，充分显示了它在文化教育方面的优势和特色。书院一开始就表现出其不同于官学的特点：私人创办，但政府给予一定的补助，并从精神上给予奖励（赐匾、赐书）。所以书院有自由讲学的空间，但朱熹、陆九渊等人都是一方官员，所有书院还是在官方控制之内的。

白鹿洞书院

岳麓书院

元明清三代，一些追求自由讲学、独立探讨学术的儒家士大夫，如元初的宋代遗民、明中叶的王湛心学、明末的东林学派、清代的乾嘉学子等，纷纷创办书院，使书院在继续有所发展的同时，也渐渐沦为为科举服务的工具。

元代书院之多超过宋代，但这些书院多受统治者的干预。元政权对书院采取提倡、扶植和加强控制的政策，从而使书院逐渐官学化。元代书院的领导管理和讲学水平都很低，官方控制很严，书院特色也不突出。所以后人称元朝的书院开始官学化。

明代书院受文化专制政策的影响，讲学之风不盛，书院渐趋衰落：一是书院与科举的关系更加密切，书院官学化的程度比元代更甚，有的已与官办州县学无多大差别；二是明末官方“禁毁书院”。明嘉靖书院兴盛之后，曾四次禁毁书院（主要是禁毁私创书院），最有名的是对东林书院的禁毁及东林党人的剿杀。书院时起时落，最终走向衰微。

东林书院

清代是书院官学化的完成和书院终结的时期。清朝各省州县都设有书院，但其性质前后有别。清初书院犹尚讲学，以“约束礼义，整肃身心”为务。雍正时，各省城皆建书院、以“屏去浮嚣”，使士子归于理学正途为宗旨。之后，书院成了准备科举的场所，与官学性质无二。清末，帝国主义的坚船利炮使大清国破山河碎，也给中国的教育和学术带来了不能回避的严肃课题。清政府不得不对书院进行局部的改良，使之从课程设置到教学形式都接近新式学堂，书院遂逐渐变为近代学院。1901 年 8 月，清廷采纳张之洞、刘坤一的建议，下诏将各省所有书院，于省城均改为大学堂，各府厅及直隶州改为中学堂，各州县改为小学堂。至此，书院已经成为历史。但书院的生命力并非就此终结。书院对读书和研究的重视，对学术的专注，对权威的怀疑和挑战一直吸引着后世的读书人，使书院在后世的不同年代里依然闪烁着光彩。

拓展延伸

1. 请查一查八股文的文章结构及对现代议论文的影响。

2. 书院制度是中国封建社会历经千余年的一种特殊教育机构，在中国教育史上有着很重要的地位。同时，由于书院具有多种功能，除教育之外，还兼及学术研究、图书征集和收藏、图书编纂与出版，它与政治、宗教、文学乃至建筑艺术等，都有着密切的关系。试讨论书院与我国传统文化的关系。

第四节　中国古代教育思想及其影响

中国古代有着发达的教育制度和丰富的教育实践，在此基础上，也产生了深刻而系统的教育思想。世界上第一部系统的教育学专著，就是产生于中国战国时期的《学记》。中国古代的教育思想十分系统和丰富，几乎所有的大思想家、学者都要谈到教育问题，并且提出了深刻的见解。

预习指南

中国古代文化光辉灿烂，这与教育所起到的文化传承作用是分不开的。中华民族作为世界上十分重视教育的一个民族，其教育思想历史悠久、内涵丰厚。请试着梳理中国古代教育思想的起源和发展轨迹，多方面了解中国古代教育思想的沿革和对后世的深远影响。

故事导入

2001年，一部由蒋雯丽、梁家辉主演的电影《刮痧》轰动了全国，影片呈现出的中西方文化的巨大差异，尤其是教育理念的差异让国人尤为震惊。

故事发生在美国中部密西西比河畔的圣路易斯城，许大同（梁家辉饰）移民美国八年，事业有成、家庭幸福，在年度行业颁奖大会上激动地告诉大家：我爱美国，我的美国梦终于实现了！

但随后降临的一件意外，却使许大同从梦中惊醒。五岁的儿子丹尼斯发烧闹肚子，正巧爷爷到美国看望儿子一家，爷爷因为看不懂药品上英文说明，便用中国民间流传的刮痧疗法给丹尼斯治病，而这就成了许大同虐待孩子证据，美国法官当庭宣布剥夺许大同的监护权，并不准他与儿子见面。

法庭上，一个又一个意想不到的证人和证词，使许大同百口莫辩。“别人种了九千年的桃子，不跟主人打一声招呼，摘来便吃，当人家制止时，不但不听劝阻而且还大打出手，毁了人家桃园；别人辛辛苦苦炼好丹丸，拿来就吃，还把主人打得头破血流，临走还毁了人家制作车间……像这样一个野蛮顽劣猴子，竟然在许大同开发的电子游戏中被描绘成英雄……”美国律师这样描述《西游记》中的孙悟空，用以证明移民美国的许大同有暴力倾向。

为让儿子能留在家里得到母亲（蒋雯丽饰）的照顾，许大同与妻子无奈离婚，并搬出了家。父亲决定回国，为了让老人临行前再见一面孙子，许大同从儿童监护所偷出丹尼斯，到机场送别。父子分离、夫妻分居、朋友决裂、工作丢弃……接连不断的灾难，如恶梦般降临到这个原本美好幸福的家庭。转眼间，努力多年、以为已经实现了的美国梦，被这场从天而降的官司彻底粉碎了。

影片最后，在贫民区破旧的公寓里，偷偷相聚的大同夫妇借酒浇愁，抱头痛哭。

一、古代教育思想

教育思想是指教育活动所必须遵循的基本原则。中国古代教育家提出了有关德智统一、学思统一、知行统一的教育思想，充分调动人在教学活动中的能动性，使人的潜能得到全面发展，尤其是将教育活动与生活实践结合起来。

（一）德智统一

德与智是人类教育的两项最基本的要求，德与智的统一是古代教育的重要原则和理念。

首先，这一原则强调德、智是衡量人才的两条重要标准，故而要求德育、智育能够同时发展。古代思想家、教育家很少单独论“智”，而总是将它与“德”一起作为衡量人才的标准。孔子认为：“如有周公之才之美，使骄且吝，其余不足观也。”《论语·泰伯》中认为人的才能应与德行统一起来，否则就不足以作为人才来看。后代思想家均是以“德才兼备”去选择衡量人才的。

既然德智应统一，那么，在教育学生时就应坚持德育和智育统一并施。孔子教学时坚持德育、智育统一的原则。在孔子的思想中，“博学于文”、“游于艺”的智育教学，只有与“约之以礼”，“志于迫，据于德，依于仁”的德育教学统一起来，才可以培养出德才兼备的人才。《淮南子》也强调人才应以德、才为根本：“凡人之性，莫近于仁，莫急于智。仁以为质，智以行之，两者为本。”后世的儒家学者在论述到这一问题时，也总是强调应将德育、智育统一起来，以培养出道艺兼资、体（德）用（智）结合的人才。

其次，德智统一的原则，就是主张德育能够促进智育的发展，智育也能够促进德育的发展。中国古代思想家、教育家坚信，德育、智育不是割裂开来的两个方面，德育的实施也能够促进智育教学。孔子就强调这一点：“智及之，仁不能守之，虽得之，必失之。”孔子认为道德上的庄重和仁厚，是巩固所学知识的根本条件。之所以如此，是因为那些仁者能够有开阔的视野、宽广的胸襟，能够杜绝许多为学的毛病。追求、拥有仁德者一般不会出现臆测、绝对化、固执、自以为是的毛病，而这些毛病恰恰是智育的大敌。所以，许多儒家学者总是首推德育，因为他们认为解决了学者的品德问题，就能消除他的“私意”、“固陋”等为学之弊，有益于发展其智育。

另一方面，智育教学亦能促进德育的发展。汉儒董仲舒强调仁德与智慧是相互依赖、相互促进的，智慧要取仁德确立目标，仁德要靠智慧才能够得以完成。也就是说，德育所确立的价值目标，需要借助智育的认识功能才能圆满实现。

其三，德智统一的原则，即要求将德智统一到“德育第一”的前提下，而不是智育第一或德智平分秋色。传统教育是以德育为本位的，尽管儒家主张或认同德育与智育均应得到发展，要求德、智两个方面相互促进，但他们仍坚持德育第一的原则。如前所述，孔子是主张德、智均衡发展的，他将学习文化知识的智育放在关于孝悌仁爱的“余力”之外，可见他是强调德育第一的。清代学者将教学内容划分为义理、考据、辞章、经济四科，义理之学属“德行之科”，即德育范围，其他几门分别为文学、言语、政事之科，属智育范围，当时的思想家、教育家总是将义理之学摆在首位。曾国藩认为其他智育科目均是可以选择而并非必须学的，只有德育的“义理之学”是最急切、最不可少的。这就明确了德育优先的地位。

德智统一的教育思想，是儒家学者、教育家们根据儒学对理想人才模式的要求而确立的。它为纠正或防止片面的知识化教学、教书不育人等不良倾向，起到了积极作用，但也导致一些不良后果，如重德轻智的倾向。

（二）学思结合

学思结合是从教学实践中总结出来的教育原则。学、问、思、辨、行是教育过程中的几个重要环节，它们构成了古代教学的完整过程，学思结合思想正反映了教学过程的规律和要求。这一思想要求充分调动学生在教学过程中的主观能动作用，坚持让学生一直在教学过程中居于主体地位。最早明确提出学思结合原则的是孔子。“学而不思则罔，思而不学则殆。”他认为一个人如果只是学习、积累知识而不思考，就会受骗上当；一个人如果只是一味冥思苦想而不学习、积累知识，则会越想越疑惑。所以，孔子强调学思结合。他认为学思结合是十分重要的。一方面学习知识、积累经验是思考的前提条件，是教育的基础。在没有经验、知识积累的基础上的思考是一种没有意义的冥思苦想。战国时期荀子也表达过相同的思想，“吾尝终日而思矣，不如须臾之所学也”。这都是要求学者首先应以获取大量知识学问作为教育的起点，在此基础上再加以思考。另一方面，思考也是十分重要的，因为它能够使知识深化和系统化。孔子常常强调思考在教学中的地位问题，提出了“九思”：视思明，听思聪，色思温，貌思恭，言思忠，事思敬，疑思问，忿思难，见得思义，强调了在日常生活中如何加强思考的问题。

古代思想家们在论述如何将学思结合起来的问题时，观点十分一致，就是“存疑”与“解疑”。《中庸》最早提出这个主张，它将教学过程分为学、问、思、辨、行五个阶段，“问”是将学习知识引入到理性思考的中介环节和过渡阶段，善问者能够由浅而及深地提出问题;而“善待问者”则能通过解答老师的提问而深入理解问题。这是在教学过程中通过问答的方式而促进学思结合。以后的教育家、思想家总是将“疑问”看成引起学者思考的重要方法和手段。

存疑、解疑的确是实现学思结合的一个重要的方法,它能够将学生从知识学习引入到深刻思考,从而将所学的知识深刻化、系统化,既促进了获取知识的“学”,又促进了理性思考的“思”。因此,存疑、解疑不仅是进行学思结合的手段,也是学思结合的中介和具体形态。

(三)知行统一

中国古代教育思想的显著特点,就是强调教育应该面向现实生活,反对将教育变成脱离生活实践的求知活动,主张教育活动与生活实践统一起来。这里,古代教育思想家强调人丰富的生活实践是一切教育活动的来源、基础,而一切脱离生活实践的书本知识、课堂教学均有其严重局限而应该努力克服。

知行统一的思想,就是要求把教学活动与生活实践统一起来,从生活实践出发,使间接经验的书本知识和直接经验的生活实践结合起来。儒家学者、教育家对此有较多的论述,他们的论述主要包括下列思想。

第一,生活实践是知识的真正源泉,故而要求知行统一。教学所传授的那些道德、知识都来自于学者本人的生活实践,许多思想家、教育家均肯定这一点。

王夫之主张一切真知均来源于行。他以下棋说明这一道理,说:“格致在行者,如人学弈棋相似,但终日打谱,亦不能尽达杀活之机,必亦与人对弈,而后谱中谱外之理,皆有以悉喻其故。且方其迸著心力去打谱,已早属力行矣。”他要证明,一切知识道德均来源于力行。颜元还以习行第一的观点,重新解释儒家传统的“格物致知”,以证明一切知识道德均来源于行为实践。他将“格物”解释为“犯手实做其事”,以证明一切知识、道德均来自于生活实践。他还强调,即使是学习那些书本上的间接经验和知识,也应该和习行结合起来,因为生活实践才是知识道德的最终来源。

第二,生活实践的“行”不仅是知识道德的源泉,亦是知识道德的目的,因此,教学中传授的知识道德必须能够服务于生活实践,为生活实践所用,这才合乎知行统一。孔子认为《诗经》读得再多再熟,但如无独立的行事才干和能力,也是毫无用处的。荀子也认为生活实践是学习的目的。他强调把学习的知识道德付诸行动。他认为,所谓“圣人”,也只是由于能把学到的知识道德运用到生活实践之中。

第三,学生要能在教学中获得真知,必须将知识学习与生活实践统一起来。首先,教学中的知识有深浅之分,但只有和生活实践结合起来的知才是深刻明白的。其次,知识也有真假之分,只有能够付诸实践的才是真知。那种脱离实践的教学,学生从中所获总是浅显的、虚而不真的。因此,一切教学活动,都应遵循知行统一的原则,这样才有可能获得真知。

第四,教学中“知”和“行”是相互促进的。在教学中,所以要求坚持知行统一的原则，还有一个最重要的理由，就是知和行是可以相互促进的：知可以促进行的笃实，行可以促进知的深化。知和行是一个不断相互作用、促进深化的过程。既然知和行是“并进而有功”的，那么，在教学过程中，就应该坚持知行统一的原则，绝不可片面强调知识教学，而将这种知识道德同躬行实践割裂开来，这不但忽略了力行这一更加重要的环节，其所授的知识道德也是没有深度的，而且必然会导致许多严重后果。所以说，“纸上得来终觉浅，绝知此事要躬行”。

二、古代教育思想对现代教育产生的深远影响

中国教育在其漫长的发展史中，形成了许多独特的教育思想和丰富的教育经验，涌现了许多伟大的教育思想家和实践家，这对促进中国传统文化的繁荣和发展产生过举足轻重的影响。今天，知识经济正向我们走来，知识经济的第一资源是智力资源，拥有智力资源的是人才，而人才来自教育。当今教育是传统教育的继承和发展，因此我国古代无比丰富的教育成果，依旧是当代中国发展现代教育的宝贵思想资源。中国古代传统教育至少在以下几个方面仍具有重要的启迪意义。

（一）将人格培养置于教育核心地位的思想

中国古代教育家很早就认识到教育的重要性。孔子把人口、财富、教育作为“立国”的三大要素，并把教育放在治国治民的首要地位。强调教育一是为国家培养所需的人才，二是能形成良好的社会道德风尚。所以，接受教育绝不是受教育者个人的事，而是有关家庭、社会和国家的事。

出于对教育社会作用的高度重视，出于儒家内圣外王，修身才能齐家治国平天下的政治理念，中国历代教育家都把人格培养置于教育的核心地位。从孔孟、庄子直至宋明理学，都把“做人”、培养“仁爱”之心作为教育的首要目的。“知者不惑，仁者不忧，勇者不惧。”其中智是前提，仁是核心，勇是表现。孟子认为世上最珍贵的东西不是物质财富和权力地位，而是存于每个人内心的道德品质和精神境界。所以，大丈夫应该“富贵不能淫，贫贱不能移，威武不能屈”。

我国古代教育还对人格培养的途径进行了科学的探索。德育教育首先必须使受教育者了解和懂得社会的行为规范，从蒙学开始就发展其道德认识能力，包括建立基本的道德理念、发展道德判断力和培养道德选择能力。当感性与理性、利益与道德发生冲突时，需要有强烈的道德理念和坚强的意志力通过“强恕而行”来调解个体的心理矛盾。因此，培养和发展这种良好的个性道德心理品质正是道德教育的实质所在。

教育对古代中国人来说，远远超出了功利性的范围。对个人而言，能安身立命，被社会所容纳，体现人生的价值；以家族而言，荫泽后人，荣耀门庭；对社会而言，具有使社会保持一定秩序与发展的作用；对国家民族而言，具有保江山、稳民心的社会教化功能。所以，中国古代教育非常重视德性培养，提倡发奋立志，强调道德责任感和历史使命感，“先天下之忧而忧”的以天下为己任的精神。

知识经济是在充满理性的知识化社会中发展的经济，是在诚实守信的社会风气中发

展的经济，是在公正社会中发展的经济。因此，知识经济时代人们在人格素质方面除了要有现代化科学知识，有严守法律法规的意识外，还必须有一种有理想、有道德、能崇尚正义公平、能诚实守信的人格。我们知道，西方市场经济成功的核心和关键恰恰就是我国古代德育中一直倡导和强调的“诚实守信”。中国古代深厚的德育文化底蕴不仅不是中国人走向知识经济的障碍，相反正是我们建立规范经济制度的文化优势。这一点已为日本、新加坡的实践所证实，也必将为我国社会主义市场经济建设的实践所证实。所以，我们应该从古代教育注重德育、注重人格塑造的传统中获得有益的启示，在现代教育过程中，一方面注重提高全民族的科学文化素质，一方面高度重视现代化建设人才的道德与理想教育。

（二）主张创造性学习的思想

现代社会是竞争激烈的社会，人人有负担，人人有压力，可以说，适应竞争和压力正是现代人所必备的一种能力。因此，素质教育应该是使学生把来自外界的被动负担转化成发自自身的危机感、竞争欲与求知欲，让学生变成自我教育的主体，变“要我学”为“我要学”，激发学生身上储存的巨大学习潜能，充分发挥他们学习的主动性与创造性。而这正是我国古代教育家一贯的主张。

知识经济时代人才素质的核心是创造力。一个人创造力的大小在很大程度上取决于其所受的教育方式。我们长期实行的是模式化教育，强调死记硬背，把考试时能将老师的讲课内容复述得一字不漏的学生称为“好学生”，而用老师没教过的方法解题则往往会被判错。回顾一下先贤关于创造性学习的教诲，应是到猛醒的时候了。

（三）倡导终身学习的思想

当代社会呼唤终身教育，这与中国古代教育家的思想也是一致的。汉代的王充就十分强调立志发奋，力学不断。在他看来，只有终身学习，才有成功的希望。王充以河水结冰、积土成山为例说明终身学习的重要性。其主张“宿习”，反对“暴习”。他还以不同树种的生长来比喻求知的长远。枫树、桐树生长快，但木质不坚固；檀树生长虽慢，但其材强劲。由此，王充认为在学习的过程中要像大海汇合百川一样，兼容众家，避免浅陋狭窄。

当今世界，科技与生产的急剧变革对各类生产部门的劳动者和管理者都提出了越来越高的要求，知识的飞速更新、职业的频繁变动需要劳动者必须在最短的时间内适应不同的劳动岗位。这就要求学校教育不能只培养劳动者从事一种终身不变的职业的能力，而必须培养他们对不同工作的适应能力和自觉学习、终身学习的欲望和能力，过去那种“一次受教便能终生享用”的传统教育模式显然已经过时。

人生不再是“学习、工作、退休”三部曲，学生也不再是儿童和青少年的代名词。各种不同年龄、不同性别、不同社会地位、不同职业的人，带着不同的目的和动机一起涌进不同的学校。于是，十八岁的年轻人和八十岁的老年人同桌而学已不再是新鲜事。教育将扩展到人的一生，成为每个人最基本的生存能力，成为整个生命的重要组成部分。从这点看,我国古代教育家可以说是当代终身教育的先驱者。

(四) 重视社会教育的思想

中国古代在重视学校教育的同时,也非常注重家庭教育和社会教育。孟母“三迁居所”和“抽刀断织”及岳母刺字,都是古代家庭教育中流传千古的佳话。此外,古代教育思想中,有许多关于教育环境影响的论述。墨子是较早比较自觉地意识到环境因素对人的影响的古代教育家。他认为“人性”如“素丝”,“染于苍则苍,染于黄则黄”。因此,他非常向往“尚贤”、“非攻”和“兼爱”这样理想社会的出现。孟子也十分重视社会环境的教育作用。他认为,儿童天性善良,但如果长期生活于恶劣的环境中,其固有的善心就会丢失。王夫之也认为社会环境会对学生产生各方面的影响。学生接触的社会环境,王夫之称其为客观的“外物”,他认为“外物”对学生能产生正反两方面的作用。

现代社会是高速发展的信息社会,社会的整体化趋势不断增强,学校系统已成为一个开放系统,同社会大系统之间不断进行着信息交流,培养学生不仅是学校和教师的责任,也同样是家长和全社会的责任。因此,重温中国古代教育家关于社会教育的思想,对于我们造就更有利于孩子成长的社会环境无疑具有重要的指导作用。

拓展延伸

1. 请查一查西方教育思想。

2. 我国的封建社会共经历了两千多年的历史,部分腐朽的思想如今仍影响着我们。请列举部分腐朽思想并加以批判。

第四章　中国古代文学与艺术

第一节　浩荡绵延的古代文学

中国古代文学有着悠久的历史，优良的传统，丰富的内涵，民族的苦难与辉煌熔铸其里，文化的精华与糟粕渗透其中。她是中国传统文化的载体之一，是中华民族走向世界的旗帜之一。加强中国古代文学的研究，可以沿着先人的足迹，追寻中国文学的过去，展望中国文学的未来，缅怀昔日的荣光，创造未来的辉煌。这是历史的重托，这是民族的期盼，这是中华子孙不可推卸的责任。

预习指南

以时间为序，串联中国古代浩荡绵延的文学成就；以朝代为点，整理各个朝代具有代表性的文学样式及文学作品；以文学作品为坐标，熟悉中国古代的文人雅士。

故事导入

唐玄宗开元十三年(公元 725 年)，李白乘船从四川沿长江东下，一路游览了不少地方。在襄阳，他听说前辈诗人孟浩然隐居在城东南的鹿门山中，特地去拜访他。孟浩然看了李白的诗，大加称赞，两人很快成了挚友。孟浩然热情地款待李白，并留他住了 10 多天。公元 730 年阳春三月，李白得知孟浩然要去广陵(今江苏扬州)，便托人带信，约孟浩然在江夏(今武汉市武昌)相会。这天，他们在江夏的黄鹤楼愉快地重逢，各诉思念之情。几天后，孟浩然乘船东下，李白亲自送到江边。船开走了，李白伫立江岸，望着那孤帆渐渐远去，惆怅之情油然而生，便挥就了这首《黄鹤楼送孟浩然之广陵》：故人西辞黄鹤楼，烟花三月下扬州。孤帆远影碧空尽，唯见长江天际流。像这种文人故事还有很多，中国古代文学博大精深，在不同朝代体现出不同的文化特征，学习古代文学，有助于我们更好地了解历史，积淀文化底蕴，提升我们的气质。

一、先秦文学

先秦文学是指从远古社会到秦统一以前这一历史时期的文学，它是中国文学发生、发展的源头。先秦文学成就辉煌，它以丰富的内涵和鲜明的艺术特色，昭示着中国文学的强大的生命力。文学是社会生活的反映，早在文字出现以前，人们在劳动活动中就开始创作文学作品了。这些作品篇幅短小，最初靠口耳相传，后来才用文字记载下来。中国纯文学的起点当属《诗经》，继之而起的便是《楚辞》。《诗经》是北方文学的总集，《楚辞》则是南方文学的总集。由于南北方人性格和思想上的差异，《诗经》偏重于写实，而《楚辞》偏重于幻想，二者也分别奠定了中国诗歌现实主义和浪漫主义的两大传统。

（一）《诗经》

《诗经》是我国第一部诗歌总集，原名《诗》，或称"诗三百"，共有三百零五篇，另有六篇笙诗，有目无辞。全书主要收集了西周初年至春秋中叶（公元前11世纪—公元前6世纪）约五百年间的作品。产生的区域，约相当于今陕西、山西、河南、河北、山东及湖北北部一带。作者包括了从贵族到平民的社会各个阶层人士。

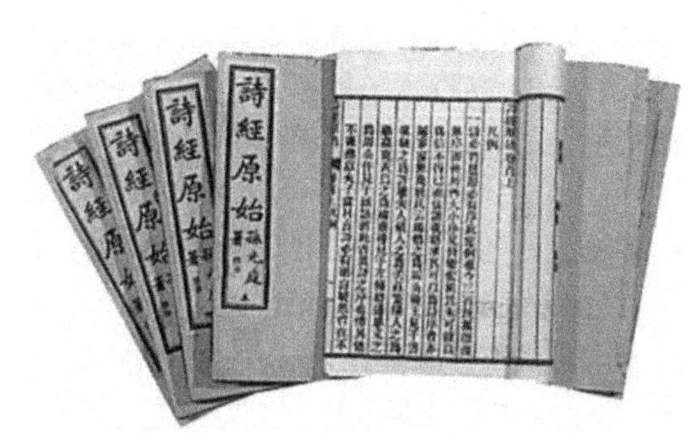

诗经书影

《诗经》按风、雅、颂分为三类，所有的诗最初都是乐歌，只是由于古乐失传，后人已无法了解风、雅、颂各自在音乐上的特色了。风即音乐曲调，十五国风即十五个地区的乐调，共一百六十篇；雅指朝廷正乐，是西周王畿的乐调，分为大雅和小雅，共一百零五篇；颂是宗庙祭祀之乐，其中周颂三十一篇，鲁颂四篇，商颂五篇。

《诗经》的内容十分广泛，深刻地反映了当时的政治、经济、文化、军事以及世态人情、民俗风习。具体地说，主要可分为以下几个类别：一是祭祖颂歌和周族史诗。这类作品大多保存在大雅和颂当中，大多以祭祀和歌颂祖先为主，或叙述部族发生、发展的历史，或赞颂先人的德业，为歌功颂德之作。如《生民》写了始祖后稷的诞生神话和他对农业的贡献；《公刘》写了公刘率领周人迁徙，开始定居的生活。二是农事诗。当时农业生产已占重要地位，其作品中也出现了很多直接描写农业生产的诗，如《臣工》《丰年》《载芟》等，其中《七月》是最有代表性的一首，它是风诗中最长的一篇，共八章八十八句，三百八十字，叙述了农夫一年间的劳动过程和他们"无衣无褐，何以卒岁"的贫困处境。三是燕飨诗。主要以君臣、亲朋欢聚宴享为主要内容，如《鹿鸣》就是天子宴飨群臣的诗。四是怨刺诗。产生于西周末期，反映了当时政治黑暗、社会动荡的现实，主要保存在雅和风当中，如《民劳》《硕鼠》《南山》等，或讽刺不劳而获、贪得无厌者，或揭露统治者的无耻与丑恶，辛辣的讽刺中寓有强烈的怨愤和不平。五是战争徭役诗。有些战争诗从正面描写了天子、诸侯的武功,表现了强烈的自豪感,充满乐观精神,如大雅中的《江汉》,小雅中的《六月》,等等;也有些表现出对战争的厌倦和对和平的向往,如《采薇》;还有些以战争、徭役为背景,写出了夫妻离散的哀歌,如《伯兮》。六是婚姻爱情诗。这类作品不仅数量多,而且内容十分丰富,既有反映男女相亲相爱的情歌,也有反映婚嫁场面、家庭生活的婚姻家庭诗,还有表现不幸的婚姻给妇女带来痛苦的弃妇诗。总之,《诗经》的内容立足于社会现实生活,没有虚妄和怪诞,整体上体现了"饥者歌其食,劳者歌其事"的写实倾向,可以说是我国最早的富于现实主义精神的诗歌,奠定了我国诗歌面向现实的传统。

《诗经》在艺术上也颇具特点,赋、比、兴的运用,既是其艺术特征的重要标志,也开启了我国古代诗歌创作的基本手法。赋就是铺陈直叙;比就是比方,以彼物比此物;兴则是触物兴感,由客观事物触发了诗人的情感,从而引起诗人吟唱,所以大多在诗歌的开端。这三种手法,在诗歌的创作中,往往交相使用,共同创造了诗歌的艺术形象,抒发了诗人的情感。赋、比、兴和风、雅、颂被合称为"六诗"或"六义"。

(二)先秦散文

从殷商到战国时期,我国的散文由萌芽逐渐走向成熟。中国古代史官文化十分发达,传说"左史记言,右史记事"(《汉书·艺文志》),记载历史事件的叙事散文应运而生。先秦叙事散文形式多样,主要有编年体的《左传》,国别体的《国语》和《战国策》,其中《左传》是最具代表性的作品。

《左传》,即《春秋左氏传》,又名《左氏春秋》,相传是鲁国左丘明为传述《春秋》而作。《左传》基本上与《春秋》重合,记载了春秋时代两百五十多年间各国的政治、外交和军事活动,包括聘问、会盟、征伐、篡弑、婚丧等内容,除了记录诸侯、卿大夫的活动之外,也涉及商贾、卜者、妾媵、百工、皂隶等社会阶层,描绘了广阔的社会生活画面,深刻地反映了当时诸侯角逐、社会变革的历史进程。

作为一部史书,《左传》也具有相当强的文学性,它不像《春秋》那样只是纲目式的记载,而是侧重于较强故事性的描述。对于战争的描写,结构完整,手法多样,运笔灵活,如长勺之战,以曹刿论战为核心,以曹刿两次所言"可"与"未可"制造悬念,一波三折,短小精悍;对于人物语言的描写,也很注重突出其辞令的美感。另外,《左传》还有许多生动精彩的细节描写,如写晋楚邲之战时晋国大败,晋人争舟,舟上之人挥刀斩去攀舟人的手指,以"舟中之指可掬"描绘出大败时的狼狈与崩溃等。

春秋之末,王权衰落,官失其守,礼崩乐坏,士阶层蔚然勃兴,私学兴起,私家著述相继出现。到战国时,便出现了百家争鸣、诸子横议、著书立说的风尚。所谓"诸子十家",即是据《汉书·艺文志》记载的儒、道、阴阳、法、名、墨、纵横、农、杂、小说十家。先秦诸子散文指的就是这一时期诸子百家阐述各自对自然、对社会不同观点和主张的哲理性著作。

先秦诸子散文的发展,可分为三个阶段:春秋末、战国初为第一阶段,代表作有《论语》《墨子》,文章多为语录体,也有少量简明的议论短章;战国中期为第二阶段,代表作是

《孟子》《庄子》,文章逐渐由语录体发展为对话式的论辩文与专题论文;战国后期为第三个阶段,《荀子》《韩非子》是其代表作,文章基本上都是鸿篇巨制的专题论文,完善了论说文的体制。

先秦诸子具有鲜明的特点。思想上,它们都坚持独立思考,各抒己见。孔子提倡仁义礼乐,墨子主张兼爱尚贤,庄子主张自然无为,韩非子则大倡法术势。与之相应,文风上也各具个性和风格。《论语》简括平易、迂徐含蓄,《墨子》质朴明快、善于类推,《孟子》气势恢宏、词锋雄辩,《庄子》汪洋恣肆、文思奇幻,《韩非子》则严峻峭拔、论辩透辟。

先秦诸子散文之最是《庄子》,它是庄子及其门人后学的著作,原有五十二篇,现存三十三篇,分为内篇七篇,外篇十五篇,杂篇十一篇。庄子是战国中期道家学派最重要的代表人物,主张清静无为,顺应自然,提倡齐万物、一死生,追求绝对的精神自由。《庄子》一书不仅在学术上是先秦道家的主要代表作,在文学上也可谓先秦散文之冠。它善于通过形象的比喻和情节性强的寓言故事说理,将文学与哲理熔为一炉,使深邃的哲理形象生动,充满情趣。另外,它想象丰富,构思奇特,具有浓厚的浪漫主义色彩。例如,“任公子钓鱼”(《外物》),“五十犗(犍牛)以为饵,蹲乎会稽,投竿东海”,钓上来的鱼“离而腊之,自制河以东,苍梧以北,莫不厌若鱼者”。总之,《庄子》以其意出尘外的构思、超群绝俗的想象、美妙奇幻的意境和汪洋恣肆的文风开启了散文艺术的新境界。

(三)《楚辞》

“楚辞”之名,最早见于西汉武帝时,宋黄伯思《翼骚序》云:“屈宋诸骚,皆书楚语,作楚声,纪楚地,名楚物,故可谓之‘楚辞’。”可以看出,楚辞就是指以具有楚国地方特色的乐调、语言、名物而创作的诗赋,在形式上与北方的诗歌有明显的区别。西汉末年,刘向辑录屈原、宋玉等人的作品,编成《楚辞》一书,“楚辞”遂成了此类作品的通称。

屈原像

《楚辞》的主要作者是屈原,他本是楚国贵族,曾任楚怀王左徒,深得信任,参与内政外交等重要的政治活动,后被谗放逐,报国无门而自沉汨罗江而亡。我们现在可以确认的屈原的作品共计二十三篇,包括《离骚》《九歌》十一篇,《天问》《九章》九篇,其中最重要的就是《离骚》,楚辞因此又名“骚”。离骚之名,自古就有多种解释,司马迁认为“离骚者,犹离忧也”,是遭受忧患的意思,一般比较认可这种解释。关于《离骚》的创作年代,一般认为是作于他因遭受上官大夫靳尚之谗而被怀王疏远之际,“屈平疾王听之不聪也,谗谄之蔽明也,邪曲之害公也,方正之不容也,顾忧愁幽思而作《离骚》”(《史记·屈原贾生列传》)。

《离骚》是一首带有自传性质的长篇抒情诗,共七十多句,近两千五百字,反映了屈原对楚国黑暗腐朽政治的愤慨和他热爱楚国并愿为之效力而不可得的悲痛心情，也抒发了自己遭到不公平待遇的哀怨。全篇可分为两部分。前一部分写其勤勉不息地加强自我修养，希望引导君王，兴盛楚国，实现“美政”的理想。但由于党人的谗害和君王的动摇多变，他的愿望成为泡影，面对理想和现实的尖锐冲突，他表现出了坚贞的情操。后一部分极其浪漫诡谲，在向舜陈述心迹后，他开始了“周流上下”、“浮游求女”的历程，但这些行为都以不遂其愿而告终。在最后一次的飞翔中，又因为眷念故国而再次流连不行。这些象征性的行为，显示了屈原在苦闷彷徨中的艰难选择，突出了其热爱楚国的强烈感情。另外，《离骚》中奇特的想象和瑰丽的语言也产生了极大的艺术魅力。诗中最引人注目的是“香草美人”的两类意象：美人或是比喻君王，或是自喻；香草一方面指人格的高洁，另一方面和恶草相对，象征着政治斗争的双方。这两种屈原首创的意象，因其比兴手法的运用和蕴含的复杂而又巧妙的象征意义，而对后世诗歌产生了深远的影响。

《楚辞》在中国诗史上占有重要的地位。它的出现，打破了《诗经》以后两三个世纪的沉寂而在诗坛上大放异彩，它继承了《诗经》抒情言志的传统并将其发扬光大。后人也因此将《诗经》与《楚辞》并称为“风骚”。“风”代表《诗经》，充满着现实主义精神；“骚”指《离骚》，代表《楚辞》，充满着浪漫主义气息。“风骚”成为中国古典诗歌现实主义和浪漫主义创作的两大源头。

二、秦汉文学

秦汉文学，特别是汉代文学，是在先秦文学的基础上产生的。秦代文学园地虽然荒芜，但秦代为后代开创了一个大一统的政治局面，汉代文学就是在大一统的封建盛世中产生的，无论诗歌、辞赋、政论散文、传记文学、小说等，都取得了辉煌的成就，戏剧与文学批评也开始起步。这些都决定了汉代文学在中国文学史上应有的重要地位，为后世文学，尤其是魏晋南北朝文学的发展，奠定了坚实的基础。

司马相如像

（一）汉赋

赋是在汉代出现的一种新兴文体，它的特点是散韵结合，讲求押韵和形式的整饬，但又无格律的严格限制，句型较为自由。赋的名称最初并不是专指汉赋。《史记》称屈原《怀沙》篇为赋，意为“不歌而诵”的就是赋。到了汉武帝时，这种铺张的宫廷之赋盛极一时，于是，赋逐渐成了汉赋的专称。

汉赋的发展大体可分为三个阶段：汉初六十年是骚体赋的时代，贾谊的《吊屈原赋》是这个时期最重要的作品；西汉武帝至东汉中叶是散体赋勃兴、发展渐至衰落的时代，这个时候在汉武帝身边形成了一个庞大的文学侍从团体，包括著名的东方朔、司马相如等人；东汉中后期，是汉赋走向抒情化、小品化的时代，主要有纪行赋和述志赋两类，代表作家有班彪、蔡邕等。

汉赋在结构上一般都有三部分，即序、本文和被称作“乱”或“讯”的结尾。汉赋写法上多是“铺采摛文，体物写志”（《文心雕龙·诠赋》），以丰辞缛藻、穷极声貌来大肆铺陈，为汉帝国的强大或统治者的文治武功高唱赞歌，只在结尾处微露讽谏之意，有人称之为“劝百讽一”。两汉四百余年间的文人多致力于这种文体的写作，因而盛极一时。

最能代表汉赋成就的是汉赋四大家，即司马相如、扬雄、班固、张衡，其中以司马相如为杰出代表，他的《子虚赋》和《上林赋》代表着汉大赋的最高成就，并成为后世扬雄、班固等作家模仿的典范。《子虚赋》用了大量篇幅来描写楚、齐诸侯的“苑囿和游猎”之事，体现了汉大赋在内容上以体物为主的特点。对事物的描写极尽铺排夸张之能事，例如对云梦的描写，先分类描写其山、其土、其石，接着按东南西北方位，描写其中风景和水陆物产；对每类事物的描写也尽量加以罗列。由于对事物进行铺张描写的需要，作者使用了不少华美辞藻，因此辞藻显得特别富丽。《子虚赋》也有讽喻意图，它的讽喻主要并不是通过长篇议论来达到，而主要是通过对贵族奢侈生活的暴露性描写来达到的，体现了“微言讽谏”的特点。

汉赋虽然在思想内容和艺术方面有较多局限性，但在文学史上仍然有重要的地位。从内容上看，汉赋虽然大部分是歌功颂德、供帝王玩赏的宫廷文学，但也反映出封建王朝在全盛时期的宏大规模和气象。从艺术形式上来看，汉赋铺陈夸张细腻的描写，丰富的词汇，语言的锤炼等，都具有一定的成就，它的表现对象、领域和范围都达到前所未有的广度，对后世有积极影响。但汉赋形式主义的倾向，也导引了魏晋南北朝诗文创作中的形式主义。由于赋的影响，东汉的散文逐步出现骈偶化的倾向，给魏晋南北朝的骈文开了先路。

（二）《史记》

《史记》是中国历史上第一部纪传体通史，被人们称为“信史”，由西汉武帝时期的司马迁花了 13 年的时间所完成的。记载了上起中国上古传说中的黄帝时代（约公元前 3000 年）下至汉武帝元年（公元前 122 年）共三千多年的历史。它包罗万象，而又融会贯通，脉络清晰，“王迹所兴，原始察终，见盛观衰，论考之行”（《太史公自序》），所谓“究天人之际，通古今之变，成一家之言”，详实地记录了上古时期的政治、经济、军事、文化等各个方面的发展状况。

司马迁像

《史记》不同于前代史书所采用的以时间为次序的编年体，或以地域为划分的国别体，而是以人物传记为中心来反映历史内容的一种体例。此后，从东汉班固的《汉书》到民国初期的《清史稿》，近两千年间历代所修正史，尽管在个别名目上有某些增改，但都绝无例外地沿袭了《史记》的本纪和列传两部分，而成为传统。同时，《史记》还是一部优秀的文学著作，在文学史上有重要地位，具有极高的文学价值，被鲁迅誉为“史家之绝唱，无韵之《离骚》”。

正因为《史记》不以地理国家和统一纪年撰写，而是以各家之传记集合形式呈现，故《史记》中不以地理位置和时间发生顺序为线索，《史记》才能同时记录了各家对同一事件或人物的不同立场和看法，这是《史记》的重大发明。故《史记》各篇中对同一事件记录看法颇有矛盾之处，而这正是《史记》的特点。

《史记》起初没有固定书名，或称《太史公书》，或称《太史公记》，也省称《太史公》。“史记”本来是古代史书的通称，从三国开始，“史记”由通称逐渐成为“太史公书”的专名。《史记》全书 130 篇，五十二万六千五百余字，包括十二本纪（记历代帝王生平、政绩）；三十世家（记诸侯国和汉代诸侯、勋贵兴亡）；七十列传（记重要人物的言行事迹，主要叙人臣，其中最后一篇为自序）；十表（大事年表）；八书（记各种典章制度，记礼、乐、音律、历法、天文、封禅、水利、财用），对后世的影响极为巨大，被称为“实录、信史”，列为前“四史”之首，与《资治通鉴》并称为“史学双璧”。因此司马迁被后世尊称为“史迁”、“史圣”。司马迁与司马光并称“史界两司马”，与司马相如合称“文章西汉两司马”。

《史记》对古代的小说、戏剧、传记文学、散文，都有广泛而深远的影响。首先，从总体上来说，《史记》作为中国第一部以描写人物为中心的大规模作品，为后代文学的发展提供了一个重要基础和多种可能性。《史记》所写的虽然是历史上的实有人物，但是，通过“互见”即突出人物某种主要特征的方法，通过不同人物的对比，以及在细节方面的虚构，实际把人物加以类型化了。在各民族早期文学中，都有这样的现象，这是人类通过艺术手段认识自身的一种方法。只是中国文学最初的类型化人物出现在历史著作中，情况较为特别。由此，《史记》为中国文学建立了一批重要的人物原型。在后代的小说、戏剧中，所写的帝王、英雄、侠客、官吏等各种人物形象，有不少是从《史记》的人物形象演化出来的。

三、唐宋元时期文学

唐宋元是中国古代文学最繁荣的三个朝代，产生了唐诗、宋词、元曲三种中国文学史上的代表性文学样式，是中国古代文学当中最为重要的部分，其中的名篇警句至今脍炙人口，具有难以逾越的地位。

（一）唐诗

在中国文学史上，唐诗无疑代表了唐代近三百年文学的最高成就。《全唐诗》《全唐诗选》和《全唐诗外编》中共收录了近五万两千首诗歌，有姓名的作者达两千三百多人。其数量之众，作者面之广，风格流派之多，体裁样式之全及影响之大，堪称空前。从这个角度而言，它也代表了中国古典诗歌的最高成就。

唐代诗歌的发展大致可分为初唐、盛唐、中唐和晚唐四个阶段。其中，尤以盛唐、中唐两个时期的诗坛最为光辉夺目。公元 712 年到 762 年称为盛唐，这时期是诗歌最为繁荣、成就最高的时期。诗歌题材丰富，诗人风格各异，有将山水田园的静谧秀美表现得让人心驰神往的山水田园派诗人王维、孟浩然，有将边塞生活写得瑰丽奇伟、慷慨豪情的边塞诗人岑参、高适，还有王昌龄、崔颢、王之涣等一大批名家。诗人们富于浪漫气息和理想色彩的精神面貌体现在诗歌中，就是震撼后世的"盛唐气象"。

李白像

当然，最能代表盛唐诗坛的大诗人当推"诗仙"李白和"诗圣"杜甫。他们的诗歌从不同的侧面，以不同的风格反映了一个繁荣与危机并存，才子与英雄同在的时代。李白的诗歌以澎湃雄放的气势、奇特瑰丽的想象、清新自然的语言、飘逸不群的风格，表现其笑傲王侯、桀骜不驯、争取个性自由的精神。杜甫则直面经历八年的"安史之乱"，以"沉郁顿挫"的风格，表现了战火中的人间灾难、民生疾苦，因此有"诗史"之称。杜甫的诗歌中充满着忧国忧民的忧患意识和热爱天地万物的仁爱精神，是儒家思想核心精神的艺术表现。李白和杜甫的创作，分别将中国古典诗歌的浪漫主义和现实主义推向了一个新的阶段。

中唐诗坛有两个主要流派：一个以白居易、元稹为首，称之为"元白诗派"，主要继承了杜甫正视现实、抨击黑暗的传统，强化了诗歌的讽谏功能，在艺术上则追求语言的通俗流畅、风格的平易近人；另一流派以韩愈为代表，包括孟郊、贾岛等诗人，他们主要继承了杜甫在艺术上刻意求新、勇于创造的精神，善于刻画平凡乃至苦涩的生活和雄奇险怪乃至幽僻阴森的景象，风格或雄奇，或幽艳，或怪诞。总体上说，中唐诗坛也是百花齐放，诗歌风格多样，诗人也多独具个性。

唐代是中国文化空前繁荣的时代，唐诗也成了之前一切优良文学传统的集中体现，是中国诗歌发展难以超越的高峰，更是中国传统文化最瑰丽的闪光点。

（二）宋词

宋词在整个宋代文学中占有十分重要的地位，它是足以与唐诗媲美，并且代表着宋代文学最高成就的"一代之文学"。

词本是晚唐五代兴起的一种和乐而歌的新诗体，当时称"曲子"或"曲子词"，后来称"词"，别称"诗馀"、"长短句"，发展到宋代已蔚为大观。宋词的繁荣不是偶然的，它与宋代特殊的时代背景有密切的关系。宋代社会相对安定，城市经济繁荣，词这种带着浓厚娱乐色彩的原本用于燕乐场合供伶工歌女歌唱的文学形式，终于找到了最为适宜的生长环境，所以便以异乎寻常的速度发展起来了。

宋词的发展大致可以分为北宋与南宋两个时期。北宋初中期的词沿袭了唐五代词的特点，在形式上以小令为主，内容多写男女爱情、离愁别恨，艺术上多用白描手法。代表词人主要有柳永、张先、欧阳修、晏殊、晏几道等。北宋后期的词，最大的特色是词的诗

苏轼像

化，主要词人有苏轼、秦观、周邦彦等。南宋前期的词强烈地表现了爱国主义精神，主要词人有李清照、张孝祥、张元幹等。南宋后期的词分为两派：一派以辛弃疾及其追随者为代表，多表现爱国精神；一派以姜夔、吴文英等为代表，主要在艺术上精雕细刻。

柳永是宋代第一位专力于写词的词人，现存的近两百首词收在他的词集《乐章集》中。柳永的词在艺术上有新的创造：一是大量使用长调慢词，改变了以小令为主的传统，扩大了词的表现功能，使铺叙手法进入词中；二是大量吸收俗语入词，使词更接近下层人民，从而具有广泛的群众性；三是采用了许多新曲调，使词与当时的流行音乐结合得更紧密。得益于此，柳永在北宋前期具有广泛的社会影响，“凡有井水饮处，即能歌柳词”（叶梦得《避暑录话》）。

苏轼则是宋词发展史上一座十分重要的里程碑。古人评价他的词“一洗绮罗香泽之态，摆脱绸缪宛转之度，使人登高望远，举首高歌，而逸怀浩气，超然乎尘垢之外”（胡寅《酒边词序》）。自有词人以来，未曾有人得到过这样的评价。苏轼对词最大的创造，就是以诗为词。具体表现：内容上，打破了过去多写男女爱情、离愁别恨的传统，举凡怀古、悼亡、山水、田园、仕途失意、报国雄心、人生感悟等，无不可以入词，从而扩大了词的表现领域，提高了词的境界，使词从以娱乐为主，转变为以抒发个人情怀为主，使词具有了与诗相同的功能；风格上，打破了以婉约为主的传统，既有婉约，又有豪放、清旷、幽美等风格。《水龙吟・次韵章质夫杨花词》写得极其缠绵，其婉约不下于传统的婉约词；《念奴娇・赤壁怀古》则极尽豪放之至。风格的多样，使词多姿多彩，而不再显得单一；在词与音乐的关系上，打破了以词附属于音乐的传统，使词成为独立的抒情工具。苏轼的词，往往不协音律，这在一定程度上摆脱了音乐的束缚，使得词具有更大的自由度，因而更能表现出艺术个性。

总之，宋词在内容上以表现个人生活为主，风格上偏向于婉约，长于抒情而短于叙事，其委婉含蓄的美学特征是中华民族传统审美思想的体现。

（三）元曲

广义上的元曲包含了元杂剧和散曲，狭义的元曲单指元杂剧。元曲是元代文学的精华，与唐诗、宋词并称，也是“一代之文学”。

元杂剧是融合了歌唱、舞蹈、说白、杂技等多种艺术形式的综合艺术，从唐代的参军戏、宋代的杂剧、宋金院本等发展而成。中国古代戏曲经历了漫长的历史进程后，在元代走向了成熟，其原因是多方面的，有元蒙统治者对戏曲歌舞的爱好和提倡的政治原因，有城市经济的繁荣提供的物质条件和社会基础，有民族文化的融合、文化政策的宽松带来的思想上的自由，更重要的是知识分子的介入。元代科举制度的废除，使得大批文人将才华投于杂剧的创作。关汉卿、王实甫、白朴等众多剧作家创作了《窦娥冤》《西厢记》《梧桐雨》等一批优秀的剧目，将元杂剧推向了高峰。

关汉卿像

元杂剧在体制上有自己的特点：用北曲演唱，一般一本四折，有的还有楔子，用作交代人物、剧情或串联两折。每折限用同一宫调，而且一韵到底，中间不能换韵。剧中男主角称为末，女主角称为旦，根据主唱者角色的不同，分为旦本、末本。剧本由唱词、科介、宾白三部分构成。唱词是按一定的宫调（乐调）、曲牌（曲谱）写成的韵文。元杂剧规定，每一折戏，唱同一宫调的一套曲子，其宫调和每套曲子的先后顺序都有惯例规定。科介是戏剧动作的总称，包括舞台的程式、武打和舞蹈。宾白是剧中人的说白部分，有对白、独白、旁白、带白等。宾白是元杂剧中重要的有机组成部分，所谓“曲白相生，方尽剧情之妙”。

元杂剧在中国文学史上有重要的意义，它以叙事为主，打破了以前文以载道或以抒情为主要功能的文学传统，题材包括爱情婚姻、历史、公案、豪侠、神仙等许多方面，涉及的层面非常广，能贴近人民生活，反映广大人民的喜怒哀乐，更广泛地反映社会现实。元杂剧的成功宣告了戏剧、小说等叙事文学开始成为中国文学的主流。

关汉卿是元杂剧最杰出的代表之一，也是中国古典戏剧的奠基人。他生而倜傥，博学能事，滑稽多智，蕴藉风流，为一时之冠。他在当时的“玉京书会”及表演场所非常活跃，可惜留下来的生平资料却寥寥无几。据有关资料，关汉卿一生至少写了六十余种杂剧，但留存至今的只有《望江亭》《救风尘》《窦娥冤》等十八个剧本。尽管如此，仅凭这些作品，关汉卿也足以彪炳千秋，流芳百世了。

散曲是元曲的另一种形式，它是在金代“俗谣俚曲”的基础上发展起来的，当时也是和乐演唱的。在语言上，散曲吸收了大量民间口语，不避俗词俚语，因此特别生动活泼，诙谐幽默。在内容上，它写得最多的是男女爱情，其次是归隐、闲适以及山水自然。散曲体制上一般都比较短小，包括小令和套曲（或套数）两种：单独的一支曲子，称为小令；由几支同一宫调的曲子联缀而成的表演，称为套曲。

元代的散曲作家很多，其中很多是杂剧作家。最出名的当属马致远的一首《天净沙·秋思》：“枯藤老树昏鸦，小桥流水人家，古道西风瘦马。夕阳西下，断肠人在天涯。”它以景物渲染环境，衬托感情，极其简洁精炼，是历来为人称道的名作，被人们称为“秋思之祖”。

四、明清时期文学

受中国传统文学观念的影响，古典小说虽然起源较早，发展却较为缓慢。经历了先唐笔记小说、唐代传奇小说和宋元话本小说三个阶段之后，到明清则臻于极盛，出现了

《三国演义》《水浒传》《西游记》《金瓶梅词话》《儒林外史》《红楼梦》六部著名的长篇小说。前四部被称为明代“四大奇书”，后两部则是清代长篇小说史上的奇葩。

（一）《三国演义》

《三国演义》以《三国志》为蓝本，经各家说话人熔裁敷演，由罗贯中于元末明初写定。开始并没有分回，只二十四卷二百四十则，现在通行的一百二十回本是清初毛宗岗改定的。《三国演义》生动地描述了东汉末年群雄逐鹿、三国鼎立，最后司马氏统一天下的复杂历史，结构宏伟，场面壮观。它塑造了众多性格各异的人物形象，有些人物已成为某一类型人物的代表，如雄才大略又奸诈残暴的曹操、足智多谋的诸葛亮、勇武无敌又有忠肝义胆的关羽、勇猛粗犷的张飞等。但总的来说，《三国演义》重于叙述历史事件而薄于文学创造，人物有类型化的倾向，语言半文半白，显示出由历史向文学嬗变的痕迹。

《三国演义》

（二）《水浒传》

《水浒传》是完成于明初的英雄传奇小说，一般认为它的作者是施耐庵。它描述了北宋宣和年间以宋江为首的一百零八人被逼上梁山，起义反抗官府、“替天行道”的悲壮故事。水浒故事早已在民间流传，宋人话本有《青面兽》《花和尚》《武行者》等名目，到《大宋宣和遗事》上记宋江等三十六人聚义梁山泊，已经略具《水浒》雏形，水浒故事就是在这些基础上创作而成的。

《水浒传》

《水浒传》情节曲折，故事性强，善于在叙事中刻画人物，它描写的一百零八位英雄，虽然都是因为不堪忍受官府的压迫而被迫走上反抗之路,但人物出身不同,经历也不尽相同,《水浒传》很好地注意到了这点,塑造了李逵、武松、林冲、鲁智深等性格各异的文学形象,他们都成了妇孺皆知的人物。《水浒传》是中国第一部用通俗口语写成的长篇小说,在文学史和汉语史上都有很高的价值。

(三)《西游记》

神话小说《西游记》取材于唐代僧人玄奘去天竺(今印度)取经的故事,由吴承恩在民间传说和有关话本、杂剧的基础上改写而成。该书想象丰富,手法浪漫,语言诙谐,是白话小说中独树一帜的优秀之作。

《西游记》以神通广大的石猴孙悟空作为贯穿全书的中心人物,前半部分写他占山为王、刻苦学艺、大闹天宫的种种事迹,后半部分写他经历磨难,护送唐僧西行取经并最终修成正果的故事。在孙悟空身上,体现了作者思想上的矛盾:一方面肯定他大闹天宫、反抗不合理秩序的叛逆精神,另一方面赞扬他护法取经,体现了作者维护既定秩序的观念。

(四)《金瓶梅词话》

刊行于明万历年间的《金瓶梅词话》在白话长篇小说史上占有重要地位,它是摆脱英雄与神怪的传统题材,转而表现现实日常生活的开山之作,作者题为兰陵笑笑生。该书借《水浒传》中西门庆、潘金莲的故事为线索,演绎成一百回的长篇大著,描写了西门庆与其妻妾的淫秽生活。书名即是从西门庆的妻妾潘金莲、李瓶儿、庞春梅中各取一字而成。本书虽然是假托宋代,但实际上反映的却是明代社会争权夺利、道德沦丧、尔虞我诈的黑暗社会现实。

《金瓶梅》以现实生活和家庭日常生活为题材,在中国小说史上别开生面,也有人称其为里程碑式的著作。作者熟悉市井生活和市民语言,描摹人情世态细致传神,语言泼辣生动。

(五)《红楼梦》

《红楼梦》是中国现实主义文学的经典之作。作者曹雪芹。曹家曾三代任江宁织造,后因事被抄而家道衰落。《红楼梦》是他"披阅十载,增删五次"而写成的。该书以贾宝玉与林黛玉、薛宝钗的爱情与婚姻悲剧为主要线索,描写了贾府这一累世公族由盛而衰的历史,反映了进入末期的中国封建社会不可避免的崩溃结局,被称为中国封建社会的百科全书。

《红楼梦》情节缜密,细节真实,语言优美。作者善于刻画人物,塑造出许多富有典型性格的艺术形象,如贾宝玉、林黛玉、薛宝钗、王熙凤、晴雯等,取得了卓越的艺术成就。但曹雪芹只写完《红楼梦》的前八十回,今通行本后四十回一般认为是高鹗所续。清代后期还有许多续《红楼梦》的作品,但多为续貂之作。

《红楼梦》

拓展延伸

好风凭借力，送我上青云！

这令人歆羡不已的场景，即出现在《红楼梦》第七十回"林黛玉重建桃花社，史湘云偶填柳絮词"中。事实上，薛宝钗这警句却也并不是她的自创，而是有所蓝本的。她所借鉴着的词作，也正属于同一词牌的宋人作品；只是这宋人《临江仙》还涉及一个令人甚受鼓舞的故事。

这主人公侯蒙长得极为难看，属于那种一时半会儿难以结婚成家的主儿。但他却很是用功地去钻研着学问，对赋诗填词也颇感兴趣，并具有相当深湛的功底。侯蒙少年时便以聪明才智被人赞扬，但很不幸，他一连几次都没能考取进士。这使得他不但内心受到难以形容的煎熬，而且还遭受到来自外部的各种冷嘲热讽。但侯蒙就是能挺得住，终于在他 31 岁那年，才算考取了当时也并不怎么了得的乡贡；只是他仍能以"聊胜于无"的心态，暂且来自我解慰着。

然而，这世界上最不缺少的，大概就是那些既无聊又浅薄的俗人了。他们总爱在人家已布满伤口的地方撒盐，来表明他自己这庸俗的"高明"。那年春天，骀荡的江风在轻轻地吹拂着垂柳，又是一个放风筝的大好时光。跟大家一样，因读书有些倦怠了的侯蒙，就出来把自己手中的风筝放飞。而此时，那些原本极其无聊和浅薄的人竟又团团围住侯蒙，故意打趣着问他何时才能考取进士。忽然间，不知是谁在大喊了声："你们快看，王五的风筝上还画上了侯秀才那亮丽的尊容呢！"

大家不由一阵哄笑起来，而侯蒙居然并不在乎王五这恶作剧，跟着大家一块儿大笑。同时，他从身边的小伙子手里要来了纸和笔，当场填写了一阙《临江仙》词，并把它赠给在场的人，让他们同时与之放飞。

大家近前一看，原来侯秀才即席所写的《临江仙》词说：

未遇行藏谁肯信？如今方表名踪。无端良匠画形容。当时轻借力，一举入高空。

才得吹嘘身渐稳，只疑远赴蟾宫。雨余时候夕阳红。几人平地上，看我碧霄中！

端详着侯蒙一会儿，大家的神情便立刻严肃起来，乃至空气都快要凝固了。他们再也不敢随便拿侯蒙逗乐儿，因为他们知道，眼前这个侯秀才可未必就是一个甘于平庸的人！

果然不出所料，第二年春闱考试，侯蒙一举成名，考取了他多年来梦寐以求的进士。而且尤为令人艳羡的，不到40岁时，他便做到了户部尚书，为天下读书人争上了一口奋发自励的气儿。

第二节　古代文学的文化特征

在中国古代的灿烂文化中，文学作品是保存得最为完备的部分。作为时代的镜子，文学是我们研究中国传统文化最好的载体。与西方文学相比，中国古代文学有着鲜明的人文色彩和文化特征。

预习指南

通过流传千古的古代名人名句，感悟其中的人生哲理；结合古代文学家的人生故事，掌握中国古代文学的文化特征。

故事导入

宋代诗人陆游是一个豁达乐观的人，这一点在他的诗词中就有体现。陆游《游山西村》中的名句“山重水复疑无路，柳暗花明又一村”，就是最好的例证，既写出山西村山环水绕，花团锦簇，春光无限，另一方面它又富于哲理，揭示了人生变化发展的某种规律性，令人回味无穷，表现了诗人与众不同的思维与精神——在逆境中往往蕴涵着无限的希望。人们可以从中领悟到蕴含的生活哲理——不论前路多么难行难辨，只要坚定信念，勇于开拓，人生就能“绝处逢生”。在诸多古代文学作品中，都流露出各种人生哲理，体现出鲜明多样的文化特征。

一、儒道相济

儒家和道家的思想是对中国文化和文人影响深远的两种思想。从表面上看，儒、道是分离而对立的，一个强调入世，一个讲究出世；一个重视人事，一个尊崇天道；一个乐观进取,一个消极避退;一个讲求文饰,一个向往自然;一个强调个人对家族、国家的责任,一个则醉心于个人对社会的超脱;一个认为文学应成为道德教化的工具,所谓"文以载道",一个主张文学应自由发展,所谓"缘情绮靡"。但实际上,它们正好相互补充、相互协调,"兼济天下"和"独善其身"成了后世文人互补的人生价值取向,"身在江湖"而"心在魏阙",也成为中国历代知识分子的常规心理及其艺术意念。中国古代文学既以儒家思想为其成长的土壤,又承接了道家思想的雨露,"文以载道"的功利观和"任情超越"的自然观在它身上奇异地融合,形成了特有的二重性格。

儒家"文以载道"说对文学的影响主要表现在:一是在价值评价体系上以儒家伦理为主。"文如其人",人格重于文格,成为文人为人作文的准则,千百年来,评论文人和文章总是将道德、人格放在第一位,文学家们在创作中追求的是美与善的统一,而且以善为最高的美;二是强调文学的教化功能,为文学注入了政治热情、进取精神和社会使命感,儒家重人伦、轻鬼神、宗教意识淡薄,受其影响,中国古代的作家们总是将目光对准人间而不是天堂,关注世事人生,关心民间疾苦,忧国忧民;三是文学中表现的情感必须"止乎礼义",要温柔敦厚,以中正平和为美。

道家对文学的影响主要体现在:一是道家返璞归真、崇尚自然的生活理想奠定了古代文学本体论的基础,形成了以质朴、含蓄、冲淡、清奇为意境的审美观;二是道家重灵感、重天机、重精神的艺术追求,推衍出了"妙悟"、"意境"、"超言绝象"等古典审美范畴,并且使陶冶情操、孕育灵感成为文学创作和欣赏活动必不可少的前提;三是道家的超越精神和要求绝对精神自由的人生目标,促进了古代浪漫主义文学潮流的发展,也对许多作家旷达、超脱等性格气质的形成起到了重要作用。

二、乐观尚善

中国哲学"天人合一"、"修道圆融"的悠久传统,体现了中华民族对终极圆满的价值体系的崇尚,形成了人们中庸平和、随遇而安的心态,同时也造就了具有中国特色的乐观尚善的理想主义的文学态度。

(一)乐观的精神

中国文学的乐观精神植根于中国古代的哲学观念。《易经》说:"穷则变,变则通。"《老子》说:"祸兮福所倚,福兮祸所伏。"在中国人看来,逆境的极点就是顺境的开始,黑夜的尽头就有曙光的出现。在这种观念的影响之下,文学往往是以乐观的精神看待人生。

这一点在戏剧里表现得最明显。像古希腊那种令人畏惧和怜悯的、一惨到底的悲剧,在中国是极少见的。中国的戏剧,往往带有一个喜剧的结尾,被称为"大团圆"结局。一桩冤案,"恶有恶报,善有善终",最终不是得到昭雪,就是由被害者死后化为鬼魂复仇;才子佳人的离别,总能以重逢和喜庆为结局,即使像《孔雀东南飞》男女主人公明明是殉情而死,却也要以坟墓上的枝叶相交、鸳鸯和鸣给人以美好的寄托。基于此,有人甚至认为,中国古代戏剧是没有真正的悲剧的。

乐观精神在中国古代诗歌里也表现得十分突出，主要体现为对人生的肯定和对生活的热爱。中国有入世的诗歌，也有出世的诗歌即山林隐逸一派，但少有厌弃人生的诗歌。出世并不是厌弃人生，只是厌弃世俗社会、厌弃官场仕途，要到大自然里建立一种理想的生活。陶渊明被称为“隐逸诗人之宗”，但他的田园诗绝不是厌世之作，相反的处处洋溢着对大自然的热爱，对田园生活的热爱和对劳动的肯定。他的诗富有浓郁的生活气息，村舍、鸡犬、豆苗、桑麻，这些日常生活中的事物，在陶渊明笔下无不生意盎然。

应该说，积极入世，从容应对世事变迁，宠辱不惊的这种乐观进取精神有利于我们民族的繁衍生息和凝聚稳定，但那种对“天意”的顶礼膜拜、随遇而安、麻木自欺的思想也正是我们民族性格的一大缺陷，在文学上则表现为悲剧意识的缺失，文学作品的深度挖掘不够。鲁迅对小说戏剧中的“团圆观”给予尖锐的抨击，一针见血地指出了其中“国民性”弱点：“大概人生现实底缺陷，中国人也很知道，但不愿意说出来；因为一说出来，就要发生‘怎样补救这缺点’的问题，或者免不了要烦闷，要改良，事情就麻烦了。而中国人不大喜欢麻烦和烦闷，现在倘在小说里叙了人生的缺陷，便要使读者感着不快。所以凡是历史上不团圆的，在小说里往往给他团圆；没有报应的，给他报应，互相骗骗——这实在是关于国民性的问题。”

（二）尚善的态度

中国文学和西方文学一样，要求真、善、美的统一。所不同的是西方文学把“真”放在第一位，而中国文学把“善”放在第一位。在西方，以古希腊的柏拉图、亚里士多德为代表，占主导地位的是模仿说。文学既然是模仿，那么当然强调真实，以真为美。在中国，以孔子为代表的传统观点，首先要求的是善。子曰：“《诗》三百，一言以蔽之曰：‘思无邪。’”所谓“思无邪”就是不离开善的准则，这已成为中国古代衡量文学的一个重要尺度。孔子说《韶》：“尽美矣，尽善也。”说《武》：“尽美矣，未尽善也。”在他看来，仅仅做到尽美还是不够的，应当尽美尽善才算达到完满的地步。这种尚善的态度不仅为儒家所有，也为道家所有，不过他们所谓“善”的标准，在社会、政治内容上有所不同。儒家以仁义为善，道家以自然为善。

尚善的态度体现在文学创作中，就成为一种理想主义的人格力量。追求进步理想，坚守高尚人格，是中国文学最可贵的一个特点。

中国文学史上第一个伟大的文学家屈原，他的全部作品都贯穿着理想主义的精神和人格的美。他始终不渝地坚持进步的理想，为了实现理想，“虽九死其犹未悔”，不怕孤立，不怕迫害，遗世独立，又表现出伟大的人格力量。屈原在《离骚》里说：“民生各有所乐兮，余独好修以为常。”好修就是尚善，一方面是坚持美好的政治理想，另一方面是培养自己美好的人格。这两方面统一在他的身上，使他成为中国古代文学家的光辉代表，他也成了后世无数文人尊崇的对象。

三、写意传神

“诗缘情而绮靡”（陆机《文赋》），作为中国古代发展的最为成熟的文学样式——诗歌，是以抒情为其主要功能的。这也说明中国文学最重要的性质是抒情。抒情性质使中国古代文学在总体上具有诗的光辉，即使是戏剧、小说也不例外。正是抒情性使中国古代文学在写物手法上不重写实而重写意。唐代王维、孟浩然的山水田园诗，他们往往以抒情手段虚化了所看到的景象，而不仅仅描述景物或是单纯叙事，他们诗中的山水田园其实是他们宁静心境和淡薄志趣的外化。还有中国的戏剧，也不仅仅是简单的重复生活，而是表现作者对生活的感受，也即“意”。明代戏剧理论家王骥德说：“剧戏之道，出之贵实，而用之贵虚。”（《曲律》）

写意画

而老庄关于虚与静、有与无、意与言等辩证关系的理论，也对文学形成重精神轻实质、多暗示少直叙的艺术风貌影响不小。反映在具体作品和文论中，就是要求风格含蓄委婉，中和内敛，主张“言有尽而意无穷”，注重意境的营造。意境要求通过具体形象情景交融的艺术描写，把读者导入无限想象空间的艺术化境。盛唐的诗歌，宋代的严羽就曾在《沧浪诗话·诗辨》中这样赞道：“诗者，吟咏情性也。盛唐诸人，惟在兴趣，羚羊挂角，无迹可求。故其妙处，透彻玲珑，不可凑泊。”他还用“空中之音、相中之色、水中之月、镜中之像”来形容这种“言有尽而意无穷”的空灵玄远的意境。

写意传神的手法使中国文学具备了相应的文化特征：中国古代文学不仅是古代中国社会状况的真实反映，也是古代中国人的心灵记录，了解了作家对于其作品写意传神的艺术追求，才使古代文学成了我们了解中华民族的传统文化心理更好的窗口。另外，中国古代文学追求的艺术境界不是真实而是空灵，不是形似而是神似，那种为历代文学家所憧憬的变化莫测、知其妙而不知其所以妙的艺术化境界，正是在精炼含蓄的艺术表现形态基础上才有可能达到的目标。

拓展延伸

齐白石画虾的故事

大名鼎鼎的齐白石早已是家喻户晓了，但一提起他，我们总会不约而同地想到他画的活灵活现的虾。灵动而呈半透明质感的虾在水中嬉戏，或急或缓，时聚时散，疏密有致，浓淡相宜，情态各异，着实惹人喜爱。然而白石老人取得这样前无古人的成就却是来之不易，据说他画虾先后竟历经八十六年，真是千锤百炼才打造了"白石虾"。

齐白石老家有个星斗塘，塘中多草虾，幼年的白石常在塘边玩耍，从此与虾结缘。儿时欢乐的情景也成了他每每题画的素材，如"儿时乐事老堪夸……何若阿芝絜钓虾"。

白石画虾开始学八大山人、板桥等人，因时代关系那些古人画虾并不成熟，所以白石的虾只是略似的阶段。为了画好虾，他在案头的水盂里养了长臂青虾，这样就可以经常观察虾的形态并写生，能更好地了解虾的结构和动态。这时他的虾画得很像，依样画葫芦，但墨色缺少变化，眼睛也像真虾一样画成小黑点，只是像归像，却没有虾的动感和半透明的质感，刻划不出虾的神，仅仅逼真罢了。

再以后，他在观察虾的过程中，将虾的进退，游的急缓，甚至斗殴，跳跃等等情态统统收于笔端。更于笔墨变化上增加变化，使虾体有了透明感。他在画虾的头胸部时先用小勺舀清水滴在蘸了淡墨的笔腹上，使之有了硬壳般的感觉。通过观察，强调腹部第三节的拱起，很好地表现了虾体的曲直，弹跳的姿势，因虾的跳跃全靠腹部，这样虾就画得更生动了。他又将虾钳的前端一节画粗，笔力得以体现。最令人叫绝的是他在虾的头胸部的淡墨未干之际加上一笔浓墨，立刻增加了透明感，也使中国画的笔墨味道更浓了。虾的眼睛也由原来的小黑点儿变成横点儿，这是为了更好地表现虾的神情而加以夸张的。但是运用恰如其分，大家见了并不以为怪。

深谙艺术规律的白石老人将躯体透明的白虾和长臂青虾结合起来，创造了"白石虾"，其实这种水墨虾在自然界并不存在，但是在符合虾的共性的前提下白石鬼斧神工地将他的"妙在似与不似之间"的理念演绎得巧妙致极。

七十岁以后白石老人画虾已基本定型，但仍在不停地改进，使其趋于完美，八十岁以后他的虾画得已是炉火纯青。活灵活现的虾配上芦苇、水草、茨菰，奇石，翠鸟等等，更以刚劲古拙的书法题上自作的诗句，加上充满力感的印章，成就了千百幅给我们高雅艺术享受的珍贵作品，极大地激发了我们对于生活的热爱。画虾仅仅是白石老人的雕虫小技，在他的艺术宝库中千百幅艺术珍品静待我们去领略。

第三节　绰约丰腴的古代艺术

中国古代艺术异彩纷呈，是传统文化中一颗最耀眼的明珠。早在传说中的五帝时期乃至更为久远的时代，就已经出现原始的音乐、舞蹈、绘画和雕塑，原始彩陶和青铜纹饰紧步其后，形成远古艺术的两个高潮。秦汉以后，各种艺术门类争奇斗艳，百花齐放。中国古代的艺术全面繁荣，飞速发展，在中国的历史上掀起了一个又一个狂澜，取得了令世人瞩目的辉煌成就。

预习指南

根据艺术的分类，大致了解中国古代艺术的丰富载体；根据不同的艺术分类，了解各类艺术的发展历程和代表特征；在掌握古代艺术分类的基础上，熟悉每种艺术的代表性作品。

故事导入

王献之是王羲之的第七个儿子，自幼聪明好学，在书法上专工草书隶书，也善画画儿。他七八岁时始学书法，师承父亲。有一次，王羲之看献之正聚精会神地练习书法，便悄悄走到背后，突然伸手去抽献之手中的毛笔，献之握笔很牢，没被抽掉。父亲很高兴，夸赞道："此儿后当复有大名。"书法只是古代浩瀚艺术中的一种，被誉为：无言的诗，无行的舞；无图的画，无声的乐。中国古代的艺术种类繁多，对后世产生了重要影响。

一、书画

中国的绘画与书法的关系密不可分，书法来自绘画而与绘画同在，二者在艺术上有内在的相通之处，所以中国古代的书法家几乎无人不能画，而画家几乎无人不擅书法。

（一）书法

书法是最具中国特色的艺术，只有在中国文化中，书法才象征了人之美和宇宙自然之美。汉字是表意文字，由于书写的线条性和汉字结构的复杂性，其本身就具有很强的图画性，书法就是线条和布局的艺术。汉字的形体在数千年的发展历史中发生了演变，经历了甲骨文、金文、篆文、隶书、楷书、草书、行书几种字体，不同字体的书写呈现出不同的审美风格。

甲骨文是用刀镌刻在龟甲兽骨上的，笔画瘦硬，字形长方，布局错落有致，风格多样；金文是铸刻在青铜器上的，前期风格近似甲骨文，后来追求典雅华美，行列整齐，字形比甲骨文端正均齐，线条也更圆润。比较而言，甲骨文自然稚拙，金文庄重雅正。秦代，小篆是官方字体，隶书本是俗体，但因隶书书写的便捷性而成为通行字体，同时，书写更为快捷的草书也已经出现。东汉末年，楷书、行书也崭露头角。也就是说，汉字的形体至汉代已经基本齐备。现在所能见到的秦汉文字，除了简牍，最多的是石刻，这是由秦始皇刻石颂德开始的风气，引领了两汉碑碣刻石之风的盛行，比较有代表性的是泰山刻石、《史晨碑》《曹全碑》《礼器碑》《张迁碑》《熹平石经》。从整体看，秦代的小篆秉承周代庄重雅致的风骨，秦隶有篆意；汉隶扁平方正，沉稳大气。

严格地说，书法成为一门艺术是在汉末魏晋时期，这时出现了以书法为纯艺术的书法家。最有代表性的是曹魏时期的钟繇和东晋的王羲之，合称“钟王”。钟繇确立了由隶入楷的典范，被称为“正书之祖”。王羲之则使楷书和行书完全摆脱了隶书的影响而趋于成熟，行笔流畅，神采飘逸。

唐代书法空前繁荣，这个时期的书法不仅各种书体俱备，而且法度谨严。特别是楷书，在唐代才进入成熟期。颜真卿的楷书线条丰满，骨肉兼具，建立了雄伟端庄、恢宏大气的风格，最能体现大唐盛世的时代精神。稍后的柳公权则以挺拔俊秀的楷书著称。与非常讲究法度，用笔结体匀齐适宜的楷书相对的是张旭和怀素的草书，他们的草书是真正的“笔走龙蛇”，气韵流动，潇洒恣意。从整体看，唐代的楷书和草书、行草代表了两种相反相成的时代精神，既庄重典雅又怡然自在。

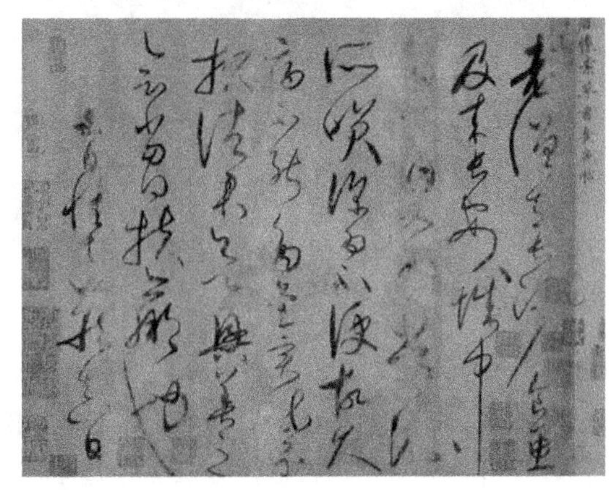

怀素《食鱼帖》

两宋时代的书法特别注重意趣，讲究诗书画融会贯通，所以书法大家往往也是丹青高手、文坛巨擘，如“宋四家”苏轼、黄庭坚、米芾、蔡襄。宋代书法主要是行、楷、草三体，而以行书为最，潇洒流畅，不拘一格。元代画家多擅书法，而且同绘画一样注重品格。明代出现了“吴门三家”：祝允明、文徵明和王宠，书法秀雅娴美，各有特色，注重抒发个人情志。清代书法没有沿着前人的轨迹发展下去，却重新兴起金石篆刻之风。

篆书古雅，隶书丽姿，楷书雅正，行书流丽，草书飘逸，这些共同构成了中国书法艺术独特的审美世界。但在中国文化中，书法也不仅仅是单纯的一门艺术，一方面，它是书法家个人风格的映照，所谓“字如其人”；另一方面，书法作为线的艺术暗含宇宙之道，宇宙以气之流动而成，书法以线的流动而成，从这个角度而言，书法家作书的过程，也即是从哲学角度领悟中国文化之道的过程。

（二）绘画

中国绘画的历史十分悠久，从内蒙古、甘肃、山东、新疆以及东北等地发现的岩画和1986年发现于甘肃秦安大地湾的原始地画来看，不少于五千年。经过几千年不断地探索和创新，中国绘画独树一帜，逐渐形成了具有中国意味的绘画美学体系，在世界绘画艺术中，成为东方艺术的典型代表。

从绘画的介质来看，中国画经历了以下几种载体的嬗变：

1. 岩画和壁画

岩画指在岩壁上描绘人物、动物以及原始崇拜等生活内容的绘画。壁画是指直接画在墙面上的绘画。根据古代文献记载，商周时期的重要建筑物里已经有了壁画装饰。

岩画和壁画

2. 器物画

器物画是指器具上的装饰性绘画。新石器时代就出现了陶器绘画和象牙器、骨器上的绘画，战国时期的镶嵌宴乐攻战纹铜壶上出现了剪影式分层绘画纹饰，秦汉以后，器物画种类日益丰富，举凡陶器、漆器、瓷器、画像砖石等无一不可入画，题材也更加广泛，技巧也日益圆熟。

3. 帛画

战国是绘画艺术发展的一个重要时期，出现了真正独立的绘画作品——帛画。分别于1949年、1973年在长沙两处战国楚墓中出土了两幅帛画：人物龙凤帛画和人物御龙帛画，两幅画均以单线墨笔勾勒，后者加以平涂和渲染设色，这种基本的绘画技法一直沿用至今。

4. 纸画——中国绘画的典型代表

魏晋南北朝时期，绘画逐渐挣脱了传统的羁绊，开辟了审美艺术的新天地，首先开始盛行的是人物画，人物画家有曹不兴、卫协、顾恺之、陆探微、张僧繇等。顾恺之是这个时期最重要的画家，传世作品有《女史箴图》《洛神赋图》的摹绘本，刻画人物注重传神；陆探微和张僧繇的人物画也获得很高的成就。后世评价这三人："象人之美：张得其肉，陆得其骨，顾得其神。"（张怀瓘《画断》）

唐代是古代艺术的极盛时期，绘画方面表现为绘画的题材大大拓宽，绘画的手法和风格多样化，涌现了很多著名画家。这一时期人物画仍然是最主要的品类，不仅表现宗教题材，而且更多描绘贵族生活和民俗生活。著名的人物画家有阎立本、吴道子、张萱、周昉。其中，有"百代画圣"之称的吴道子是罕见的多产画家，擅长宗教绘画，善于运用简括的线条勾勒形体，笔下的褒衣博带势若飞扬，人称"吴带当风"。

吴道子《天王送子图》

最能代表中国绘画艺术的是山水画。魏晋南北朝时期已开寄情山水的传统,山水画家宗炳所著《画山水序》和王微的《论画》也为后世山水画奠定了理论基础。山水画在唐代有了很大的发展,尤其是水墨山水的出现,更是别具中国特色。水墨山水是文人画的代表,重墨轻彩,追求意境,笔致疏朗潇洒,对后世影响深远。文人画强调抒发主观情绪,"不求形似"、"无求于世",不趋附大众审美要求,借绘画以示高雅,表现闲情逸趣,强调人品画品的统一,并且注重将笔墨情趣与诗、书、印有机融为一体,形成了独特的绘画样式,涌现了众多的杰出画家、画派以及难以计数的优秀作品。

中国绘画可以说是士人阶层内心世界变化的具体反映。它糅合了儒道两家思想的"穷则独善其身,达则兼济天下"的人生理想,在魏晋以前表现为积极参与的"兼济"精神,而魏晋以后则逐渐发展为"独善其身"的静观、内省的人生观。因为出世,所以远离尘嚣,寄情山水树木,似乎只有置身世外才能找到精神的家园。这就是中国的山水画特别注重"寄情"、"写意"的原因;另一方面,水墨写意画的盛行也和文人所代表的雅文化的审美情趣分不开,绘画的功能在知识分子阶层那里不再是娱情悦目,而是抒写情志,笔墨少而意趣无穷才是最高境界。在某种意义上,我们也可以认为这种情趣是有意和统治阶级追求奢华富丽的风尚相对立而存在的。因为这些,中国绘画才表现出独特的景象:代表统治阶级情趣的重视外在繁复华丽的风格,代表士人阶层品性的重视内在气韵的风格,以及后来代表平民百姓的艳丽夸张的民俗风格,三者并存,并且时而互相影响,互相渗透,而其中尤以文人画影响最大。所以,中国绘画表现出浓郁的人文色彩。

二、乐舞

乐舞是蕴含着丰富民族精神的载体。中国幅员辽阔,民族众多,复杂多样的生态环境和文化传统,不平衡的历史发展进程,都在乐舞文化中有相应的体现,有些舞蹈甚至可称为文化上的"活化石"。所以说,中国乐舞是中华民族智慧和心灵的结晶。

(一) 音乐

中国各种艺术门类中,音乐与政教的关系最为密切。因为一方面上古时代礼乐之兴就是从政治教化上而来;另一方面,由于孔、孟对乐的态度,不仅仅是欣赏其美,更是重视

编钟

乐所代表的德。孔子曰:“《韶》,尽美矣,又尽善也;《武》,尽美矣,未尽善也。”可见孔子对乐的赞叹也是因为其符合尽善尽美的德的思想。尽管如此,中国音乐却没有一直走上政治附庸的道路,到了汉代,受西域音乐的影响,中国音乐发生了很大的变化。

汉武帝时,张骞通西域,他将西域的《摩诃》《兜勒》二曲和蒙古的北狄乐带入中国,乐官李延年据此创造了新声二十八解。自此以后,中国音乐有了独立的发展,音乐史上,开始有了“胡乐”和“古乐”之分。胡乐就是指纯由外族胡人那里吸收来的音乐,古乐指从上古一直流传下来的本土音乐。在魏晋南北朝时代,南朝还能保存不少古乐,北朝因地域上的关系以及胡人大量的入住中原,胡乐随之兴盛起来。唐代,二者已趋于融合,胡乐已融合在中国文化之中,成为国粹的一部分。另外,由于唐代佛教盛行,佛教音乐也随之盛行,宫廷燕乐中的天竺乐就包含“天曲”,即佛教音乐。从龙门石窟的乐舞图演变来看,从北魏到唐朝,传统雅乐乐队使用的钟、鼓、磬等打击乐器逐渐减少,而琵琶、箜篌等外来乐器和民间乐器大大增加,这反映了音乐由雅乐向俗乐转变的一种趋势。这种趋势到了宋代有了更快的发展。从北宋开始,整理民间音乐的任务已经从官府转到民间艺人那里,他们传授弟子,在“瓦肆”表演,并随时汲取民间艺术的营养。文人创作的大量词作,也主要在青楼歌伎那里传唱。明清两代,音乐艺术以昆曲为主,清代因为二黄的风行,又演变出今日的国剧,即京剧。

中国音乐是旋律的音乐,给人的是气韵生动的线条美。古人认为音乐是表达内心情志的,情志属人,用嘴吟唱比用乐器更能接近情的本性,所谓“丝不如竹,竹不如肉”,声乐之妙在于词对乐的规范,故能达到“乐而不淫,哀而不伤”的要求。

(二)舞蹈

中国的舞蹈具有悠久的历史和丰厚的艺术积累。从甘肃秦安大地湾的地画和青海上孙家寨的舞蹈纹彩陶盆的图画看,中国至少在五千年前就出现舞蹈了。这种原始的艺术形态产生之后,就成为人类在漫长发展道路上的忠实旅伴,陪同人类从幼年到成年,从蒙昧进入文明。其间,不同的社会文化环境,不同的时间流程,无不或深或浅地在舞蹈艺术中留下了痕迹。

舞蹈在原始社会是文化的基本形态,举凡狩猎、战争或者与生殖有关的祭祀或祈祷活动,都是通过舞蹈来进行的。原始岩画保留着不少狩猎和隐喻生殖与人口繁衍的舞蹈形象。中华乐舞文化的第一个高峰出现在周代。西周统治阶级对上古流传的乐舞进行了整理和规范,可称人类文化史上的一大壮举。周公旦在“制礼作乐”的过程中,除了组织力量创作了纪念他父兄建周灭商大业的“六代舞”外,还把各族的乐舞征集来,加以改编使用,强调其理性精神和政教功能,并且作为一种权威的象征。这种以文舞颂德、武舞象功的传统，数千年来为历代王朝所继承。

舞蹈到了汉代，开始有了雅舞和杂舞的区分。雅舞属于本土的舞蹈，杂舞则吸收了外来的舞蹈艺术。雅舞用于宗庙祭祀，一般宴会上则用杂舞，前者庄严的成分高，后者娱乐的成分多。在当时盛大的角抵百戏演出中，就包括了不少杂舞，如《巴渝》《盘鼓舞》等。

唐代继承隋代的设置，进一步完善和丰富了宫廷各种乐舞机构，如教坊、梨园、太常寺，唐明皇李隆基甚至在梨园中亲自教习。由于集中了大批各民族的民间艺人，唐代舞蹈成为吸收异域优秀文化和传播东方文明的博大载体。由于统治阶级有形或无形的倡导，唐代的舞蹈异乎寻常地普及起来，主要表现就是能歌善舞成为上自天子下至庶民都引以为豪的文化修养。

《东巴经》舞谱复原图

宋元以来，随着市民文化的发展，民间舞蹈兴盛，许多前朝有名的古典舞蹈消失，代之的是新兴的戏曲中的舞蹈。戏曲舞蹈在明清时代渐趋成熟，成为戏曲四大表演手段中“做、打”两项的基本内容。其丰富的特技表现手段，如翎子功、翅子功、毯子功和纷繁多姿的战器舞增强了戏剧的表现力。

在中国艺术中，书、画是同源，乐、舞也是同源，舞蹈是我国古代所称“乐”的重要组成部分，所以《毛诗序》云：“咏歌之不足，不知手之舞之，足之蹈之。盖乐心内发，感物而动，不觉自运欢之至也。此舞之所由起也。”古人认为诗表述思想感情，歌唱出它的声音，舞蹈表现它的外在形象。三者都根源于人的内心，然后乐器随之演奏。乐就包含着诗歌舞乐这些要素。这古老的艺术在它诞生之初，原是浑然一体不可分的。今人所称诗歌、音乐、舞蹈，只是在经历了相当长一段发展过程之后，才逐步演化形成的。

（三）戏曲

中国戏曲的起源可以追溯到原始氏族时代，《尚书·舜典》中就有“击石拊石，百兽率舞”的记载，表现了先民在石块击打出的节奏中，身披各种兽皮舞蹈的情景。在远古时代的这些仪式中，音乐和舞蹈这两大戏曲的主要元素与装扮表演这一戏曲的基本特征初步融合，标志着戏曲艺术萌芽了。

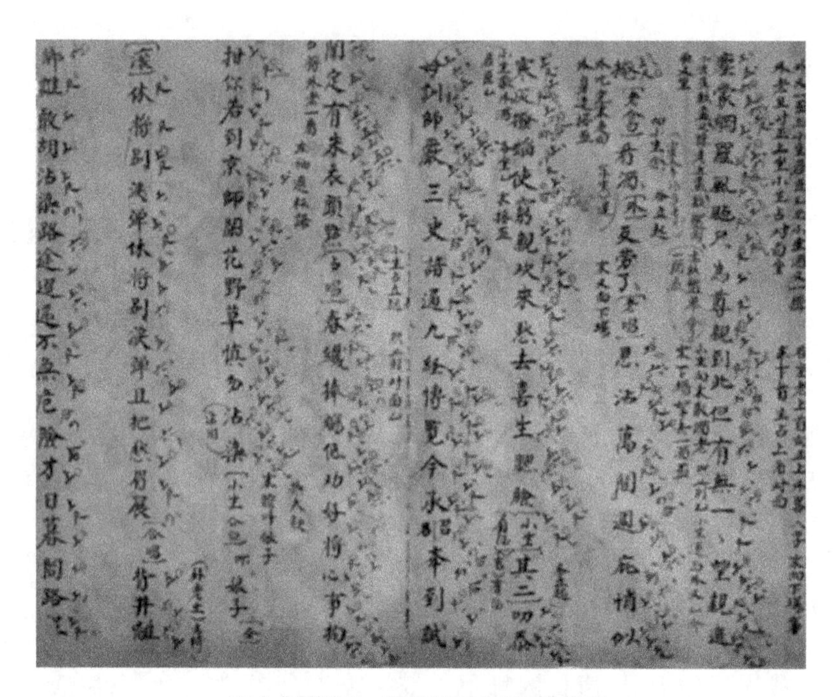

戏曲《荆钗记·遣仆回门身段谱》书影

汉代,除了歌舞外,杂技、武术也成为表演艺术的重要组成部分,角抵戏已初具戏曲雏形。至唐代,歌舞小戏和参军戏发展起来了。在表演形式上,一个以歌舞演唱为主,一个以说白表演为主,共同奠定了中国戏曲表演的风格。宋代的戏曲进入了一个全面发展的成熟期,出现了“瓦肆”、“勾栏”这样的固定演出场所。宋杂剧和诸宫调是宋代戏曲的两大主要形式,随着二者的不断融合,到 12 世纪,形成了南戏和元杂剧,这标志着中国戏曲完成了从追求滑稽谐谑的简单小戏向综合运用诗、歌、舞等表现手段、讲究情节结构完整性的正剧大戏的过渡,中国戏曲从此走向了成熟和辉煌。清代乾隆以后,中国戏曲又进入了地方戏的时代。地方戏是指由于流行的区域、方言的不同以及采取的演唱曲调的不同而形成的诸多戏曲声腔和剧种。作为中国古代戏曲最优秀的代表是昆曲和京剧。

中国的戏曲是各门类艺术(音乐、舞蹈、雕塑、绘画)的综合表现。音乐是构成戏曲的一大因素。器乐不但调控全剧节奏,还为演唱伴奏,配合表演、渲染气氛。声乐在戏曲里不但要唱字,还要唱情、唱韵。舞蹈是戏曲的另一大要素,它给了观众视觉上的美。戏曲里的舞蹈有优美而程式化了的文舞,也有包含着杂技和特技的武打。与西方戏剧的写实不同,中国戏曲是写意的,它同诗歌、绘画、书法一样,追求的不是对生活对象的精确再现,而是注重通过外在形象的塑造来传达出生活对象的内在神韵,做到以简代繁、以少胜多、由表及里、由此及彼。简单地说,就是借助于虚拟和假定创造出超越实境的审美意境。在舞台上,演员跑个圆场就表示已经走了千里的路程,四个或八个画着同样的面孔、穿着同样的服装、做着相同动作的龙套演员,就代表着一群人。

中国戏曲是世界上三大古老戏剧之一，但唯有它能流传至今，这是因为中国戏曲植根于中国传统文化中，具有独特的审美特征，是对整个古代艺术的总结。

三、建筑

中国古代建筑是中华民族的先民们在某一历史时期所创造的建筑物，它具有鲜明的地域性、时代性、科学性和艺术性，能够综合地反映古人在某一历史阶段所达到的科学技术和文化艺术水平，是当时物质文明和精神文明的标志，也体现了中国人的文化观念和审美趣味。

（一）皇室建筑

皇室建筑分为宫殿和陵寝。

宫殿为帝王居住之所，是中国古代建筑中最高级、最豪华的一种类型。为了能体现帝王之威，宫殿建筑有如下几个特点。

北京故宫

1. 严格的中轴对称

为了表现君权受命于天和以皇权为核心的等级观念，宫殿建筑采取严格的中轴对称的布局方式。中轴线上的建筑高大华丽，轴侧的建筑低小简单。这种明显的反差，体现了皇权的至高无上；中轴线纵长深远，更显示了帝王宫殿的尊严华贵。

2. 左祖右社，或称左庙右社

中国的礼制思想，有一个重要内容，即崇敬祖先、提倡孝道，祭祀土地神和粮食神。所谓“左祖”，是在宫殿左前方设祖庙。祖庙是帝王祭祀祖先的地方，因为是天子的祖庙，故称太庙。所谓“右社”，是在宫殿右前方设社稷坛。社为土地神，稷为粮食神。社稷坛是帝王祭祀土地神、粮食神的地方。古代以左为上，所以左在前，右在后。

3. 前朝后寝

这是宫室（或称宫殿）自身的布局。所谓“前朝”，即为帝王上朝治政、奉行大典之处。所谓“后寝”即帝王和后妃们生活居住的地方。

如果说皇宫显示现世帝王的威严，陵墓则表示已逝帝王的威严。中国古人基于人死而灵魂不灭的观念，普遍重视丧葬，因此，无论任何阶层对陵墓皆精心构筑。在漫长的历史进程中，中国陵墓建筑得到了长足发展，产生了举世罕见的、庞大的古代帝后墓群；并且在历史演变的过程中，陵墓建筑逐步与绘画、书法、雕刻等诸艺术门派融为一体，成为反映多种艺术成就的综合体。

在漫长的封建社会中，皇陵的风格也经历了三个时期的发展。首先是秦汉时期，这时的陵墓格局叫“方上”，即封土为陵，在地宫上用黄土层层夯筑而成，墓室深埋地下，上面以土丘为陵体。其次是唐宋时期，这时皇陵的最大特征就是“以山为陵”，陵墓利用天然山体，因为山势山体即绵延的龙脉而成，代替了过去人工封土的陵体。最后是明清时期，这时皇陵的特点是“宝城宝顶”，虽然陵墓也依山势，但是没有开山作为地宫，而是在地宫上砌筑高大的砖城，城内填土，即为宝城，其上用砖砌成重檐歇山顶牌楼，称为“明楼”。城中的土高于城墙，成一圆顶，又叫“宝顶”，是封土坟丘，地宫即在封土之下。

这些陵墓建筑，大多陵前建有甬道，甬道两侧有石人、石兽雕像，陵园内松柏苍翠、树木森森，给人肃穆、宁静之感。

江苏扬州栖灵塔

（二）寺观建筑

寺庙是我国佛教建筑之一。寺庙、佛塔、石窟被称为三大佛教建筑。这些建筑记载了中国封建社会文化的发展和佛教的兴衰，具有重要的历史价值和艺术价值。

寺庙建筑起源于印度。东汉永平十年（67年）汉明帝刘庄在洛阳按照佛教的要求和传统式样建造的白马寺是我国最早见于记载的寺庙。到南北朝时期，随着佛教的盛行，大规模兴建寺庙成风，据《洛阳伽蓝记》记载，北魏首都洛阳内外有一千多座寺庙。这个时期的寺庙仍然是以塔为中心来组织建筑的构局。到了隋唐五代，许多寺院把塔移到寺外，在寺院主体两侧仿宫廷官衙的廊院进行布局。宋承唐制，寺庙中出现了戏台、钟、鼓楼等建筑，在布局上则有“伽蓝七堂”之说。伽蓝七堂以禅宗为例，包括山门、佛殿、法堂、僧堂、厨库、浴室、西净（东司）。

山门是佛寺的第一道外门，一般三门并列，象征佛教“三解脱门”（空门、无相门、无作门），即便有的寺院只有一个门，也称之为山门或三门。

从元代起，中原内地出现了喇嘛寺。现存的佛寺大都是明清两代建造或重建的，多采用庭院式布局，主要殿堂仿宫殿府第式样，一般建筑则参照民居式样。

佛殿包括一组建筑群，是佛寺的主体。天王殿、大雄宝殿、三圣殿等主殿位于中轴线上。天王殿前大道两侧建钟楼（左）和鼓楼（右）。大雄宝殿是正殿，“大雄”是对佛祖释迦牟尼的尊称，所以大殿规模最大。殿前东配殿为伽蓝殿，西配殿为祖师殿。伽蓝殿供奉守护佛寺之神，名目较多，祖师殿供奉本寺所属宗派的创始人，如禅宗在殿正中供奉达摩。三圣殿常供奉“西方三圣”，正中是阿弥陀佛，左右胁侍分别是观世音和大势至菩萨。法堂在大雄宝殿之后，是演说佛法、皈戒集会、吟诵佛经的地方。

佛塔在印度用以供奉佛祖舍利，为教徒所膜拜。传入中国之后，与中国本土建筑相融合，产生了多种形式。其中主要有楼阁式、密檐式、覆钵式、金刚宝座式和单层式。我国古代先是以建造木结构的楼阁式佛塔较多，但因高塔木构易遭雷击而毁于火，所以，唐代以后砖结构的楼阁式塔逐渐盛行起来。密檐塔于宋辽金时在北方盛行，它不像楼阁式塔那样可以登临，但是它的外形是富有弹性的弧线形，而且非常注重细部的装饰，也具有很强的观赏价值。藏传佛教地区的塔直接源于印度，较多地保留了古印度“浮屠”的特色，为覆钵形白色的喇嘛塔，覆钵上立高大挺拔的塔刹。

宫观是道教建筑，是举行道教活动和道士栖息的场所，在中国，观的数量仅次于佛寺。由于佛教和道教的长期互相影响，我国的佛道建筑在外观上有了很大的一致性。观的建筑形式仿效佛寺，都采取古代传统的院落式格局，讲究轴线对称。目前宫观的规制大多是前有照壁、山门、华表、幡杆，入山门即进入宫观，华表之外属俗界，华表之内属神仙界；山门内正中部分为中庭，中庭建三大殿堂，也有或多或少的。大多供奉王灵官及四帅、玉皇大帝、四御、三清；正殿的两侧为陪殿，祀一般道教尊神，或设云水客堂及执事房；在中庭整体的两边建东西道院，祀一般诸神。宫观常绕以红墙，院内常植松柏、翠竹。

道教是中国土生土长的本土文化，宫观建筑比佛寺更具民族特色。再者，道教讲究成仙化神，所以道教宫观追求仙境，多建于名山上，它的布局重视风水，尊重自然，因此，宫观也多借助远离世俗生活的山野环境，并誉之为洞天福地。

佛家道教的寺观建筑是中国古代建筑的重要类型，它们不仅体现了佛道二者的教义，还承载了中国的传统文化。就艺术而言，寺观建筑也是诸多造型艺术如绘画、雕塑、书法等的结合。

（三）园林建筑

中国园林建筑包括皇家园林、私家园林、寺庙园林和自然风景园林。皇家园林是帝王构建的离宫别馆，它们往往规模巨大、建筑庞集、风格奢华、色彩辉煌。现存的皇家园林以明清两代的遗物为主，其中，保存最好的是北京的颐和园。私家园林比起皇家园林来，规模要小得多，特色是能小中见大、造园手法丰富。苏州的拙政园、沧浪亭，扬州的个园、何园,上海的豫园,广东的清晖园最为著名。自然风景园林是在自然山水中发展起来的,一般来说,离城市不远,不像皇家园林和私家园林那样封闭,又因其与市民生活的关系密切,与乡土文化、民间传说渊源颇深。寺庙园林是指附属于佛寺、道观或坛庙祠堂的园林,中国的寺观往往很多都是直接点缀在自然山水中,比如杭州西湖的灵隐寺,等等。

晚清第一园何园

不管是哪种园林,都是将山水地形、花草树木、庭院、廊桥及楹联匾额等精巧布设,使得山石流水处处生情,意境无穷。中国园林的境界大体分为治世境界、神仙境界、自然境界三种。

作为立国之学的儒家思想强调高度的社会责任感、重视道德伦理价值和政治意义,反映到园林造景上就是治世境界,这一境界多见于皇家园林,著名的皇家园林圆明园中约一半的景点体现了这种境界。

神仙境界是指在建造园林时注重表现中国道家思想中讲求自然恬淡和修养身心的内容,这一境界在皇家园林与寺庙园林中均有所反映,例如圆明园中的蓬岛瑶台、四川青城山的古常道观、湖北武当山的南岩宫等。

自然境界重在写意,注重表现园林主人的情思,这一境界大多反映在文人园林之中,如宋代苏舜钦的沧浪亭、司马光的独乐园等。

以山水为主的中国园林在构思、取材、建筑布局等方面深受中国文学、艺术的影响,形成寓情于景的特点,园林中的山水景物多融合了人的趣味和精神追求,达到诗情画意的境界。如果说西方园林讲究几何数学原则,以建筑为主;中国园林则以自然景观和观者的美好感受为主,更注重天人合一。

(四)民居建筑

中国各地的居住建筑,又称民居。最早是出于遮风避雨和防止野兽侵袭的双重目的而建造的，也是人类最早的建筑类型。民居在中国是分布最广、数量最多的建筑类型。由于中国各地区的自然环境和人文情况不同，各地民居也显现出多样化的面貌。

蒙古包

中国汉族地区传统民居主要以规整式住宅为主，以采取中轴对称方式布局的北京四合院为典型代表。北京四合院是相对封闭的一个组合院落，分前后两院，居中的正房最为重要，是举行家庭礼仪、接见尊贵宾客的地方，各幢房屋朝向院内，以游廊相连接，院落四周由厚重的砖墙围合而成。它的平面布局和各建筑的组合形式严格按照古代宗法制度修建，体现了长幼尊卑的地位差别和严谨秩序性的精神功能。尽管四合院本身具备如此严谨的文化意味，但作为民居，它庭院方阔，尺度合宜，宁静亲切，花木井然，是十分理想的生活空间。华北、东北地区的民居大多是这种宽敞的庭院。

中国南方的住宅比较紧凑，多以楼房为主，典型的住宅是以小面积长方形天井为中心的堂屋。这种住宅外观方正如印，内部朴素简洁，在南方各省分布很广。

福建和两广地区的客家人常居住大型集团住宅，其平面有圆有方，由中心部位的单层建筑厅堂和周围的四五层楼房组成，先用生土、砂石、木片建成单屋，继而连成大屋，进而垒起厚重封闭的城堡式建筑。这种建筑的防御性很强，以福建永定县客家土楼为代表。这些客家土楼独具特色，造型各异，有方形、圆形、八角形和椭圆形等形状，规模巨大，共有八千余座，造型优美，既科学实用，又有特色，构成了一个奇妙的民居世界。

窑洞式住宅多在陕西、甘肃、河南、山西等黄土地区，当地居民在天然土壁内开凿横洞，并常将数洞相连，在洞内加砌砖石，建造窑洞。窑洞防火，防噪音，冬暖夏凉，经济省工，将自然图景和生活图景有机结合，是因地制宜的完美建筑形式，渗透着人们对黄土地的热爱和眷恋。

北方的蒙古族通常居住于可移动的蒙古包内，而西南各少数民族常依山面水建造木结构干栏式楼房，楼下空敞，楼上住人，其中云南傣族的竹楼，苗族、土家族的吊脚楼最具特色。吊脚楼通常建造在斜坡上，没有地基，以柱子支撑建筑，楼分两层或三层，最上层很矮，只放粮食不住人，楼下堆放杂物或圈养牲畜。

中国地域宽广、民族较多，各地民居的形式、结构、装饰艺术、色调等等都是各具特点，是当地地理环境、气候条件、生活方式和风俗习惯的综合体现，在我国的建筑史上占有非常重要的地位。

中国古代建筑可以说是中国古代人民智慧、精神追求和审美趣味的体现，深具中国文化内涵。中国建筑无论是宫殿、陵墓、寺庙，还是园林，都不注重单个建筑的高大，而强调群体的宏伟；不追求纯空间的凝固画面而追求在时间的流动中展现自己的旨趣。中国建筑形成群体结构时，小至四合院，大至皇宫，都有一道墙，形成一种封闭自足、不待外求、自成一统的意蕴。而群体中又有核心部位，主次分明，照应周全，其理性秩序与逻辑或明或暗，却都气韵生动，韵律和谐。虽然处一墙之中，中国建筑却又追求超一墙之外。甚至是四合院、宫殿，群体结构的屋与屋之间，总有许多“空”，有条件就一定要加之以亭池草木，显出实中之虚。中国建筑的特点是使人不出户，就可以与自然交流，悟宇宙盈虚，体四时变化。

四、器物

中国古代器物用料多样，种类繁多。其中以青铜器、玉器、瓷器三种最具代表性。

（一）青铜器

青铜器

如果说西方奴隶社会的艺术可以从古希腊雕塑中寻找，那么，东方奴隶社会的艺术则体现在青铜器上。青铜是红铜和锡、铅的合金，也是金属冶铸史上最早的合金。青铜工艺是中国艺术史上的一朵奇葩，为了突出其地位，考古界甚至在石器时代和铁器时代中间划分出一个独特的时代，称为“青铜时代”。

青铜器主要用于礼仪、祭祀和战争。“国之大事，在祀及戎”（《左传》），对于中国先秦中原各国而言，最大的事情莫过于祭祀和对外战争。夏、商、周三代所发现的青铜器，都是礼仪祭祀用具和武器以及围绕二者的附属用具。作为礼仪祭祀器具，青铜器可以用来区分统治者的身份和权力，因为不同等级的人，祭祀对象、场合、礼仪活动方式均不一样，所有关于这些不同的制度都反映在青铜器上，它犹如一幅记载天子号令、祭祀活动、赏惩制度、婚丧宴飨的历史画卷。从这个角度而言，青铜器也成了见证中国青铜时代社会和生活情况的重要实物留存和证据。青铜器最常见花纹之一是饕餮纹，也叫兽面纹。《吕氏春秋·先识》云：“周鼎著饕餮，有首无身，食人未咽，害及其身。”所以，一般把这种兽面纹称为饕餮纹。饕餮纹在二里头夏文化中的青铜器上已有了。商周两代的饕餮纹类型很多，有的像龙、像虎、像牛、像羊、像鹿，还有的像鸟、像凤、像人。西周时代，青铜器纹饰的神秘色彩逐渐减退，但龙和凤，仍然是许多青铜器花纹的母题，甚至可以说许多图案化的花纹，实际是从龙蛇、凤鸟两大类纹饰衍变而来的。

青铜器最著名的器具首推司母戊大方鼎，这件举世无双的大鼎，高一百三十三厘米，宽七十八厘米，重达八百三十二点八四千克，它的主要装饰手法是浮雕，纹饰雄健浑厚，深沉凝练，增加了鼎的神秘感。它是我国目前发现的最大最重的青铜器，在世界青铜器文化中也是罕见的。另一件著名的青铜器珍品就是商代晚期的四羊方尊。它的造型很奇特，器具敞口，器身周围立雕了四只羊，羊头犄角卷曲，四角挺立，羊神态祥和，温和而有生气。四羊方尊将羊的形象和尊的造型结合在一起，创意新奇，构思精巧，是不可多得的神奇青铜器具。

（二）玉器

中国人眼里的玉是与众不同的，它已经超越了单纯分类学的范畴而成为中华民族的精神寄托。

从矿物学分类，玉可以分为两种，一种是软玉（如和田玉），还有一种是硬玉（如翡翠）。中国传统的古玉大多是软玉，包括和田玉、岫玉等。在清代初年吴三桂追击南明永历皇帝进入并控制了云南及缅甸北部盛产翡翠的矿区之后，硬玉才正式进入中国并流行起来。

玉器在我国有着悠久的历史，距今八千至四千年前新石器时代中晚期的玉器是我国玉器发展的萌芽时代，这一时期表现出玉器最高水平的是南方的良渚文化玉器和北方的红山文化玉器。良渚文化出土最多的是玉璧，光素规整，既是礼器，也是财富和地位的象征。红山文化的玉器主要用于随葬、祭祀和图腾崇拜，玉器的使用充满了神秘色彩。

飞天玉雕

商代，随着工艺水平的提高，玉器的制作有了新的开端，在数量、工艺、选料等方面都有了突破，当时主要的玉器是礼器、艺术品、装饰品等，工艺水平较高。将阴阳刻线、浅浮雕、圆雕有机结合，制作的玉器端庄典雅、雍容华贵，人物、花鸟、走兽的形象惟妙惟肖。应该说，商代玉器达到了我国第一个发展高峰。西周社会讲究礼仪，人们逐渐将玉当成是修身养性以及培养美好品德的标准，玉器成为一种评价社会道德意义的物品。事实上，这种社会观念自周代以后，贯穿了整个封建社会。

秦汉时期，玉器制作工艺更加高超。汉代圆雕技术、镂空花纹等技术应用很广，创造了玉雕史上著名的“汉八刀”技术。汉代的葬玉，如玉衣、玉琀、玉握在工艺方面都显示出汉代高超的技术，尤其是金缕玉衣，堪称绝代精品。到隋唐时期，玉雕技术开始得到空前的发展，兽首玛瑙杯、飞天玉雕等作品是唐代玉器的极品，造型优美，绘画雕塑艺术高超。宋代玉器极富特色，一方面世俗化，一方面受复古影响的仿古器盛行。

中国玉器史上的巅峰时代是明清两代，这个时期的玉器制作上不仅发扬了中国传统的线刻浮雕、圆雕、镂雕技法，并与当时先进的绘画雕塑工艺相结合，创造出很多的玉器珍品。尤其是清代由于康熙、乾隆对玉器的推崇，使得清代玉器工艺雕琢的技艺达到无与伦比的境地。

玉器经历了数朝数代的漫长岁月，已成为中华民族传统文化以及祖先智慧的结晶。

古人对玉器有着深厚的感情,他们创造制作的绚丽多彩、美妙绝伦的玉器,不仅用于装饰和实用品上,在宗教、礼仪、政治、道德方面也有着重要的位置。中国玉器有着八千多年的历史,在漫长的社会变革中繁衍出许多玉器品种,按用途来划分,大致可分为礼玉、佩玉、葬玉、兵玉、器具用玉、陈列玉等。其中,礼玉占有非常重要的位置,《周礼》中专门记载礼玉“六器”,为璧、琮、圭、璋、璜、琥,做工精细,主要是用来祭祀天地山川河流,供君王贵族的佩戴,因为其特殊用途,礼玉形成了完善的礼玉文化,它不仅仅是一种器物,而成了一种精神的象征,是精神的寄托。

(三) 陶瓷

青花瓷

中国是久负盛名的文明古国,也是久负盛名的陶瓷古国。在漫长的历史进程中,陶瓷制品是人们日常生活中最重要的器具之一,也是当时人们的审美风尚和生活习俗的载体。

陶器是用泥巴(黏土)成型晾干后,用火烧出来的,是泥与火的结晶。从目前所知的考古材料来看,陶器中的精品有旧石器时代晚期距今一万多年的灰陶,有八千多年前的磁山文化的红陶,有七千多年的仰韶文化的彩陶,有六千多年的大汶口的“蛋壳黑陶”,有四千多年的商代白陶,有三千多年的西周硬陶,还有秦代的兵马俑、汉代的釉陶、唐代的唐三彩等。到了宋代,瓷器的生产迅猛发展,制陶业趋于没落,但是有些特殊的陶器品种仍然具有独特的魅力,如宋辽三彩器和明清流传至今的紫砂壶、法花器及广东石湾的陶塑等,都是别具一格,备受大家赞赏。

瓷器是中国古代的一项伟大发明,在漫长的历史岁月中,勤劳智慧的中国先民们点土成金,写下光辉灿烂的篇章,为人类文明做出了巨大的贡献。享有盛誉的中华古瓷,已成为世界各大博物馆里的明珠,也将越来越广泛地成为中国和世界各地的专家学者的研究对象,并受到广大收藏家和陶瓷爱好者的珍藏。

中国瓷器的发明和发展,是有着从低级到高级,从原始到成熟逐步发展的过程。早在三千多年前的商代,我国已出现了原始青瓷,再经过一千多年的发展,到东汉时期终于摆脱了原始瓷器状态,烧制出成熟的青瓷器,这是我国陶瓷发展史上的一个重要里程碑。

经过三国、两晋、南北朝和隋代共三百三十多年的发展,到了唐朝中国政治稳定、经济繁荣,社会的进步促进了制瓷业的发展,如北方邢窑白瓷“类银类雪”,南方越窑青瓷“类玉类冰”,形成“北白南青”的两大窑系。同时唐代还烧制出雪花釉、纹胎釉和釉下彩瓷及贴花装饰等品种。

宋代是我国瓷器空前发展的时期,出现了百花齐放、百花争艳的局面,瓷窑遍及南北各地,名窑迭出,品类繁多,除青、白两大瓷系外,黑釉、青白釉和彩绘瓷纷纷兴起。举世闻名的汝、官、哥、定、钧五大名窑的产品为世所珍。还有耀州窑、湖田窑、龙泉窑、建窑、吉州窑、磁州窑等产品也是风格独特，各领风骚，呈现出欣欣向荣的局面，这是我国陶瓷发展史上的第一个高峰。

元代在景德镇设“浮梁瓷局”统理窑务，发明了瓷石加高岭土的二元配方，烧制出大型瓷器，并成功地烧制出典型的元青花和釉里红及枢府瓷等，尤其是元青花烧制成功，在中国陶瓷史上具有划时代的意义。

明代从洪武三十五年(1402年)开始在景德镇设立“御窑厂”，两百多年来烧制出许许多多的高、精、尖产品，如永宣的青花和铜红釉、成化的斗彩、万历五彩等都是稀世珍品。御窑厂的存在也带动了民窑的进一步发展。景德镇的青花、白瓷、彩瓷、单色釉等品种，繁花似锦，五彩缤纷，成为全国的制瓷中心。

清朝康、雍、乾三代瓷器的发展臻于鼎盛，达到了历史上的最高水平，是中国陶瓷发展史上的第二个高峰。景德镇瓷业盛况空前，保持着中国瓷都的地位。康熙时不但恢复了明代永乐、宣德朝以来所有精品的特色，还创烧了很多新的品种，并烧制出色泽鲜明翠硕、浓淡相间、层次分明的青花。另外，康熙时创烧的珐琅彩瓷也闻名于世。

纵观中国几千年的古陶瓷发展史，它虽然是以衰退而告终，但它给后人留下的这份珍贵而又丰富的遗产，将永远放射出灿烂的光辉。

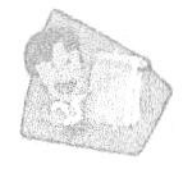

拓展延伸

剪纸是中国汉族最古老的民间艺术之一。剪纸，又叫刻纸，窗花或剪画。区别在于创作时，有的用剪刀，有的用刻刀，虽然工具有别，但创作出来的艺术作品基本相同，人们统称为剪纸。剪纸是一种镂空艺术，其在视觉上给人以透空的感觉和艺术享受。其载体可以是纸张、金银箔、树皮、树叶、布、皮、革等片状材料。剪纸在中国农村是历史悠久、流传很广的一种民间艺术形式。剪纸，就是用剪刀将纸剪成各种各样的图案，如窗花、门笺、墙花、顶棚花、灯花等。这种民俗艺术的产生和流传与中国农村的节日风俗有着密切关系，逢年过节抑或新婚喜庆，人们把美丽鲜艳的剪纸贴在雪白的窗纸或明亮的玻璃窗上、墙上、门上、灯笼上，节日的气氛便被渲染得非常浓郁喜庆。

剪纸的内容很多，寓意很广。祥和的图案企望吉祥避邪；娃娃、葫芦、莲花等图案象征多子，中国农民认为多子便会多福；家禽家畜和瓜果鱼虫等因与农民生活息息相关，也是剪纸表现的重要内容。作为民间艺术的剪纸，具有很强的地域特点：陕西窗花风格粗朴豪放；河北和山西剪纸秀美艳丽；宜兴剪纸华丽工整；南通剪纸秀丽玲珑。剪纸虽然制作简便，造型单纯，由于其能够充分反映百姓的生活内涵，具有浓郁的民俗特色，是中国农村众多民间美术形式的浓缩与夸张。从对剪纸的了解中，可以便捷地了解中国民间美术的其他方面。

中国的民间剪纸手工艺术有它自身的形成和发展过程，中国剪纸的发明是在公元前的西汉时代(公元前3世纪),当时人们运用薄片材料,通过镂空雕刻的技法制成工艺品,却早在未出现纸时就已流行,即以雕、镂、剔、刻、剪的技法在金箔、皮革、绢帛,甚至在树叶上剪刻纹样。《史记》中的剪桐封弟记述了西周初期成王用梧桐叶剪成“圭”赐其弟,封姬虞到唐为侯。战国时期就有用皮革镂花,(湖北江凌望山一号楚墓出土文物之一),银箔镂空刻花(河南辉县固围村战国遗址出土文物之一),都与剪纸同出一辙,他们的出现都为民间剪纸的形成奠定了一定的基础。我国最早的剪纸作品发现,是在1967年我国考古学家在新疆吐鲁番盆地的高昌遗址附近的阿斯塔那古北朝墓群中,发现的两张团花剪纸,他们采用的是麻料纸,都是折叠型祭祀剪纸,他们的发现为我国的剪纸形成提供了实物佐证。

关于剪纸手工艺术的历史,即真正意义上的剪纸,应该从纸的出现开始。汉代纸的发明促使了剪纸的出现、发展与普及。纸张是一种很容易霉烂的材料,且搞坏了自己还可以再剪,人们不会像珍宝一样保存起来。而在我国西北地区天干少雨,气候干燥,纸张也不易霉烂,这也可能是新疆吐鲁番地区发现北朝剪纸的一个重要原因之一。

第四节 古代艺术的文化内涵

中国古代艺术门类由于媒介不同、创作方式不同、审美要求不同、社会功能不同,形成了各具特色的艺术种类。但不管是何种艺术种类,都是中国古代人民智慧、精神和审美理想的结晶。把握住古代艺术中的共同的文化内涵,我们不但可以更好地理解各门艺术的共同风貌,还可以更深刻地了解中国的传统文化。

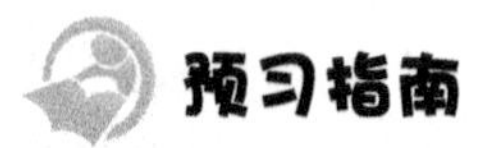

预习指南

对比不同的艺术种类,尝试了解古代艺术的文化内涵;在掌握古代艺术的文化内涵之后,再理解古代艺术品的巧妙构思。

故事导入

“人法地,地法天,天法道,道法自然,不是在教室里,不跟你讲道理,外面的路崎岖,撞得满头真理……”这句朗朗上口的歌词来自吴克群的歌曲《老子说》,《老子说》抒发年轻人应有正确的态度,鼓励年轻人要积极向上。灵感来自于道家创始人老子的人生理论“人法地,地法天,天法道,道法自然”,中国古代艺术的文化内涵正潜移默化地影响着现代人的生活,掌握中国古代艺术的文化内涵,有助于我们更好地认识古代的艺术,并从古代的艺术理论中获得做人做事的道理。

一、道法自然

道家创始人老子认为,“道生一,一生二,二生三,三生万物”,道是宇宙万物的根源,而构成万物具体形态的原始物质则是“气”。宇宙是一个气的世界,气化流行,衍生万物。气凝结而成具体的事物,气散而物亡,复归于太虚之气。天上的日月星辰,地上的飞禽走兽,所有的一切都是由气生成的。气既然是宇宙的根本,也是一切事物能成为事物的根本,因此就理所当然地成为了艺术作品的根本。老子又说:“人法地,地法天,天法道,道法自然。”所谓“道法自然”,就是道取法于自然,也遵循万物的自然。

中国传统文化中,虽然是儒释道三教合一,但对于艺术而言,道所追求的自然自在之境才是贯穿艺术血脉的主宰。在中国各类传统艺术中,人从来都不是唯一重要的观照对象,人只是万物之一,与万物一样顺命于自然,自然才是主宰。不管是人还是艺术都是道的衍生物,立于天地之间,所以应顺应天理,取法自然,这就是艺术的境界。

艺术对于自然的遵循体现在两个方面。首先是艺术对自然之境的追求。对于音乐而言,中国古代一直讲究“丝不如竹,竹不如肉”,也就是说古人认为弦乐器不如管乐器美妙,而管乐器又不如歌喉美妙,最贴近自然的才是最美的。最能代表中国绘画成就的文人山水画,水墨浓淡中便能表现出山水自然的意境,不是简单的形似,而是传递出画家寄情山水、追慕自然和对天地万物的感悟。中国的建筑更是取法于天地,最具中国特色的园林建筑,将自然山水纳于一墙之中,营造出“无景不入画”的意境,但这园内之小天地与园外之大自然又是相通的,于园中便可体味天地之变换,四时之盈虚。即使是民居建筑也能体现出其道法自然的特点,如陕西的窑洞式民居,在黄土高坡上筑洞而居,便是得其便利于自然。商周青铜器的凝重沉稳,木构建筑的厚基飞檐,正是贯通天地之气的体现。而雕塑、书法等造型艺术无不强调“法自然”。

其次是追求自然之意:气是无形的东西,当它在作品中显出时,就从无到有,化虚为实,但是这虚无,又是最根本的,因此,中国艺术的最大特点就是对虚无的重视。文学讲究含蓄而有余味;绘画注重空白处理,“虚实相生,无画处皆成妙境”;书法追求“计白当黑”,“实处之妙,皆因虚处而生”;建筑提倡“透风漏目”,从房屋的门窗和亭台楼榭之空格去得自然之动景,感宇宙之情韵。

不管是中国艺术的哪种门类,都强调写其实,悟其意,更强调主观心得,务求神似,因此就总体看,它们都是“写意”的。唐代艺术家所提倡的“外师造化,中得心源”追求的正是自然与人(外在与内在)的统一。各类艺术形式在发展过程中能够互相渗透,交流融通,都是因为所有的艺术形式都是道所衍生的,道法自然,艺术对自然的追摹也是相通的。

二、兼容并蓄

中国文化发展史就是一部吸收外来文明并将之融合的历史,作为其重要组成部分的艺术,其发展史也是一样。文化的开放与多元发展是相辅相成的,一个具有开放精神的社会,其文化必然兼收并蓄、构成多元。最能代表中国传统文化的唐代就鲜明地体现了这样的特点，张广达指出："在中国历史上，唐代是一个少有的既善于继承，又做到了兼收并蓄的朝代。"唐代文化之所以富有生气，"一是唐代的社会和文化能条贯、折中前此数百年的遗产，二是能兼容并包地摄取外来的各种文化营养"。

唐代统治者面对魏晋以来胡汉融合的状况，采取了较开明的民族政策，李世民声称："自古皆贵中华，贱夷狄，朕独爱之如一，故其种落皆依朕如父母。"这种开明，使得在经历了魏晋南北朝时期胡汉文化持久与反复的冲突和交流，破除了各个民族交流的障碍之后，多元文化终于在唐代得到充分显现。另外，唐代佛教盛行，使得中国很多艺术门类中都有佛教思想的影子。绘画中有佛教壁画，雕塑中有石窟佛像、摩崖大佛，建筑中有寺观建筑，甚至本土化的园林建筑也因寺庙的加入形成了特有的寺庙园林。

中国艺术在吸收外来文化的过程中，建立了富有自身特色的艺术特征。唐以前的塑像仿印度，个大、鼻高、线条劲健，使人望而生畏，唐代塑像则庄严、慈悲，线条柔和、圆润，有现实人物的特点，给人以亲切感。"画圣"吴道子的绘画既有印度的风格，又有自己民族特色。他运用凹凸法使绘画有了立体感，看上去似乎会随风飘动，有"吴带当风"之美誉。中国古代音乐有"胡乐"和"古乐"之分。胡乐就是指纯由外族胡人那里吸收来的音乐，现在我们几乎不可能听到纯粹的"胡乐"或"古乐"，因为到了唐代，胡乐已融合在中国音乐之中，成为中国文化的一部分。另外，现在我们所熟悉的很多乐器，也都是外来乐器，比如说琵琶、二胡等等。

虽然世界上很多文化艺术都是兼容并蓄的，但是中国古代的艺术却是最特别的。虽然在长达数千年的历史中接触的外来元素众多，但它们却从来也没有改变中华固有文化的主导地位，取代中国艺术原来的基本面貌，更没有使机体产生"免疫"反应。中国文化与艺术借鉴了外来文化的优长，吸收了外来文化的营养，不断激发着自己的创造性思维，并根据中国的特定社会环境和特定的文化背景，不断发展、改造外来文化，于是，凡是成功输入中国的外来文化最终便都成为适应中国社会的、与中国文化融为一体的中华文化的组成部分。

三、中正和谐

持中贵和，追求和谐，是中国古代艺术的另一个突出的文化特征。中国文化的最高境界是和，包括人与人之和、人与社会之和、人与宇宙之和。中国艺术自觉地追求表现天地自然之心，因而，也把"和"作为最高境界。

"和"不是无矛盾、无差别的同一，而是包含着矛盾诸方面的相反相成、对立统一。"和"又是与"中"联系在一起的。所谓"中"，就是按照一定的文化法则来组织多样的或相反的东西，并把这些多样或相反的东西构成一个和谐的整体。

"和实生物"，只有"和"，万物才得以生长，天下才能太平，国家方能兴旺，个人才能幸福。《中庸》说："万物并育而不相害，道并行而不相悖。""中也者，天地之大本也；和也者，天下之达道也。致中和，天地位焉，万物育焉。"

北京奥运会开幕式上的“和”字

中正和谐成了中华民族普遍的社会心理：政治上，人们重视君臣、国家、民族间的和谐，主张“克明俊德，以亲九族；九族既睦，平章百姓；百姓昭明，协和万邦”（《尚书·尧典》）；经济上，主张“百姓时和，事业得叙”（《荀子·富国》）；思想方法上主张“执其两端而用其中”，既不要过分也不要不及；个人修养上主张“从容中道”，“文质彬彬”。

对于中国古代艺术而言，中正和谐的思想也体现在多个层面上。首先从创作角度来看，艺术作品是按照相反相成的“和”的原则组织起来的，如绘画中墨的浓淡枯湿，书法中笔的长短曲直，建筑中的墙与顶，音乐中的八音克谐等等。而“中”在艺术上表现为对中心的追求。音乐中必须有主音；绘画讲整体性，要突出主要人物和主峰；书法要“每字中立定主笔，凡布局、势展、结构、操纵、倾泻、力悖，皆主笔左右之也，有此主笔，四面呼吸相通”（朱和羹《临池心解》）；戏曲乐器中，鼓板是中心，它指导着整个乐队的演奏；建筑群要有主体建筑，如寺庙中的大雄宝殿。

再从审美观上来看，中国古代艺术的审美趣味里，包含了无数的对立统一：精致是美，稚拙也是美；庄重是美，随意也是美；工笔是一体，写意也是一体；法度是法，突破法度也是法；雅俗共存，刚柔并济……这些矛盾对立并不冲突，而是和谐共处，互相补充，体现了一种大和谐的和合之境。

总之，中国古代艺术取法于自然，又按照其本来的规律自然发展，再加以吸收融合外来艺术元素和外来文化，最终才形成了中国艺术的最高境界——中正和谐。

道德经名言精选及翻译讲解

给大家介绍一些老子的名言。为什么要学习老子名言呢？我们先来了解一下老子。老子又称老聃、李耳，汉族，春秋时期楚国苦县厉乡曲仁里人，中国古代哲学家和思想家，道家学派创始人。其被唐皇武后封为太上老君，世界文化名人，世界百位历史名人之一，存世有《道德经》（又称《老子》）。其作品的精华是朴素的辨证法，主张无为而治，其学说对中国哲学发展具有深刻影响。在道教中老子被尊为道祖。

1. 上善若水，水善利万物而不争。——老子名言出处：《道德经》第八章

【翻译讲解】 最善良的品性如同水一样，水是天地间善的极致，给万物提供滋养，而自己却安居其下而不与之争。

2. 不自见，故明；不自是，故彰；不自伐，故有功；不自矜，故长。夫惟不争，故天下莫能与之争。——老子名言出处：《道德经》第二十二章

【翻译讲解】 不只看到自己，便能更明了世事；不自以为是，反而能更彰显自己；不自我夸耀，反而能成就功业；不自高自大，所以能长期有所长进；因为不争，所以天下都难与之争。

3. 天长、地久，天地所以能长且久者，以其不自生，故能长生。——老子名言出处：《道德经》第七章

【翻译讲解】 天地长久，天地之所以能长久，是因其不是为自己而生存，所以能够长久生存。

4. 飘风不终朝，骤雨不终日。——老子名言出处：《道德经》第二十三章

【翻译讲解】 狂暴的飓风刮不了一早上，倾盆大雨下不了一整天。

5. 五色令人目盲，五音令人耳聋，五味令人口爽，驰骋田猎令人心发狂，难得之货令人行妨。——老子名言出处：《道德经》第十二章

【翻译讲解】 五颜六色使人眼花缭乱，五音（铿锵）使人听觉不敏，五味悦口使人口味败坏，驰马打猎使人心发狂，珍贵的财物使人偷和抢。

6. 持而盈之，不如其已。揣而锐之，不可常保。金玉满堂，莫之能守。富贵而骄，自遗其咎。——老子名言出处：《道德经》第九章

【翻译讲解】 把持拥有得多多的，不如适可而止。锤尖了又从而磨得锋利无比，不可能保持长久。满堂都是金玉，却无法永久守藏。身处富贵而又骄纵无度，只能自取灾殃。

7. 曲则全，枉则直，洼则盈，敝则新，少则得，多则惑。——老子名言出处：《道德经》第二十二章

【翻译讲解】 委曲反能求全，弯曲则能伸直，低洼反能充盈，破旧反能成新，少取反

能多得，贪多反而迷惑。

8. 致虚极，守静笃，万物并作，吾以观其复。——老子名言出处：《道德经》第十六章

【翻译讲解】 使心灵达到虚的极致，坚守住静的妙境，就能从万物的变化中看到大道的存在。

9. 见素抱朴，少私寡欲。——老子名言出处：《道德经》第十九章

【翻译讲解】 保持本质淳朴无华，减少私心贪欲（就能为道无忧）。

10. 信不足焉，有不信焉。——老子名言出处：《道德经》第二十三章

【翻译讲解】 诚信不足，就会失去信任。

第五章 中国传统社会生活

 第一节 饮食文化

饮食是人类生存与发展的第一需要，也是社会生活的基本形式之一。饮食文化是人们在长期的饮食实践活动中创造出来的物质财富和精神财富的总和，包括从食物原料的生产、加工到进食方面的物质财富部分，以及通过物质财富部分延伸出的社会分工及其组织形式、价值观念、风俗习惯、艺术形式等。

 预习指南

了解中国传统饮食文化的发展历程，感知中国传统饮食文化在不同时期的特点与当时生产力状况之间的关系。

 故事导入

1998 年，改编自琼瑶女士同名小说的电视剧《还珠格格》红遍祖国大江南北。剧中主人公之一紫薇温柔娴淑，给观众留下了深刻的印象。在《还珠格格》第一部第十六集中，紫薇在陪伴乾隆微服私巡途中，大展厨艺，每一道菜除了口味上佳之外，还都有一个诗情画意的名字，如“秦桑低绿枝”、“红嘴绿鹦哥”、“凤凰台上凤凰游”、“在天愿作比翼鸟”、“燕草如碧丝”、“漠漠水田飞白鹭”、“阴阴夏木啭黄鹂”等。这些美丽的菜名，分别出自李白《春思》《登金陵凤凰台》王维《积雨辋川》白居易《长恨歌》等名篇。其实由于当日是野炊，并没有做好充足的准备，大多数食材都是就地取材，菜肴也都是家常菜，比如“红嘴绿鹦哥”就是炒菠菜，“在天愿作比翼鸟”就是两只烤鸡，“漠漠水田飞白鹭”就是青菜炒豆腐。但聪慧的紫薇给这些普通的菜取了如此好听的菜名，不觉让人食欲大增。

一、传统饮食特点

中国饮食文化的历史源远流长，博大精深。它经历了几千年的发展历史，已成为中国传统文化的一个重要组成部分。在长期的发展、演变和积累过程中，中国人从饮食结构、食物制作、饮食审美、饮食礼仪与营养保健等方面，逐渐形成了自己独特的饮食民俗，最终创造了具有鲜明特点的中国饮食文化，成为世界饮食文化宝库中的一颗璀璨的明珠。

（一）取材广泛，风味多变

我国幅员辽阔，地理环境、气候条件多样，动植物种类繁多，为我国的饮食取材奠定了物质基础。我们的祖先在漫长的生活实践中，不断选育和创造了丰富多样的食物资源，使得我国饮食食物来源异常广博，品类极其多样，无论是植物的根、茎、叶、花、果实，还是飞禽、走兽、游鱼，甚至包括毒蛇、蝎子等，无不可以入馔。宋代周密《武林旧事》记载的一次盛宴便列举菜肴有两百多道，其中，以猪、鸭、鱼、虾等物经烤、煮等诸多工艺制作成的有四十一道，有四十二道果品和蜜饯，有二十道多类蔬菜，有二十九道各类鱼干，有十七种饮料，还有五十九道点心等，所涉及的食物种类繁多，形成了令人眼花缭乱的饮食构成。明宗室周定王朱橚的《救荒本草》收录记载了四百一十四种可食植物，并配有木刻插图，指明其可食部位及如何食用。另据国外植物学家调查，我国饮食中菜蔬有六百多种，是西方的六倍之多。

同时，也正因为我国幅员辽阔，民族众多，物产资源及宗教民俗等存在地域性差异，长期以来，在饮食上也就形成了风味众多的特点。根据地域划分，我国一直就有“南米北面”、“南甜北咸东酸西辣”的说法，还形成了四大菜系。根据宗教民俗，又有清真、素斋及尽量保持食物原料本色本性的道家饮食等。冬天多味醇浓厚的炖焖煨菜，夏天则多清淡爽口的凉拌冷冻菜，各个时令节日又有元宵、粽子、月饼等传统食物。另外，各地特产、风味小吃更是变化万千，令人目不暇接。

（二）主副分明，五味调和

中国人的传统饮食结构具有主副食概念分明、荤素搭配合理的特点。中国人的饮食从先秦开始，就以谷物为主，肉少粮多，辅以菜蔬，这就是典型的饭菜结构。饭为主食，用以充饥，居主要地位，多为米、粟、麦做成，北方也有将麦面和其他杂粮做的面条、烧饼、馒头统称为饭的。菜为副食，用以下饭，居从属地位，多为蔬菜和动物肉蛋做成，另外，水果、饮料也属副食。清代医学家王士雄在其《随意居饮食谱》中称：“粥饭为世间第一补人之物。”袁枚也认为：“饭者百味之本。”他还进一步发挥说：“富贵人家讲菜不讲饭，逐末忘本，真为可笑。”即使到了现在，我们仍把饭称为“主食”，把菜肴称为“副食”，这与西方国家没有主副食的概念是截然不同的。现代宴会鸡、鸭、鱼、肉虽多，但若没有主食，我们中国人往往还有似未吃饭的感觉。

主副食概念虽然分明，但中国烹调理论的核心却是“五味调和”，即通过主料和辅料的合理配伍及各种烹调手法的合理使用，在重视烹调原料自然之味的基础上对“酸、甜、苦、辛、咸”进行“五味调和”。调和的最终结果是五味融合，使菜肴达到味美适口的最佳效果。所以，中国菜几乎每个都要用两种以上的原料和多种调料来调和烹制。《吕氏春秋·本味篇》称赞“五味以和”是“鼎中之变，精妙微纤”。清代袁枚在《随园食单》中也说：“凡一物烹成，必有辅佐，要使淡者配淡，浓者配浓，柔者配柔，刚者配刚，才有和合之妙。”这种主辅料搭配、五味调和的膳食组配方案，不但能满足进食者对热能和各种营养素的需要，而且能使蛋白质、糖类和脂类等各种营养要素之间保持一种生理上的平衡，这是以健康为指导的中国传统膳食平衡理论在实际生活中的具体体现。

（三）饮食审美讲究情趣

饮食审美讲究情趣也是中国传统饮食文化的重要特征之一。除了对饮食基本要素香和味有很高的要求外，中国人还讲究食物形象、名称及饮食器具和环境等方面的协调一致。

美食美工。人们通过捏、切、刻等手法将食物材料加工成丰富多彩、赏心悦目的形象，无论是糕点面食还是萝卜白菜，都可以雕刻出各种造型。色彩方面，不仅利用蔬菜、肉食、水产品等食物本身具有的天然色彩进行调色，还可以在烹调过程中通过添加调味品，配合烧、烤、煎、炸等手法的作用增加菜肴的色彩，通过对食物形象、色彩的拼配和点缀，使之达到色、香、味、形、美的和谐统一，从而令食者满心喜悦、爱不释口，给人以精神和物质高度统一的特殊享受。

美食美器。饮食用具的多样性也是中国饮食文化的一大特色。饮食器具从用途上可分为食器和饮器两类。食器可分为炊具和餐具，饮具又可分为酒具与茶具两种。从材料上来分，有陶器、瓷器、金属器、漆器、竹木制品等等。中国传统饮食在器具的选择使用上十分考究。古语云：“美食不如美器。”人们从来就把使用和欣赏制作讲究、美观淡雅、朴素大方、配备合理的餐饮具视为一种享受。清代诗人、美食家袁枚在其《随园食单·器具须知》中叹道：“古诗云：‘美食不如美器。’斯语是也。”并进一步说“煎炒宜盘，汤羹宜碗，参错其间，方觉生色。”这无疑是对我国传统饮食文化中对饮食器具要求的真实写照。不但讲究什么菜用什么器具来盛装，而且还要讲究菜肴与器皿在色彩纹饰、形状大小及空间搭配方面的合理性。

在诸多饮食器具中，筷子和陶瓷又是我国传统饮食文化最具代表性的饮食器具。筷子是物理学杠杆原理在饮食上的具体运用，是人类手指的延长，既经济，又方便，被欧美人称赞为一种艺术创造。《礼记》中记载：“饭黍无以箸。”可见，至少在殷商时代，我们祖先已经开始用筷子进食。我国的陶器制作可以追溯到约四千五百年前的神农时代。瓷器在唐宋时期已经享誉海外，即便到了现代，也还是各国饮食器具的主要组成部分。

美食美名。中国的饮食名称也可以说雅俗共赏、出神入化。其命名方式多种多样，有根据主、辅、调料及烹调方法的写实命名，如红烧鲤鱼；有根据历史典故命名的粽子、“油炸秦桧”；有根据神话传说命名的菜肴“龙凤呈祥”、“八仙过海闹罗汉”；有根据名人食趣命名的“东坡肉”、“杜康酒”；有根据食品形象命名的“叫花鸡”、“碧螺春”、“安化松针”;有寄托人们美好愿望的“百年好合”、“四季发财”、“长寿面”、“长寿果”……食物赋以名副其实而又雅致得体的名称,不但能反映出菜肴的主要风格,告诉食客关于该菜肴的原料构成、烹调方法、特殊风味、成型形状等,便于食客选择;同时也锦上添花,体现出人之性格爱好、文化修养,给食客以艺术美的享受。

(四)讲究饮食礼仪

饮食礼仪,是指人们在餐饮活动中必须认真遵守的行为规范。中国人的饮食礼仪是比较发达和完备的,在《礼记·礼运》中就有“夫礼之初,始诸饮食”的记载,说明在先秦时代的中国已形成一套相当完善的饮食礼仪制度。这些礼仪在以后的社会实践中不断得到扬弃,直到现在仍然影响着人们的社会生活,成为文明时代的重要行为规范。

在中国,宴席或者家庭就餐的形式一般就是按主宾次序围坐一席。这就从形式上造成了一种团结、礼貌、共趣的气氛。美味佳肴放在一桌人的中心,它既是一桌人欣赏、品尝的对象,又是一桌人感情交流的媒介物。人们相互敬酒,相互让菜、劝菜,在美好的事物面前,体现了人们之间相互尊重、礼让的美德。虽然从卫生的角度看,这种饮食方式与西方的自助餐相比有明显的不足之处,但它符合我们民族“大团圆”的普遍心态,便于集体的情感交流,反映了中国古典哲学中“和”这个范畴对后代思想的影响。

传统社会礼仪秩序井然,坐席亦有主次尊卑之分,尊者上坐,卑者末坐。传统礼仪中室内座次以东向为尊,即贵客坐西席上,主人一般在东席上作陪。年长者可安排在南向的位置,即北席。陪酒的晚辈一般在北向的位置,即南席。到了现代,座次排序因地域、风俗、场合的不同而有差异,但基本遵循以下原则:以右为上(遵循国际惯例)、居中为上(中央高于两侧)、以远为上(远离房门为上)、面门为上(良好视野为上)。入座的规矩是“虚坐尽后,食坐尽前”,即非饮食时,身体尽量靠后,听主人说话或者与别人交流,饮食时人体尽量靠近食案,以免食物掉落弄脏席案。席间“与人同饮,莫先起觞”,“与人共食,慎莫先尝”,即客人须待主人举杯劝饮之后,方可饮用,食物也要先有主人执筷劝食,客人方可动筷。席间客人也要向主人敬酒表达谢意。宴席将近结束,主人不能先吃完而撇下客人,要等客人食毕才停止进食。主客相互敬重,营造和谐进食、文明进食的良好氛围。

(五)药食同源

我国的烹饪技术,与医疗保健有密切的联系,在几千年前有“医食同源”和“药膳同功”的说法,利用食物原料的药用价值,做成各种美味佳肴,达到对某些疾病防治的目的。两千多年前的《黄帝内经·太素》中写道:“空腹食之为食物,患者食之为药物。”这说明在古代社会中,人们在寻找食物的过程中发现了各种食物和药物的性味和功效,认识到许多食物可以药用,许多药物也可以食用,两者之间很难严格区分。这就是“药食同源”理论的基础。《黄帝内经·素问》也指出:“五谷为养,五果为助,五畜为益,五菜为充,气味和而服之,以补精气。此五者,有辛、酸、甘、苦、咸,各有所利,或散、或收、或缓、或急、或坚、或软,四时五藏,病随五味所宜也。”显然,这段话是从中国医药学的角度来论述怎样通过饮食疗疾治病的。《本草纲目》记载的具有保健作用的粥更是五花八门,有柏花粥、茶叶粥、莲子粥、百合粥等四十八种，不但美味可口，还能滋补健身。

直到现代，仍有很多食物被中医当成中药来开方使用，如大枣、百合、莲子、芡实、山药、山楂、生姜、葱白等。同样也有不少中药，人们当食品来服用，如枸杞子、冬虫夏草等。而且随着对动植物功能性成分研究的深入，食物中的保健成分逐渐被人们认知，“医食同源”的理论的正确性和科学性也逐渐被现代科学证实。

二、茶文化

广义的茶文化是指整个茶叶的发展过程中有关物质和精神财富的总和。狭义的茶文化则是专指其“精神财富”部分，即人类在发展、生产、利用茶的过程中以茶为载体表达人与自然以及人与人之间各种理念、信仰、思想情感的各种文化形态的总称。

（一）茶的产地

茶，又称荼。中国的茶文化源远流长，两千多年前的《神农本草》就有“神农尝百草，日遇七十二毒，得荼而解之”的记载。现存最早的，较可靠的茶学资料是西汉时期王褒的《僮约》，其中已经有“烹荼尽具”、“武阳买荼”的字句，说明西汉时期的茶叶已经被当成待客之物走进人们的日常生活。唐代的陆羽《茶经》中也记载：“茶者，南方之嘉木也……其巴山峡川，有两人合抱者，伐而掇之。”这说明唐代中国的巴蜀一代已经是重要的茶叶产地，而且已经有两人合抱的大茶树。但徒有史料记载，我国没有古茶树的实物证据，毕竟不能使人信服。直到人们在我国云贵地区发现大量的野生大茶树，其中云南镇沅千家寨野生古茶树一号树龄达两千七百年左右，推算起来比陆羽《茶经》中记载的“两人合抱者”还要古老。近几十年来，人们从茶树资源分布、进化类型、地质变迁、气候变化以及考古工作等不同角度出发，对茶树原产地作了更加细致深入的分析和论证，进一步证明我国西南地区是茶树原产地。

（二）茶文化的发展

“茶之为饮，发乎神农氏，闻于鲁周公，兴于唐，盛于宋，没落于清末，繁荣于现代。”人们从生嚼鲜叶到复杂的艺术化的冲饮，经历了漫长的历史时期。伴随着人们对茶叶的认识的不断深入，茶叶种植、加工技术不断改进，饮茶方式及品饮艺术也发生了一系列的变革，在这个过程中衍生并积累了大量的精神财富，最终形成了蔚为壮观的中国茶文化。

1．三国以前的茶文化——饮茶风俗初现

从上古时代的神农尝百草、生嚼鲜叶解毒开始揭开了中国茶文化的序幕。但是，茶叶何时成为真正的饮料，目前还没有确切的史料记载，但至少到了汉代和三国时期，茶叶就已经作为饮料了。有关我国古代饮茶的记载，最早见于西汉，从王褒《僮约》“武阳买荼”之句，可知当时饮茶在士大夫阶层流行，并且茶叶已经商品化。《三国志·吴书·韦曜传》中“或密赐茶荈以当酒”，即以茶代酒，说明当时茶已成为单纯的饮料了。

饮茶方式，由《僮约》中“烹荼尽具”之句，可知当时饮用茶叶是采用烹煮方法，但到底是如何烹煮不得而知。三国魏的《广雅》中最早记载了饼茶的制作和饮用方法：“荆巴间，采叶作饼，叶老者，饼成以米膏出之。欲煮茗饮，先炙令赤色，捣末置瓷器中，以汤浇覆之，用葱、姜、橘子芼（掺和）之。”这说明当时饮茶方法是“煮”，是将“采叶作饼”的饼茶，烤炙之后捣成粉末，掺和葱、姜、橘子等调料，再放到锅里烹煮。

2. 两晋南北朝——茶文化的萌芽阶段

晋代随着茶叶生产的较大发展，饮茶风俗已从士大夫阶层普及到民间。西晋《世说新语》任育长初到建康“坐席竟下饮”，以及杜育《荈赋》“器择陶简，出自东隅，酌之以匏，取式公刘”等描写，说明以茶待客渐成风俗，这时对烹茶用水择器，也已颇为讲究。而且此时茶叶的身份也从朱门比奢炫富之物变成了标榜自身廉洁之物，成了文人雅士修身之饮，如《晋书》记载：“桓温为扬州牧，性俭，每燕饮，惟下七奠，拌果茶而已。”

在茶叶平民化的同时，饮茶的文化性也更加体现出来了。南北时期的佛教在中国得到快速发展，茶叶因其“苦中有甘”的特性与佛教“苦尽甘来”教义相吻合，又有提神醒脑、利于坐禅的功效，得到了佛家弟子的垂青，出现了“茶禅一味”之说；《娇女诗》《荈赋》《登成都楼诗》《洛阳伽蓝记》等众多有关茶的诗词歌赋也在这一时期陆续问世。茶从简单的饮品到被赋予文化品位，中国茶文化在此阶段逐步萌芽。

3. 唐代——茶文化走向繁荣

茶兴于唐。唐朝疆域广阔，经济、文化空前发展，此外佛教大兴，诗风大盛，贡茶的兴起等从不同层面对茶文化的兴盛起到了推波助澜的作用，最终促使唐代成为我国茶叶发展史上的第一个高峰。

唐代茶叶生产贸易空前繁荣。唐朝中后期全民饮茶蔚然成风，“累日不食犹得，不得一日无茶”。经济的发展和消费的普及，致使江南茶叶生产盛极一时。由《茶经》和唐代其他文献记载来看，这时期茶叶产区已几乎达到了与我国近代茶区约略相当的局面。贸易方面，据《封氏闻见记》记载，唐代开元以后，“自邹、齐、沧、津渐至京邑城市，多开店铺，煎茶卖之”，反映了当时国内茶叶消费、贸易的盛况。该书同时还记载饮茶之风传于塞外后边茶贸易的盛况：“穷日竟夜，殆成风俗，始自中地，流于塞外，往年回鹘入朝，大驱名马，市茶而归。”我国边疆一些少数民族染上饮茶的习惯以后，开创了我国历史上茶马交易的先河。茶马交易作为中原统治者“以茶戍边”的政策延续了千年，为促进中国古代经济的发展和巩固国防发挥了重要作用。

《茶经》的出现是唐代茶文化繁荣的标志。《茶经》是世界上第一部茶学专著，作者陆羽。全书分上、中、下三卷共十个部分。其主要内容和结构有：一之源，二之具，三之造，四之器，五之煮，六之饮，七之事，八之出，九之就，十之图。它对中唐以前茶文化，从自然和人文科学双重角度，进行了总结和概括，探讨了饮茶艺术，把儒道佛三教融入饮茶中，首创中国茶道精神。它的问世标志着中国的传统茶学得以建立，同时也标志着中国茶文化的基本框架已经构建，对推动我国茶业的发展有着巨大的贡献。正因为陆羽所著的《茶经》对中国茶业发展做出了巨大贡献，故陆羽被后人尊称为“茶圣”。

自唐起，成立了贡茶院，即制茶厂，组织官员研究制茶技术，从而促使茶叶生产不断改进，饮茶方式也有了进一步的发展。陆羽《茶经》记述：“晴，采之。蒸之，捣之，拍之，焙之，穿之，封之，茶之干矣。”这说明唐代蒸青作饼已经逐渐完善，其工序为：蒸茶、解块、捣茶、装模、拍压、出模、列茶晾干、穿孔、烘焙、成穿、封茶。饮用时，先将饼茶放在火上烤炙，然后用茶碾将茶饼碾碎成粉末，再用筛子筛成细末，放到开水中去煮，称之为煎茶或烹茶。

4. 宋代——茶文化盛行期

“茶兴于唐，盛于宋。”宋代茶文化在唐代基础上进一步发展，达到鼎盛。这一时期，茶已成为“家不可一日无也”的日常饮品。

举国上下，饮茶成风。早在宋太祖赵匡胤即位时，宋代宫廷中已设立茶事机关，宫廷用茶已分等级，茶仪已成礼制，后又在建安设立官办茶园制作北苑贡茶。皇帝常以赐茶的方式笼络大臣、眷怀亲族，甚至恩赐国外使节以示友好。大观元年，宋徽宗赵佶亲著《大观茶论》一书，全书共二十篇，对北宋时期蒸青团茶的产地、采制、烹试、品质、斗茶风尚等均有详细记述。皇帝著茶书，可谓茶业史上精彩的一页，也将饮茶的风尚自上而下推向了百姓日常生活中。不仅有宫廷“仪茶”、贵族“礼茶”、士大夫“玩茶”，亦有市民“斗茶”。同时由于宋代施行重文轻武的治国方针以及政治方面的原因，品茶与泼墨成为文人休闲生活的主要内容，茶叶便常常成为文人们借以抒情与寄托心灵之物，与茶有关的诗词歌赋大量涌现，赋予茶叶更加丰富的文化气息。

宋代制茶技术发展很快，新品不断涌现。北宋年间龙凤团茶盛行，其制造工艺据宋代赵汝励《北苑别录》记述有六道工序：蒸茶、榨茶、研茶、造茶、过黄、烘茶。饮用方式改唐代直接烹煮的煎茶法为点茶法，所用茶具求精求美，品茶更为艺术化，追求色香味的统一。但是，龙凤团茶存在工序复杂，过程耗时费工，而且容易夺走茶之真味等缺点，这促使了蒸青散茶的出现。南宋时期已经逐渐出现“日铸茶”等炒青散茶，同时也出现泡茶法，为饮茶的普及、简易化开辟了道路。

宋代中国茶文化进一步对外传播。新罗人学习宋代的烹茶技艺并在参考吸取中国茶文化的同时，建立了自己的茶礼。日本荣西僧师曾两次来华，深深感受到中国茶文化的博大精深。回到日本后，将他带回的茶籽种植推广，并撰写了《吃茶养生记》，使得饮茶之习风行日本。

5. 元明清——茶文化返璞归真

元代茶饮中，除贡茶仍然延用团饼之外，民间的散茶继续发展，点茶渐衰。明清时期的茶文化经过宋元的社会动荡后，发生了很大的变化，扬弃了耗工费时的龙凤团茶和穷极奢华的斗茶，返璞归真，形成了自己的特色。

明太祖朱元璋认为，进贡团饼茶太“重劳民力”，决意改制，下令罢造“龙团”，“惟令采芽茶以进”。明太祖的诏令，在客观上，进一步破除了团饼茶的传统束缚，通过制茶技术的革新，各种茶类得以被创制和发展。明代，仅黄一正的《事物绀珠》一书中辑录的“今茶名”就有九十七种之多，绝大多数属散茶。到清代时，不但绿茶和花茶已形成了固定产区和名品，还创制了青茶和红茶等茶类，我国茶类的总体结构在清代已基本形成。

明清时代人们在饮茶中，已经有意识地追求茶的自然美，提出品茶要“品真”，品其色、香、味的本来之真，改碾末而饮为散茶撮泡的瀹饮法。田艺蘅在《煮泉小品》中说：“茶之团者片者，皆出碾硙之末……总不若今之芽茶也，盖天然者自胜耳。”

明清时代，民间茶馆兴起，并发展成为适合社会各阶层所需的活动场所，它把茶与曲艺、诗会、戏剧和灯谜等民间文化活动融合起来，形成了一种特殊的“茶馆文化”，“客来敬茶”也成为寻常百姓的礼仪行为。此外，明清时期，茶叶贸易有了迅速发展，尤其是进入清代以后，茶叶外销数量增加，茶叶出口已经成为一种正式行业，茶叶先后传入印度尼西亚、印度、斯里兰卡、俄罗斯等国家。

三、酒文化

酒文化是指酒在生产、销售、消费过程中所产生的物质文化和精神文化的总称。它是一种特殊而又普遍的文化现象：“特殊”是因为它烙有酒的印记，或者以酒为表达对象，或者在酒的作用下产生；“普遍”则是因为其涉及面广，举凡政治、军事、经济、哲学、文艺、旅游交际、医药卫生等各个领域，无不留有它的足迹。

（一）酒的起源

酒文化源远流长，中国是世界上最早酿酒的国家之一。酒究竟起源何时，至今尚无定论，但大致有以下几种说法。

晋代江统所撰的《酒诰》中说：“酒之所兴，肇自上皇。或云仪狄，一曰杜康。有饭不尽，委于空桑。积郁成味，久蓄气芳。本出于此，不由奇方。”意思是说，仪狄或者是杜康，将吃剩的饭置于空心的桑树内，时间久了自然发酵生成了酒。仪狄和杜康都是古代传说中夏朝的人物，也就是说两种说法都认为酒起源于夏朝。这些虽是传说，却并非无稽之谈。因为古籍中商纣王“酒池肉林”酗酒亡国的记载就说明商代时期酿酒已经较为发达，已经能够大规模地酿酒。然而，从“不由其方”的自然发酵酒到人类能够自己酿造美酒，在当时的生产力条件下需要经过一个很长的历史时期，因此，酒起源于早于商代的夏代是极有可能的。

也有人认为酿酒始于农耕。汉代刘安《淮南子》载“清盎之美，始于耒耜”。照其推断，我国早在神农时代就有了酒。据考古学家证明，在近现代出土的新石器时代的陶器制品中，已有了专用的酒器，说明在那时的原始社会中，酒和酒文化已经成为社会生活的一个重要组成部分。

（二）酒的种类

我国酿酒技术及酒类随着生产力的提高而不断发展，根据出现时间的先后，有米酒、葡萄酒和蒸馏酒。

1. 米酒

米酒也称黄酒，是世界三大古酒之一，源于中国，且唯中国有之，可称独树一帜。因其原料为谷物，故称米酒；又因为成酒中带有原料的颜色，故称黄酒。实质就是用谷物做原料，加曲发酵制成的酿造酒。人们从“不由其方”获取自然发酵酒，到商代蘖法酿醴，周代“五齐”、“三酒”技术，一直到汉代加曲发酵酿酒，我国的酿酒技术取得了长足的进步。但是，人们对酒的最终处理只是过滤而已，甚至是“酒”、“滓”同食。所酿造的这种米酒都留有原料的颜色，酒精度也一般不超过二十度，所以古人才会斗酒不乱，仍能写诗作赋。

绍兴黄酒，历史悠久，品质优良，独树一帜，在清代已风靡全国。袁枚《随园食单》中对绍兴酒的品质作了“味甘、色清、气香、力醇之上品唯陈绍兴酒为第一”的概括。这说明绍兴酒的色、香、味、格四个方面已在酒类中独领风骚。绍兴黄酒清朝时被评为全国十大名产之一，在1910年的南洋劝业会、1915年美国巴拿马万国博览会以及后来的各项名酒评比中斩金夺银。

2. *葡萄酒*

据考证，我国在汉代以前就已开始种植葡萄并有葡萄酒的生产了。司马迁在《史记》中记载张骞出使西域，带回葡萄种子，学习并掌握了葡萄种植和葡萄酿酒技术。而中国酿造葡萄酒的兴盛，是在唐太宗收复吐鲁番（古称高昌）之后。唐太宗得到了大量的葡萄及种子，并仿照高昌酿造方式，亲自督造葡萄酒，从而使葡萄酒得以迅速普及。王翰“葡萄美酒夜光杯，欲饮琵琶马上催”的诗句，可谓千古流传。但是，葡萄酒的真正发展，还是在近代。1892年，著名爱国华侨实业家张弼士投资三百万两白银创办张裕酿酒公司，建成中国第一个工业化生产葡萄酒的厂家。经过一百一十多年的发展，张裕集团公司已经成长为中国乃至亚洲最大的葡萄酒生产经营企业。

3. *蒸馏酒*

米酒和葡萄酒的酒精度一般不会超过二十度，而我们今天大量饮用的白酒一般都在四十度以上，这种高度酒的出现得益于蒸馏技术在酿酒工艺上的应用。就是在酿造米酒的基础上，添加一步蒸馏的工序，利用酒精的沸点比水低的特点，通过加热蒸馏得到酒精含量较高的酒。明代医学家李时珍认为蒸馏酿酒创于元代。他在《本草纲目》中写道：“烧酒非古法也，自元时始创。其法用浓酒和糟，蒸令汽上，用器承取滴露，凡酸坏之酒，皆可蒸烧。”但是，据史料研究证明，唐代已经有“烧酒”的概念，宋代史料中不但有“烧酒”、“蒸酒”的概念，而且还发现了蒸馏器具。因此，人们更相信蒸馏酒的发明应该在唐宋年间。

蒸馏酒中具代表性的当属贵州茅台酒，独产于中国的贵州省仁怀市茅台镇，是与苏格兰威士忌、法国科涅克白兰地齐名的三大蒸馏名酒之一，具有色清透明、醇香馥郁、入口柔绵、清洌甘爽、回香持久的特点。人们把茅台酒独有的香味称为“茅香”，它是我国酱香型风格最完美的典型。1915年，茅台酒在巴拿马万国博览会夺得金奖，成为中华民族工商业率先走向世界的杰出代表。

（三）中国酒文化及其承载的社会功能

酒是一种文化的载体。中国酒文化历史悠久，内涵丰富。中国酒文化是中华文明的有机组成部分，在中国几千年的文明史中，酒几乎渗透到政治、经济、文化教育、文学艺术和社会生活等各个领域。在中国,酒已经成为中国人道德、思想、文化的综合载体。

1. 酒与政治

《左传》有言:“国之大事,在祀与戎。”敬神祭祖,历来就是中华民族普遍遵行的礼法习俗。在一些重要的节日,都要以酒祭祀祖先,以表达对死者的思念和敬仰。战争决定一个部落或国家的生死存亡,勇士出征,要用酒来激励斗志;战士凯旋,要用酒来洗尘庆功。酒与国家大事的关系由此可见一斑。

有人说,酒是政治家竞争的谋略,若运用得当,一桌酒宴,可抵十万大军。历史上有很多为了不同政治目的而设的著名酒宴,其中项羽所设“鸿门宴”和宋太祖赵匡胤“杯酒释兵权”的故事最是广为流传。项羽因“妇人之仁”,让刘邦逃走,错失良机,致使最后兵败垓下,自刎乌江;赵匡胤则用几杯酒就解除了开国功臣的兵权,不费一兵一卒,就解决了后顾之忧。

2. 酒与经济

中国是一个以农立国的国家,因此一切政治、经济活动都以农业发展为立足点。而中国的酒,绝大多数是以粮食酿造的,酒紧紧依附于农业,成为农业经济的一部分。粮食生产的丰歉决定了酒业的兴衰,反过来,酒业的兴衰也反映了农业生产的状况。

自汉武帝开始实行国家对酒的专卖政策,此后,从酿酒业收取的专卖收入或酒税就成为国家财政收入的主要来源之一。酒的厚利往往又成为国家、商贾富豪及民众争夺的肥肉,是引发社会矛盾的根源之一。

3. 酒与礼

中国酒文化的核心要素是“礼”和“德”,酒文化折射、演绎和传播着社会的道德风尚和礼仪规则。中国是一个礼仪之邦,礼在中国社会生活中占有相当重要的地位。酒礼突出体现在古代酒宴上,其中一些礼仪、礼节延续至今,如酒桌上长幼尊卑的座次,酒宴上敬酒的程序和礼仪规范;又比如酒桌新上的每一道菜都要首先转到主位等等。这些礼仪要素的重复、强化最终会对人在生活中的思维和行为产生影响,发挥潜移默化的教化作用。酒桌上的长幼有序、以敬为礼既是中国儒家文化的体现,反过来也是对“礼”和“德”的强化。

4. 酒与文学艺术

在文学艺术的王国中,酒有独特的功效,它对文学艺术家及其创作产生了巨大的影响。中国古代文人大都嗜酒豪饮,与酒结下了不解之缘。李白自称“酒仙”,欧阳修自号“醉翁”,辛弃疾“总把平生入醉乡”,曹雪芹“举家食粥酒常赊”。酒后幻觉中人与宇宙万物融为一体、生命得到升华的“超然”境界,成就了一批中国历史上文学艺术大师的经典之作。

当文人墨客的神经被酒精刺激而兴奋起来后,创作灵感便油然而生,由此而创作的大量关于酒的诗词歌赋,也便形成了我国传统文化中洋洋洒洒的酒文化。有“酒逢知己千杯少”的知心快意;有“劝君更尽一杯酒,西出阳关无故人”的依依惜别;有“醉卧沙场君莫笑”的豪情;有“朱门酒肉臭,路有冻死骨”的世态炎凉;还有“醉翁之意不在酒,在乎山水之间”的别趣……古人和酒相关的文学作品与其生活息息相关,几乎无处不在。

四、菜系文化

我国幅员辽阔,各地区的自然条件、地理环境和物产资源都有着很大的差别,这就决定了我国各地人们饮食品种和口味习惯各不相同,也就形成了我国饮食文化中不同的风味流派和各种菜系。风味流派是指中国饮食文化在长期的发展过程中形成的各种相对独立、自称系统的选料、烹调工艺和生产体系。菜系则是指具有鲜明地域特色的风味体系。它有着不同于其他菜系的选料要求、烹调方法、调味手段、风味菜式及辐射区域。中国公认的菜系主要有黄河流域的鲁菜、长江上游的川菜、长江下游的淮扬菜以及珠江流域的粤菜等四大菜系。后来,浙、闽、湘、徽等地方菜也逐渐出名,就形成了我国现代的八大菜系。

(一)鲁菜

鲁菜又称山东菜,是中国著名的八大菜系之首,也是黄河流域烹饪文化的代表。在明清两代,鲁菜已成为宫廷御膳的主体。鲁菜主要由胶东与济南两地地方菜发展而成,其特点:选料精细,精于制汤,以清香、鲜嫩、味纯而著名,讲究丰满实惠。另外,山东曲阜的孔府菜,对鲁菜的形成也颇有影响。孔府菜做工精细,烹调技法全面,尤以烧、炒、煨、炸、扒见长,而且制作过程复杂,往往要经过三四道程序方能完成。鲁菜的代表名菜有糖醋鲤鱼、德州扒鸡、九转大肠、孔府一品锅等二十余味。其点心小吃有周村烧饼、武城旋饼等。

(二)川菜

川菜又称四川菜,以成都、重庆菜为代表。四川菜系各地风味比较统一,主要流行于西南地区和湖北地区,在中国大部分地区都有川菜馆。川菜是中国最有特色的菜系,也是民间最大的菜系。

川菜重视选料,规格讲究一致,分色配菜主次分明、鲜艳协调,自古有“尚滋味”、“好辛辣”的饮食传统。以辣、酸、麻、香脍炙人口,地方风味十分浓郁,有“食在中国,味在四川”的美誉。其代表名菜有宫保鸡丁、回锅肉、鱼香肉丝、麻婆豆腐、灯影牛肉、鸳鸯火锅等二十多味。其点心小吃有荷叶蒸饼、蒸蒸糕、蛋烘糕、鸡蛋熨斗糕、青城白果糕、崇庆冻糕、锅盔、宜宾燃面、龙抄手、红油水饺、玻璃烧卖、担担面、赖汤圆、芝麻圆子、广汉三和泥、川北凉粉、小笼蒸牛肉、顺庆羊肉粉等。

(三)淮扬菜

淮扬菜又称苏菜。以南京、苏州和扬州菜为代表。古有“帝王州”之称的南京、“天堂”美誉的苏州及“富甲天下”的扬州历来就是名厨美馔的摇篮,江苏菜系正是以这三方风味为主汇合而成的。其特点:浓中带淡,鲜香酥烂,原汁原汤浓而不腻,口味平和,咸中带甜。其烹调技艺以擅长于炖、焖、烧、煨、炒而著称。烹调时用料严谨,注重配色,讲究造型,四季有别。

南京、镇江菜口味和醇，玲珑细巧，尤以鸭制的菜肴负有盛名；苏州菜口味偏甜，配色和谐；扬州菜清淡适口，主料突出，刀工精细，醇厚入味。著名的菜肴品种有清汤火方、鸭包鱼翅、松鼠鳜鱼、西瓜鸡、盐水鸭等。

（四）粤菜

粤菜又称广东菜，由广州、潮州、东江（惠州）三大流派组成，而三大流派又有各自不同的特色。菜的原料广博奇杂，花色繁多，形态新颖，善于变化，讲究鲜、嫩、爽、滑，一般夏秋力求清淡，冬春偏重浓醇。调味有所谓“五滋”（香、松、臭、肥、浓）、“六味”（酸、甜、苦、咸、辣、鲜）之别。其烹调擅长煎、炸、烩、炖、煸等，菜肴色彩浓重，滑而不腻。尤以烹制蛇、狸、猫、狗、猴、鼠等野生动物而负盛名，著名的菜肴品种有三蛇龙虎凤大会、盐焗鸡、蚝油牛肉、烤乳猪、冬瓜盅等。

（五）徽菜

徽菜是徽州菜的简称，主要指安徽省江南地区的徽州地区，不包括皖北地区。徽菜的特点：选料朴实，就地取材，以鲜制胜；在烹调技艺上擅长烧、炖、蒸，而爆、炒菜较少；重油，重色，重火功；注重天然，以食养身。徽菜继承了祖国医食同源的传统，讲究食补，这是徽菜的一大特色。著名的菜肴品种有符离集烧鸡、火腿炖甲鱼、毛峰熏鲥鱼等。

（六）浙菜

浙菜以杭州、宁波、绍兴、温州等地的菜肴为代表发展而成，精品迭出，日臻完善，自成一统，有“佳肴美点三千种”之盛誉。浙菜有如下几大特征：一是用料广博，配伍严谨，主料注重时令和品种，配料、调料的选择旨在突出主料，增益鲜香，去除腥腻；二是刀工精细，形状别致；三是火候调味，最重适度；四是清鲜嫩爽，滋味兼得；五是浙菜三支，风韵各具。浙江盛产鱼虾，又是著名的风景旅游胜地，湖山清秀，水光山色，淡雅宜人，故其菜如景，不少名菜来自民间，制作精细，变化较多。烹调技法擅长于炒、炸、烩、溜、蒸、烧。久负盛名的菜肴有西湖醋鱼、生爆鳝片、东坡肉等。

（七）湘菜

湘菜历史悠久，以湘江流域、洞庭湖区和湘西山区的菜肴为代表发展而成。早在汉朝就已经形成菜系，烹调技艺有相当高的水平。其特点：用料广泛，油重色浓，多以辣椒、熏腊为原料，口味注重香鲜、酸辣、软嫩。烹调方法擅长腊、熏、煨、蒸、炖、炸、炒。其著名菜肴品种有腊味合蒸、麻辣仔鸡、红煨鱼翅等。

（八）闽菜

闽菜起源于福建省闽侯县。以福州菜为代表，素以制作细巧、色调美观、调味清鲜著称。由于福建地处东南沿海，闽菜以海鲜类为主，口味方面则咸、甜、酸、辣具备。闽菜的刀工精细，有“剞花如荔，切丝如发，片薄如纸”的美誉。烹调方法擅长于炒、溜、煎、煨，尤以“糟”（腌后用酒糟渍之，然后烹烧）最具特色，有炝糟、爆糟、炸糟等之分。著名菜肴品种有佛跳墙、醉糟鸡、太极明虾等。

拓展延伸

1. 请查一查我国现在有哪些传统名酒、名茶、名吃。

2.《红楼梦》不仅是一部文学巨著，还是一部食谱、药典，里面有许多关于衣食住行方面的描写。请查阅书中相关章节，了解当时茶、酒、美食及饮食礼仪等方面的信息，并开展讨论。

第二节 服饰文化

服饰是人类文化的一个重要方面，中国服饰则是中国文化的重要组成部分。《左传》里曾记载："中国有礼仪之大，故称夏；有服章之美，故称华。"华夏作为礼仪之邦，服饰之功可谓大矣。服饰不仅具有御寒护体之效，且有着事关"王者改制，必易服色"以及"易人心，成风俗"的政治作用。而服饰的发展，不只是纵向的沿袭承传，很多时候是横向的变异与改制。

预习指南

了解服饰文化的发展历程，学会分析服饰文化与当时社会制度、社会伦理之间的关系。

故事导入

旗袍本来是满族服装，由于女性穿上女式旗袍显得秀美窈窕，因此便成为全国各族女性普遍喜爱的一种民族服装，并且在国际上也享有盛名。这样优美漂亮的服装是谁设计的呢？又是怎样得以推广呢？这在满族人民中有一个传说。

从前在镜泊湖畔有一个渔家姑娘，由于她从小跟着阿玛在湖边打鱼，脸晒得红里透黑，人们都叫她黑姑娘。这个黑姑娘不光人长得俊俏，而且心灵手巧。那时候，满族的妇女都穿着古代传下来的肥大衣裙，可是黑姑娘打鱼常在湖边上转，树棵子常刮扯衣服，很不方便，她就剪裁了一种连衣裙的多扣袢长衫。这种长衫两侧开叉，下河捕鱼时可将衣襟夹在腰间，平时扣袢一直到腿弯儿，当裙子用，既合体又省布。这本来是件好事儿，哪曾想，这样的长衫却送了她的命。

有一年，皇上梦见先王告诉他，在北国故都有一位身骑土龙，头戴平顶卷沿乌盔，手托白玉方印，身穿十二扣锦袍的姑娘，能帮他治理天下。皇上就派钦差下去选妃。因此，八旗姑娘都被招进渤海故都坍塌了的墙围子里候选。派来选娘娘的钦差,左挑右挑也没选中一个。正急得没法的时候,忽然看到一个脸蛋黑黑的姑娘,头顶泥盆,手托一块方豆腐,身穿多扣袢长衫,站在一垛土墙上。这姑娘正是黑姑娘。她上姥姥家串门,穿着自己做的那件长衫,给姥姥买豆腐,回来时路过这古城,见人山人海,不知出了什么事,也挤上前来,站在那土墙上看热闹。因是三伏天的日头晒得人头晕,黑姑娘就把豆腐托在手上,腾出泥盆扣在头上遮荫凉。钦差指着黑姑娘喊:"娘娘在这里!"

有人问钦差:"怎么说她是娘娘呢?"钦差说:"你们看她站的那土墙不正是一条土龙吗?她头上顶的那小泥盆不就是平顶卷沿乌盔吗?她手托的那块豆腐不就是八角玉方印吗?她穿的那件十二个扣袢的长衫不就是十二锦袍吗?"

说完,钦差大人就吩咐随从硬是把黑姑娘抬进北京。来到宫廷,皇上一看,这黑姑娘虽然黑一些,可长得很俊俏,又非常窈窕秀美。皇上就封她为黑娘娘。

黑娘娘是劳动妇女,过不惯这衣来伸手,饭来张口的生活。她想念家乡父老,更留恋那真山真水的渔猎生活,进宫后整天擦眼抹泪的,皇上为了安慰她,拿来她家乡产的人参、貂皮、鹿茸等,黑娘娘一见这"三宝",想起了当初为了这些稀有的贡品,有多少家乡父老冒着危险到深山老林里去采集猎取,甚至有人丧了命,于是她想了很多办法使皇上把征收关东的"三宝"由珍贵稀有的人参、貂皮、鹿茸改为随手可得的草莓、湖鲫、烟袋草。这一来可把关东的人民乐坏了,到处响起八角鼓,跳起满族舞,来歌颂黑娘娘的功德。

黑娘娘在皇宫里运用她的智慧,为穷人做了许多好事。后来见宫廷里的山河地理裙又肥大又长,在地上拖拉半截,脚踩、鞋蹬的,实在太可惜,她就动手把这裙子剪开,改制成她从前穿的那种既节约又方便的衣装。哪曾想这一来惹了大祸。那些娘娘、妃子们本来就很嫉妒她,这回一见她剪了裙子就一齐上殿向皇上告她的状,说黑娘娘剪掉山河地理裙,这是有意剪断大好江山。皇上听了就把黑娘娘叫上宫殿来,对她说:"穿上这珍贵的丝绸,是做娘娘的福分,节俭二字,在宫廷里用不上。你擅自改变宫廷服装是有罪的。"

黑娘娘不认罪,还提到她过不惯这宫廷生活,要求放她回家乡打渔。皇上一听气得离开了龙墩,走到黑娘娘跟前,喊了一声:"你给我滚出宫去!"

黑娘娘自从进宫以来,对皇上没说过一个"谢"字。当她听到皇上让她出宫,她一高兴说了一句"谢谢皇上"。转身就要下金銮殿,皇上气不打一处来,上前就一脚,正好踢在黑娘娘的后心上。黑娘娘就这样死在皇宫里。

关东人听说黑娘娘惨死了,大哭了三天。旗人家的妇女为了纪念黑娘娘,都穿起她剪裁的那件连衣带裙的系扣长衫。后来,这种长衫就被称为"旗袍"了,非常神奇,凡是穿上旗袍的妇女,都变得十分苗条、秀美、漂亮,人们都说这是勤劳俭朴、心灵手巧的黑娘娘在暗中帮助打扮的。

一、服饰的基本要素

色彩纹饰、样式及质地是服饰的最基本的要素。不同的历史时期对各要素的要求不尽相同,这与所处时期的图腾崇拜、宗教信仰、社会制度、社会伦理及历史环境等有密切关系。

（一）色彩

色彩是服饰的一个重要特点，中华民族对于色彩的独特感知，始于原始神话时期。进入阶级社会后，为了区别身份的高低贵贱，除讲究衣服的质料和做工精美程度外，色彩上还要有明显的标志。此外，不同时期对色彩的崇拜受朴素的自然观念影响，正色分五种，为青、赤、黄、白、黑，其他色为间色，这种正色观念和古代人对时序季节及方位的认识有直接关系。

在人类历史长河中先后经历了一系列服色的演变：洪荒时代红色独尊，夏商时期黑白对立，西周时期的四方模式（崇尚青赤，贬低黑白）褒贬分明，特别是隋唐时期，黄色已成为帝王服饰的主要颜色，随后发展为帝王专用色，禁止民间使用。在古代服饰制度中，官服最能体现封建社会尊卑有序、等级森严的社会特征，其中官服颜色又可体现官职品位的高低。以服色来辨识官阶的现象与等级制度有关，秦朝自认为得水德，衣服尚黑，但难以分辨大小尊卑。北周周宣帝始制“品色衣”，为唐代品色官服的正式使用奠定基础。

以服色辨官品的制度在唐、宋、元、明各代大同小异，尤以唐代表现最为明显。唐规定：文武官员三品以上穿紫色官服，四品深绯色，五品穿浅绯色，六品穿深绿色，七品穿浅绿色，八品穿深青色，九品穿浅青色。这在一定程度上有利于从秩序及内在心理上强化人们的等级观念和尊卑意识。辛亥革命颠覆了中国几千年以来的以等级标志为核心的服饰体系，现代服色无尊无卑，呈现百花齐放之态。

（二）纹饰

在原始社会，服饰图纹是一种创造性的纹饰，也是展示精神祈愿的经验图式。它与原始先民的摩崖绘画、陶器砖石绘画同步产生而相互衬映。历史并未为人们留下任何远古时期的服饰实物，我们只能借助陶罐底部留下的织物纹样在联想和想象中不断探索。令人惊奇的是，最早的织物图纹居然不是勾勒实物轮廓的具象，而是纯粹的几何抽象。也许是出于对线条的特殊感受和理解，各式各样的曲线、直线、水纹、漩涡纹、三角形、锯齿纹等几何纹饰占据了新石器纹饰舞台的主要地位。

据说从舜时开始，服饰已有“十二章”制，即十二种图案。大概从周代开始有了具体规定，将其中的日、月、星辰三种纹饰改用到天子出行的旌旗上，剩下九种花纹称为九章，各种图案都有其特殊的含义，但古人的说法也不一致，估计和古代巫术有关。

天子之服十二种图案兼备，诸侯之服用龙以下八种图案，而平民穿衣则不准有纹饰，被称为白衣，所以后来称庶民为白丁。历代官服上的等级标志标记不尽相同，“十二章”古制被逐渐改革。在明朝，官员公服用花表示，通过花的有无及直径大小来标明等级地位；平时办公穿的常服图案则文武官员有所不同，文官一律用鸟类来区别等级高低，武官一律用兽类来划分上下不同。

（三）样式

黄帝、尧舜时期，人们结束了史前那种围披状态，开始以上衣下裳来遮体避寒。

殷商时期，服饰式样较多。有袖小而衣长不到足者；有后裙下垂齐足，前衣较短者；

有短衣齐膝，全身衣服有不同纹饰，领袖间勾边者。长袍大袖并非当时贵族的象征，而华贵的短衣才为贵族所着。

周代服饰大致沿袭商代服制而略有变化。衣服的样式比商代略为宽松，衣袖有大小两种样式，领子通用交领右衽；不使用纽扣，一般腰间系带，有的在腰上还挂有玉制饰物；裙或裤的长度短者及膝，长者及地。

战国时期，胡服的短衣、长裤和革靴设计便于骑射，取代了宽袖长袍成为主流服饰款式。秦朝的服饰仍然是连体式，宽袖、大袍，服饰制度严谨。

汉代的服饰在初期基本沿袭秦制，自西汉中期后，正统、规矩、庄重的直线形服饰再次出现，以袍服最具代表性，款式多样，一般衣长较前期为短，曲裾为多，下摆造型变化也多。再者，汉时袍以大袖为多，袖口部分却收缩得紧小，称为窄袖袍。此外，还有衣（没有里子的袍），采用周时形制，仍为方领、方袖等。

汉代服饰

魏晋南北朝时期，最具特色的服饰有三种，大袖衫、裤褶与裲裆、宽袍。

隋初仍以前朝流行的裤褶为主，折领、窄衣、大袖，下着大口裤，并多在膝下束带。后期多衣袖窄小的圆领袍服，腰束革带，头裹平头小样巾，足穿软靴。但长江以南地区，仍以魏晋的宽衣大袖为主。长裙高履为流行服饰，少部分地区也受胡服影响。

唐代的服饰较为繁杂，各个历史时期多有不同，总体来说，初唐较为简朴，盛唐追求华贵，中晚唐受时势或流俗影响而多崇尚怪异。从官服说来，一般分为祭服、朝服、公服、常服、章服等，其中最具时代特色的是章服，即佩有鱼符、鱼袋的官服。

宋代服饰趋于严谨，式样花色较单一，色彩也不如唐时明快鲜艳，较为质朴、洁净、自然、规整。由于受理学思想的影响，其官服有复古之制，分为祭服、朝服、公服、时服、戎服几类。平民少有穿着上衣下裳的，大多以儒裤、衫袄为主。

元代人大多着较短的长袍，比较紧，比较窄，在腰部有很多衣褶，这种衣服很方便上马下马。其服饰制度与辽金相似。

明代服饰的变化主要反映在颜色、材料以及纹饰上，最突出的就是补子（文武官员外袍的前胸、后背以图文标示等级的纹样）的产生和使用。

清代服饰

清代服饰多为长袍马褂，袖端呈马蹄形，是历代不曾见过的。长袍造型简练，立领直身，偏大襟，前后衣身有接缝，下摆有两开衩（古时称“缺裤”）、四开衩和无开衩几种类型。

（四）质地

在中国几千年的阶级社会里，衣服的质料主要是丝、麻、棉、葛四种。

中国养蚕缫丝历史悠久，上古时代，就有了原始的蚕丝利用技术，在商代的甲骨文中，则早有了“丝”、“桑”、“帛”等字样。这表明，丝绸的织造在那时已具有十分重要的意义。最初是利用野蚕丝加工，后来很快掌握了饲养家蚕的方法，家蚕丝遂成为主要的纺织原料，得到广泛应用。花色品种有锦、罗、纱、绫、缎等，其中又以锦最为昂贵，高于黄金，乃丝织品中的佼佼者。

麻的种植和利用早于蚕丝，这在许多文学著作中都有记载。我国最早的文学作品《诗经》中就多处提到过麻，如“东门之池，可以沤麻”等，说明在西周时，人们已知沤麻脱皮的方法。在西汉时期的著述中，就总结了沤麻的方法及详细工艺条件。早在汉代就已远销东亚和印度，唐宋以后麻纺技术得到改进，但因棉花纺织技术日益精良，而慢慢被取代。

棉花种植最早出现在公元前5000年至公元前4000年的印度河流域文明中；唐朝时，岭南地区利用木棉织布，称为“吉贝”；直到宋元时期，大田种植的棉花才开始从印度传入我国普遍种植，成为平民衣着的主要原料；元代初年设立木棉提举司，对棉布征税；到明代时，种植棉和棉纺织品已遍布全国，这在明代宋应星的《天工开物》中有所记载：“棉布寸土皆有”，“织机十室必有”。

葛的使用也早于蚕丝，新石器时代即用该织物的纤维作纺织原料，1972年江苏吴县草鞋山出土的三块织物残片就是用葛纤维制造的。古人有“冬裘夏葛”之说，说明葛是夏季的衣服材料。战国时期，越王勾践战败后，曾一次向吴王夫差上贡葛布十万匹，足见当时南方纺葛业的普及。

二、服饰的社会伦理

中国古代，等级制度森严，受这种等级制度“礼”的影响，古代服饰文化作为社会物质和精神的外化是“礼”的重要内容，为巩固自身地位，统治阶级把服饰的装饰功能提高到突出地位，服装除能蔽体、避羞之外，还是统治阶级用来严内外、别亲疏、昭名分、辨贵贱的政治工具，是阶级社会的代表。

（一）服饰与社会等级的关系

服装就如同一种符号，古代社会中服装有严格的区分，不同的服饰代表着一个人属于不同的社会阶层，这就是“礼”的表现。《礼记》中对衣着等级作了明文规定：“天子龙衮，诸侯如黼，大夫黼，士玄衣裳。天子之冕，朱绿藻，十有二旒，诸侯九，上大夫七，下大夫五，士三，以此人为责也。”《周礼》中记载：“享先王则衮冕，表明祭礼，大礼时，帝王百官皆穿礼服。”在等级社会，衣冠服饰不仅仅是人们的日常用品，而且是统治阶级维护自身利益的工具，如服饰的“十二章”制，上可以兼下，下不可以兼上，界限十分分明。

此外，服装的色彩亦能体现这种严格的等级制度，如《论语》曾写道“恶紫之夺朱也”,因为朱是正色,紫是间色,要人为地给正色和间色定位,别尊卑,以巩固等级制度。历史上将颜色与服饰来代表地位和身份的例子比比皆是,每个朝代几乎都有过对服饰颜色的相关规定,如“白衣”、“苍头”、“皂隶”、“绯紫”、“黄袍”、“乌纱帽”、“红顶子”等等。

历史上最具等级制度特色的服饰是官服,又如历代皇帝的基本服饰,即俗称“龙袍”,是皇帝最神圣、最尊贵的服装,标志着权力和地位,是皇帝、太子专用的服饰,清代后妃也可穿龙袍。灿烂的黄色与龙的纹饰、云彩图案结合在一起,构成了明清时期皇帝服饰的主要特征,黄色的龙袍成为中国最高权力的标志。龙袍作为一种独特的服饰,包含了中国等级文化中最有特色的部分。帝王身着宽大平整的长袍,下部垂落到鞋履上,加上绘绣在服装上的各种图纹,整个服饰显得宽阔、博大、庄严、肃穆。它不仅表现出生活的需要和美化的追求,而且充分显示出权力和地位。唐贞观四年(630 年)和上元元年(674 年)曾两次下诏颁布服饰颜色和佩带的规定。在清朝,官服除以蟒数区分官位以外,对于黄色亦有禁例,如皇太子用杏黄色,皇子用金黄色,而下属各王等官职不经赏赐是绝不能服黄的。

宗教伦理观影响到一个时代服装的风格。汉代尊重儒术,儒风盛行,故而服饰方正严谨,凝重端庄,很有儒家中庸之道。六朝人崇尚道教,信奉玄学,其服饰风格便高雅不俗,风神俊逸。唐代儒释道并重,各种宗教理论、伦理融于一体,服装形式多样,清新活泼。宋代理学色彩浓厚,道学泛滥,服装较为保守、守旧。

(二)中国古代五服制度

五服制度是中国礼制中为死去的亲属服丧的制度。“五服”具体指的是斩衰、齐衰、大功、小功、缌麻五种丧服,根据丧服的质料和穿丧服的时间长短,来体现亲属之间血缘关系的尊与卑、亲与疏的差异。

西晋第一次把“五服”制度纳入法典之中,是继汉代“礼率融合”以来封建法律儒家化的又一次重大发展,是中国封建法律伦理法特征的集中表现。直至明清,“五服制罪”一直是封建法律的重要组成部分,并在实践中不断地充实和完善。其原则实质上是“同罪异罚”原则在家族范围内的体现,如“亲属相犯,以卑犯尊者,处罚重于常人,关系越亲,处罚越重;若以尊犯卑者,则处罚轻于常人,关系越亲,处罚越轻”等等,它强调体现的尊卑名分是判断犯罪以及衡量罪行轻重的标准,目的是维护家庭、家族内部的尊卑等级制度、礼教秩序(族权、夫权、神权)。

五服制度对古代民法有很大的影响,对婚姻嫁娶双方身份有一定的规定,其法律条文主要见于《户婚律》,实行“同姓不婚”的原则,《礼记》中即有“取妻不取同姓”的记载,不出五服,不能婚配,一方面有利于优生优育,另一方面可通过婚姻加强与异性贵族的联系,进一步巩固家天下和宗法制度,具有明显的政治用意。在婚姻条件、离婚条件与限制、妻妾名分、居丧嫁娶等方面,也有重重要求。此外,在五服制度中充斥着封建夫妻关系的不平等,这也是“夫为妻纲”这一儒家纲常原则在法律上的体现。“父为子纲”是其又一主要内容,说明父母有惩罚子女权,这种惩罚权最多见的是父母对子女的鞭挞权。

《礼记·内则》规定:“父母怒,不说,而挞之流血,不敢疾怨,起敬起孝。”在家族中,家父地位尊大无比,对子女有生杀大权,这种权力一直延续到秦汉时仍如此。五服制度不仅适用于亲属间相互侵犯、伤害的情形,也用于确定赡养、继承等民事权利义务关系。五服从某种意义上说只是一个象征符号,它所代表的,是宗法家族观念在法律中的体现,它背后所隐藏的,是法律儒家化的大潮,在我国服饰史上占有重要的一页。

三、服饰的改革

服饰作为一种文化形态,贯穿于中国历史的各个时期。服饰与政治思想的联系过于紧密,是中国服装史上的一大特点,从服饰的演变中可以看出历史的变迁、经济的发展和中国文化审美意识的嬗变。中国历史上经历了胡服骑射、孝文改制、孙中山与中山装三次意义重大的服饰改革,每次服饰变革不仅仅是对传统服饰的冲击,更涉及政治、思想的尖锐斗争,其艰难程度令人难以理解。

(一)胡服骑射

春秋战国之交,诸侯间的兼并战争日益剧烈,随着生产力的发展,铁制兵器、远射程的强管等新武器被应用,使用整齐兵车冲击的作战方式已无法取胜,大规模的步骑兵野战取代了车战。这些变化使得原有衣着不利于奔跑驰骋和近身格斗的缺点日益明显。

赵国杰出的改革家——赵武灵王,为了富国强兵,抵御北方胡人的侵略,决心取胡人之长补中原之短,提出“着胡服”、“习骑射”的主张。他力排众议,带头穿胡服,习骑马,练射箭,亲自训练士兵,并结合围猎活动进行实战演习,使赵国军事力量日益强大,而能西退胡人,北灭中山国,南抑魏齐,开疆千里,成为“战国七雄”之一。

赵武灵王主张改宽松舒适的袍服和裙裳为紧袖短衣与长裤,其服上褶下绔,有貂、蝉为饰的武冠,金钩为饰的具带,足上穿靴,学习胡人骑马射箭的作战方法。其改革具有重大的历史意义。

胡服士兵

首先,建立起华夏民族最早的一支骑兵,取代了笨重的车兵,使中国古代战争的样式从此有了根本性的变化。且刺激其他列国发展新兵种,中国军事史进入了骑兵起决定作用的新时代。

其次,影响人们的心理和思维方式,打击了“先王之道不可变”的保守思想,奠定了中原华夏民族与北方游牧民族服饰融合的基础,进而推进了民族融合,促进了秦汉时期全国各民族大一统局面的形成。

再次,改进了军队的服装装备,并逐渐演变改进为后来的盔甲装备。弱化了服饰的身份标示功能,强化了其实用功能,使“习胡服,求便利”成了我国服饰变化的总体倾向。

（二）孝文改制

自夏商周以来，汉族就不断强调服饰的政治伦理功能，而北方少数民族一直处于游牧生活状态，在服饰文化方面更注重实用功能。北魏，广大国民从北方少数民族游牧区进入以汉族为主体的农耕区，原有服饰已不再适合新的环境。为了使国家长治久安，公元494年，魏孝文帝自平城迁都洛阳，全面推行汉化政策，着意改革鲜卑旧俗，服饰自是其中重要的一环。这次重大的改革，史称“孝文改制”，前后历时一百一十三年，至孝明帝时方大致完成。

改革的主要内容：改造鲜卑着装旧俗，废除袒裸之俗，制定冠服制度。官服的汉化特别是建立冠服制度，是北魏立国以来的既定方针。魏孝文帝太和年间，以汉魏衣冠为模式，正式制定出冠服制度，使服饰随品秩而各有等差，成为严格区分和表明政治身份的式样和标志。虽较为粗疏，但毕竟是服饰汉化在政治理论层面的具体落实。

北魏孝文帝的改革，促成了鲜卑族同汉族的融合。改革不仅缓和了民族矛盾，巩固了封建统治，更促进了民族大融合，为结束长期分裂局面、重新走向国家统一奠定了基础。

（三）孙中山与中山装

孙中山领导的辛亥革命推翻了统治中国二百七十多年的清王朝，结束了在中国延续了两千多年的封建帝制。在孙中山看来，清朝的辫子和服饰是清王朝专制统治的象征，改革服饰既是反清斗争的政治需要，也是进行民族和文化革新的需要，服饰改革既是社会变革，同时也是政治革命。他把变革服饰同推翻清王朝专制统治紧密联系，并将“绘制服图”、变革服饰视为民国肇建最重要的八大政治纲领之一。孙中山率先着西服，此后又亲自设计了中山装，改造军服，他对服饰改革的重要性和必要性的认识要比康有为等维新派深刻、强烈而又系统，且在服饰实践中更加大胆、热情而坚定。改革彻底推翻了封建等级标志的冠冕制度。

中山装上衣的设计造型：立翻领，有风纪扣，穿时用纽扣缩紧，不必用领带、领结等作为装饰，显示严谨治国的理念；后背除掉了腰带，衣身三开片，前门襟五粒明扣，代表五权分立（行政、立法、司法、考试、监察），区别于西方的三权分立政策；四个口袋表示国之四维（礼、义、廉、耻）；袋盖为倒笔架，寓意为以文治国；外侧口袋各有袋盖及一粒明扣，上为平贴袋，下为老虎袋，左右对称，颇具对称均衡之感，符合中国人的审美观点；左上袋盖靠右线迹处留有约三厘米的插笔口。高档中山装，在袖口部位有三粒饰扣，表示三民主义（民族、民权、民生），亦有表示共和的理念（平等、自由、博爱）之说。后背不破缝，表示国家和平统一。

裤子前面开缝，一律用暗扣，左右两翼各置一大暗袋。右前部分设一小暗袋，俗称表袋，也可藏用小物品。此外，裤袋的腰部打褶，裤管翻脚，也异于其他服装，成为中山装的特色之一。

中山装的造型既有西装的大方、干练，又兼自身的内向、持重，给人一种庄重和精神的感觉。中山装的改革象征着封建等级和民族压迫的衣冠饰物被正式抛弃，推翻了中国几千年以来的以等级标志为核心的服饰体系。

拓展延伸

1. 请查一查中国传统戏剧中脸谱及服饰道具的特色及其象征意义。

2. 请列举几部中国古装影视剧，并讨论其中服饰的运用是否与事件所处历史时期的服饰文化相吻合。

第三节　居住文化

衣食住行是人类生存发展的四大物质要素。“传统民居”是指那些乡村的、非官方的、一代又一代延续下来的、以居住类型为主的“没有建筑师的建筑”，是所有建筑物中出现最早、使用最多的建筑类型，所以也是中国传统建筑最基本的一种类型。

传统民居从一个侧面反映了人们的生活方式、生产方式、家庭关系以及审美理念。居住文化沉淀了几千年的古老艺术，具有鲜明的区域性和历史文化性，是在各地特有的自然环境中，受社会因素的制约，与当地的自然、经济相适应，经过长期的发展形成的。

预习指南

熟悉中国传统居住文化的特点及主要表现形式，学会分析中国主要居住形式的形成原因。

故事导入

安徽桐城，有这样一则顺口溜：“争一争，行不通，让一让，六尺巷”。这是怎么一回事儿呢？

《桐城县志略》有一段记载，翻译成白话文，就是——张端公的老宅与邻居吴家一墙之隔，两家在宅基的问题上发生了争执，由于牵涉宰相大人，官府和旁人都不愿沾惹是非，纠纷越闹越大。张家人见吴府寸土不让，便撺掇张老夫人修书送往京城。张英见信后，对家里人依官仗势、欺凌乡里的不端行为深感忧虑，于是回复诗一首：“一纸来书只为墙，让他三尺又何妨。万里长城今犹在，不见当年秦始皇。”后来一合计，“让”是惟一的办法，于是拆垣墙向后让了三尺，得到街坊邻居交口称赞。吴家想：他家宰相肚里能撑船，咱们吴家也不能太落后。全家一致同意也把围墙向后退三尺。两家人的争端很快平息了，两家之间，空了一条巷子，有六尺宽，有张家的一半，也有吴家的一半，这条几十丈长的巷子虽短，留给人们的思索却很长。

一、居住文化的发展历程

住宅是人类基本生存要件之一，也是人类文化的重要组成部分。中国民居的木构架形式，远在原始社会末期就已经开始萌芽。在以后的几千年，经过各民族的不断努力，创造出各式各样的住宅建筑形式。这些住宅建筑形式虽然有其历史的局限性，却都是历代先民的智慧结晶，是中国传统文化也是人类住宅文化中的珍贵遗产。

（一）原始社会时期

根据考古资料，母系氏族社会的房屋有许多种形式，有的是半地穴式，也就是从地面向下挖一个浅土坑，利用坑壁做墙，然后在坑口搭建屋顶；有的则是全部在地上建造。但无论哪一种，墙壁都很矮，最高的也不过一米左右。墙芯是木棍草绳编扎的篱笆，然后再在篱笆两侧抹黄泥。墙壁的上部向外倾斜，上面接着屋顶。有趣的是，房顶的门并不是开在矮墙上的，而是开在屋顶上的，其原因是墙太矮，只有中间屋顶部位较高，人可以在里面直起腰来，所以只能如此。由于当时的房子低矮，房屋的平面有圆形和方形两种，面积都很狭小，只能容纳三四人居住。如果房屋较大，里面还设置若干柱子支撑屋顶。

客家围屋

当时一般的村落有几座大房子，四周则是许多小房子。大房子每边长约十几米，入口处还有一个长四五米、带有“人”字形屋顶的信道。大房子是男性、婚龄前的女性和超过生育期的女性集体居住的地方，是一个族群的中心，也是族群祭祀神明的地方。大房子的中心是火塘，也是族群的大食堂。小房子则分配给婚龄妇女每人一座，每到晚上，小房子的女主人便会叫她的意中男子前来同居。小房子的门都朝向中央的大房子，以方便族群之间的联系。

（二）奴隶社会时期

商代的民居虽然还部分保留了半地穴式住宅的特点，但随着木工工具的发展，人们已经用版筑的方法夯制土墙，因此，民居建筑的高度也随之增加，住起来也较为舒适。当时室内铺席，人们坐于席上，而且已经有了床、案等家具。西周至春秋时期，人们也发明了瓦，这是中国古代建筑的一个重要进步。人们还建起了有门、有塾、有院、有堂的院落型住宅。

（三）封建社会时期

汉代是住宅形式比较繁多的一个朝代。住宅屋顶的形式更加多样，楼层也越来越高，木构架的形式也更加复杂。当时的住宅已经有了回廊和阳台，附属建筑包括功能各不相同的车房、马厩、库房、牲口房、奴婢住房等，甚至还有为防御而设置的坞堡，为观赏而修建的园林。汉代的这种高楼式住宅到后来反而消失了，究其原因，一是地震容易倒塌，二是森林不断被砍伐，建筑木料越来越不容易取得。

唐、宋、元、明、清几代，中国的院落式民居已经定型。过去的皇家统治者，制定了严格的住宅等级制度，譬如《明史・舆服志四・室屋制度》就规定："一品二品厅堂五间九架，三品四品厅堂五间七架，六品至九品厅堂三间七架，不许在宅前后左右多占地，构亭馆，开祠堂"。"庶民庐舍不够三间五架，不许用斗拱，饰彩色"。尽管在历史上，有不少高官、富商、地主并不遵守这些规定，但这些规定的确在某种程度上限制了民居形式的发展。

二、传统民居的特点

民居，作为传统建筑内容之一，因它分布广，数量又多，并且与各民族人民的生活生产密切相关，故它具有明显的地方特色和浓厚的民族特色。民居中的特征，主要是指民居在历史实践中反映出本民族地区最具有本质的和代表性的东西，特别是要反映出与各族人民的生活生产方式、习俗、审美观念密切相关的特征。

（一）木结构为主的结构方式

中国古代民居以木材、砖瓦为主要建筑材料，以木结构为主要结构方式。此结构方式，由立柱、横梁、顺檩等主要构件建造而成，各个构件之间的结点以榫卯相吻合，构成富有弹性的框架，古代民居多采用穿斗式的梁上结构方式。穿斗式是用穿枋把一排排的柱子连起来成为排架，然后用枋、檩斗接而成，故称穿斗式。木构架结构有很多优点。首先，承重与维护结构分工明确，屋顶重量由木构架来承担，外墙起遮挡阳光、隔热防寒的作用；内墙起分割室内空间的作用。由于墙壁不承重，赋予建筑物以极大的灵活性。其次，有利于防震、抗震，木构架结构很类似今天的框架结构，由于木材具有弹性，而构架的结点所用斗拱和榫卯都有若干伸缩余地，因此在一定限度内可减少地震对这种构架所引起的危害。"墙倒屋不塌"形象地表达了这种结构的特点。

（二）严谨清晰的布局方式

中国古代民居的平面布局，就整体而言，以长方形平面最为普遍，布局严谨而清晰，有着明确的流线、完整的格局、明显的主体建筑、建筑组合体和渐进的层次。

中国民居的三合院、四合院形式正是以庭院为公共中心的向内的家庭组合体，建筑的组成有严谨方整的格局。建筑之间的关系，是围绕纵横轴线形成前后左右对称的布局；庭院空间，自成完整的格局；建筑群之间的相互连接的檐廊、转角回廊、院墙与垂花门等，也是自成格局的。因此，一座完整的民居不论规模大小都组成严谨清晰的格局。

主体建筑在城市中控制着道路网和其他从属建筑。传统村镇中的佛塔、庙宇或戏台，住宅中的起居室或堂屋这些生活或活动的中心部分作为主体建筑，把它布置在最重要的轴线部分，安排高大的房顶，显眼的外形体量。其他建筑的安排则按其使用的公共性的程度以及人们的亲疏关系形成一个有层次的布局。

中国传统民居不仅注重组合体自身的布局变化，更注重街、坊、院落相互之间的划分与组合。这些组合可以表现出组织邻里生活社会化的思想。在低密度地区，建筑组合可以用小型房子以回廊、小路、小桥、花架、围墙等互相联结组成。在高密度地区，单幢建筑本身应作为组合体对待。即使是一幢小型住宅，宅地内部关系也可以认为是一个多种房间的相互关系的组合体。

（三）丰富多彩的装饰

彩绘具有装饰、标志、保护、象征等多方面的作用。油漆颜料中含有铜，不仅可以防潮、防风化剥蚀，而且还可以防虫蚁。雕饰是中国古代民居艺术的重要组成部分，包括墙壁上的砖雕，台基石栏杆上的石雕以及金、银、铜、铁等建筑装饰。传统民居的雕饰题材内容与宫廷建筑相比更加广泛，有动物花纹、人物形象、戏剧场面及历史传说故事等。

（四）鲜明的民族特色和地域特点

民居分布在全国各地，由于民族的历史传统、生活习俗、人文条件、审美观念的不同，也由于各地的自然条件和地理环境不同，民居的平面布局、结构方法、造型和细部特征也就不同，呈现出各自的特色。在民居中，各族人民常把自己的心愿、信仰和审美观念，把自己所最希望、最喜爱的东西，用现实的或象征的手法，反映到民居的装饰、花纹、色彩和样式等结构中去，如汉族的鹤、鹿、蝙蝠、喜鹊、梅、竹、百合、灵芝、“卍”字纹、回纹等，云南白族的莲花、傣族的大象、孔雀、槟榔树图案等。这样，各地区各民族的民居就呈现出了丰富多彩和百花争艳的民族特色。

三、民居建筑代表样式

由于我国地域辽阔、民族众多，因此根据不同的地理气候条件和生活方式，形成了不同风格、不同形式的民居建筑。一般来说，北方寒冷多风，房屋建筑多取正南正北方向，庭院比较宽大，墙顶比较厚重，以充分接受日照，避免寒风；南方炎热潮湿，房屋建筑不一定正南正北方向，庭院比较狭小，墙顶比较薄轻，且多设门窗，以避免日照，有利通风。

（一）北京四合院

四合院，是一种流行于北方地区的住宅建筑形式，以北京四合院为代表。它的布局不但体现了封建宗法制度对住宅的影响，同时也反映了北方住宅对尺度与空间的安排已经达到比较高的水平。其基本形式是由四面房屋围成，南北稍长，矩形封闭，故称“四合院”。它的建筑特点是对外隔绝，形成一个封闭性的小天地；对内严格区别尊卑，构成小与大、内与外的几进庭院；在布局上讲究中正对称、正南正北。

四合院一般包括正房（坐北朝南）、东西厢房、宅门、庭院几部分。宅门的方位一般南向，位于整个住宅的东南。地位高的人家，大门采用屋宇式（有门屋），地位低的人家采用墙垣式(无门屋)。大门外设照壁,入门迎面影壁,影壁前置石台花盆。入门折西,则为前院,院子很浅,房屋倒座,用作门房、客房,还有隅角杂物小院。前院与里院,以门隔开,外人不得进入。门设于中轴线上,常用“垂花门”形式,即四角檐柱不落地,悬于半空,如花下垂。里院由正房和两侧耳房、东西厢房构成长方形庭院,是院主人一家生活起居的天地,正房由长辈居住,厢房由晚辈居住。院中栽花种树,养鱼养鸟,构成人与自然融洽相处的氛围。正房以北有时另辟小院,布置厨房、仓库及仆人住室,称为“后罩房”。整个建筑除贵族府第可以用琉璃瓦、彩画、朱红大门外,一般四合院都用青灰色砖瓦,色调朴素淡雅,跟皇家建筑形成鲜明对照。

(二)江南院落

苏杭一带,旧为江南经济文化中心,是官僚、富商聚集之地。他们的住宅反映了这一地区的建筑水平,代表了这一地区的建筑风格。其基本特点是庭院与园林相结合,一般用穿斗式与抬梁式的混合结构。从布局看,通常沿纵轴线布置,采用纵深几进的院落式,小的一条轴线三进,大的两三轴线五进。在中轴线上一般为照壁、门厅、轿厅、大厅、正房(有的为楼房),再在左右纵轴线上布置花厅、书房、小花园、戏台以及其他用房,成为左、中、右三组纵列院落组群,显得素雅明净,迥异于北方四合院。花厅是主人宴饮、听曲之处,大都临近水池,采取四面无倚的开放形式,或一面开放的船厅形式。各进之间的通道,不必经正中门厅,而在两侧另开通道,狭长阴暗,称为“避弄”。屋顶多为硬山顶,或山墙交于屋面之上,构成风火墙。其坐向不一定都是坐北面南,而是比较灵活。为了适应江南湿热环境,院落一般东西较宽,南北较窄,围墙高大;为便于通风,多开漏窗,房屋后墙一般也设有窗户。

(三)西北窑洞

窑洞,是指在黄土高原借助天然土崖、山或在土层较厚的平地上凿掘的拱券形洞窑式住房。我国的黄土高原地区降雨量少,树木生长稀疏,居住于此的人们因地制宜,开挖黄土窑洞居住。窑洞一般高三米,深七至八米。依照样式的差异,可以将其分为靠崖式、独立式、下沉式三种形式。其中,靠崖式窑洞又称靠崖窑,有靠山式和沿沟式两种类型,窑洞常呈现曲线或折线型排列,有和谐美观的建筑艺术效果。在山坡高度允许的情况下,有时布置几层台梯式窑洞,类似楼房。下沉式窑洞就是地下窑洞,又称地坑院、天井窑,主要分布在黄土塬区没有山坡、沟壁可利用的地区。这种窑洞的做法:先就地挖下一个方形地坑,然后再向四壁凿洞,形成一个四合院。洞内以多种样式的阶梯、坡道、隧道通至地面。人在平地,只能看见地院树梢,不见房屋。独立式窑洞又称锢窑,指在地面用砖、石、土坯等材料建造的拱券式房屋。这种窑洞无须靠山依崖,能自身独立,又不失窑洞的优点,可为单层,也可建成为楼,若上层也是锢窑即称“窑上窑”;若上层是木结构房屋则称“窑上房”。

窑洞防火,防噪音,冬暖夏凉,既节省土地,又经济省工,的确是劳动人民集体智慧的结晶。这种因地制宜的完美建筑形式,不失为黄土高原上一道奇特而又亮丽的风景线。

（四）客家土楼

客家土楼是世界上独一无二的山村民居建筑，是我国古建筑的一朵奇葩，它以历史悠久、风格独特、规模宏大、结构精巧等特点独立于世界民居建筑艺术之林。客家土楼，也称福建圆楼，主要分布在福建省的龙岩、漳州地区。它是以竹片、木条为筋骨，以生土、细砂、石灰为主要原料，再拌以糯饭、红糖，经过反复揉、压而夯筑成墙的土木结构楼房。全楼只有一个大门，三四代人或数十户共楼而居。其外观式样有圆形、方形、扇形、曲尺形等，其中圆形楼最为典型，它是一种呈圆柱形的生土楼，远看宛如地上冒出的巨大蘑菇。土楼直径大多在三十至六十米之间，高十三至十六米，内分二至五层，每层三十至五十个房间，地面中间设天井、环形走廊、水井以及各种生活设施。福建龙岩永定县境内有圆形土楼三百六十座，最大的圆楼直径为八十二米，最小的是洪坑村的"如升楼"，直径为十七米；最古老的是高头乡高北村的"承启楼"，建于公元1709年，直径七十三米，楼内最多时曾居住八十余户人家，有六百多人。最富丽堂皇的、最有代表性的是洪坑村振成楼。土楼最早时是方形，有宫殿式、府第式，体态不一，不但奇特，而且富于神秘感，坚实牢固。由于方形土楼具有方向性，四角较阴暗，通风采光有别，所以客家人又设计出通风采光良好的，既无头又无尾的圆楼土楼。楼中堆积粮食、饲养牲畜；有水井，若须御敌，只需将大门一关，几名青壮年守护大门，土楼则像坚强的大堡垒，妇孺老幼尽可高枕无忧。福建客家土楼具有防匪、防盗、防震以及冬暖夏凉、日光充足等优点，历经数百年沧桑至今犹存，成为客家文化的象征。

（五）干栏式建筑

傣族竹楼

干栏式建筑指在木（竹）柱底架上建筑的高出地面的房屋，是我国南方特别是西南少数民族的传统住宅。这些地方山地多，地处热带或亚热带，气候闷热，多雨潮湿，多蛇兽。采用这种居住形式，能防潮，通风采光，防止毒蛇猛兽的侵袭，还能节约用地。这类建筑房屋平面多为横矩形，双坡顶，屋外檐下有一宽廊，廊侧有一露天晒台，廊前或边端架一楼梯直通地面。由于民族不同，居住地不同，用材不同，干栏式建筑分为吊脚楼、竹楼两大类。吊脚楼主要临山而建，以木为材，多为两层楼房，房屋的后半部分靠岩着地，前半部分凌空背山，有窗无门，柱脚悬在空中，故名，是土家族、苗族、侗族的传统民居。竹楼，是云南西双版纳地区傣族人的典型住宅，除屋顶外，全部用竹子构筑，分两层。上层墙壁用竹围编，设有堂屋、卧室、廊、晒台、火堂；下层高两米左右，无墙，四面通风，用来堆放杂物、拴养牲畜、饲养家禽等；屋顶为高耸的歇山顶。竹楼外观简朴灵秀，自然活泼，楼外绿树成荫，已经成为该地区独特亚热带风光的组成部分。

蒙古包

（六）帐篷式建筑

我国蒙古、藏、哈萨克等古老的游牧民族，以放牧为生，随水草而居，由于需要频繁的搬家，住房就必须是能够随意移动的活动房，古代称这种住房为“穹庐”、“毡帐”等，俗称“毡房”、“帐篷”。其中以西北、北方地区的蒙古族、哈萨克族居住的“蒙古包”和“毡包”最为典型。蒙古包是独具特色的活动毡房，一般为圆形，多用条木结成网状的墙壁和伞形屋顶，覆盖毛毡，用绳索勒住，外壁多用白色羊毛毡覆盖，在绿色的草原上格外醒目，又分为固定式蒙古包和转移式蒙古包。哈萨克族轻便而简易的毡房（又称哈萨包）供牧民在春、夏、秋三季居住，牧民冬季则住土房或砖房。“哈萨包”和“蒙古包”略有不同，其顶部呈弧形，四壁支杆为穹窿状，支杆与外面所蒙的毡之间，嵌有用芨芨草制成的席子。帐篷式建筑，是我国一种古老的居住形式，也是现在仍在习用的一种居住形式。

拓展延伸

1. 请查一查我国少数民族的传统民居主要有哪些形式。

2. 我国传统民居按照地域划分为哪些类型？我国北方居住文化和南方居住文化的区别表现在哪些方面？

第四节　礼仪文化

古人云：“人无礼则不生，事无礼则不成，国无礼则不宁。”我国历来被称为“礼仪之邦”，礼仪在我国社会的政治文化生活中占有极其重要的地位。古代所谓“礼仪”，包括的范围非常广泛，诸如政治体制、朝廷法典、天地鬼神祭祀、军队征战、房屋陵墓营造，乃至衣食住行、婚丧嫁娶、言谈举止，无不与礼仪相关，它几乎是一个囊括了国家政治、经济、军事、文化、典章制度以及个人的伦理道德修养、行为准则规范的庞大的概念。

熟悉中国传统礼仪文化的特点以及主要表现形式，学会分析传统礼仪的文化内涵。

故事导入

杨时（1053—1135）是北宋时一位很有才华的才子，南剑州将乐人（今属福建）。中了进士后，他放弃做官，继续求学。程颢（1032—1085）、程颐（1033—1107）兄弟俩是当时很有名望的大学问家、哲学家、教育家，洛阳人，同是北宋理学的奠基人。他们的学说为后来的南宋朱熹所继承，世称程朱学派。杨时仰慕二程的学识，投奔洛阳程颢门下，拜师求学，4年后程颢去世，又继续拜程颐为师。这时他年已四十，仍尊师如故，刻苦学习。一天，大雪纷飞，天寒地冻，杨时碰到疑难问题，便冒着凛冽的寒风，约同学游酢（1053—1123年）一同前往老师家求教。当他来到老师家，见老师正坐在椅子上睡着了，他不忍打搅，怕影响老师休息，就静静地侍立门外等候。当老师一觉醒来时他们的脚下已积雪一尺深了，身上飘满了雪。老师忙把杨时等两人请进屋去，为他们讲学。后来，“程门立雪”成为了广为流传的尊师典范。

一、礼仪概述

礼仪的起源，可以追溯到久远的过去。应当说，中华民族的历史掀开第一页的时候，礼仪就伴随着人的活动，伴随着原始宗教而产生了。礼仪究竟何时何故而起？人们作过种种探讨，归纳起来大体有五种礼仪起源说：一是天神生礼仪；二是礼为天地人的统一体；三是礼产生于人的自然本性；四是礼为人性和环境矛盾的产物；五是礼生于理，起于俗。

荀子说过：“礼有三本”，“天地者生之本，先祖者类之本，君师者治之本”（《荀子》）。礼仪正是为着处理人与神、人与鬼、人与人的三大关系而制定出来的。

从考古资料来看，在辽宁喀拉沁左翼蒙古族自治县发现的距今五千多年的红山文化遗址中，有大型的祭坛、神庙、积石冢等，是举行大规模祭祀活动的场所；有裸体怀孕的妇女陶塑像，可能是受先民膜拜的生育女神。更早的仰韶文化彩陶上的人面虫身图像，墓葬中死者头颅西向而卧，这些也都透露出远古时代礼仪制度的若干信息。在古代文献中，有“自伏羲以来，五礼始彰；尧舜之时，五礼咸备”的说法。实际上，礼仪的演变发展，经历了漫长而又曲折的历程，真正比较完善、系统的是西周的礼制。

古人把纷繁的礼仪分为吉、凶、军、宾、嘉五类，习称“五礼”。到了汉代，出现了作为礼仪文化理论形态的三部巨著——《仪礼》《礼记》《周礼》，合称“三礼”，其在汉以后的两千多年中，一直是国家制定礼仪制度的经典著作，因此被称为“礼经”。它标志着礼仪发展的成熟阶段。“三礼”被列入儒家经典，受到历代统治者和学者的重视，不仅对中国文化产生了重大影响，而且声名远播海外。到宋代时，礼仪与封建伦理道德说教相融合，即礼仪与礼教相杂，成为实施礼教的得力工具之一。行礼为劝德服务，繁文缛节极尽其能。直到现代，礼仪才得到真正的改革，无论是国家政治生活的礼仪还是人民生活礼仪都有了大量的新内容，从而成为现代文明礼仪。

（一）礼的基本含义

什么是礼？礼本意为敬神，后引申为表示敬意的通称。礼的含义比较丰富，它既可专指为表示敬意而隆重举行的仪式，也可泛指社会交往中的礼貌、礼节。礼在现代社会演变为礼貌、礼节、礼仪三礼。

我国古代的“礼”，有三层基本含义：一是典章制度，如国家机构、官吏考选、君臣等级、赋役土地等；二是礼节仪式，简称礼仪，主要有吉、凶、军、宾、嘉五种礼仪；三是道德规范，如“三纲”，君为臣纲、父为子纲、夫为妻纲，“五常”，仁义礼智信。礼，起源于原始社会，它最早是部落民族处理一切事务的风俗规范。进入阶级社会之后，统治阶级将原来的礼俗加以改造，加入了社会等级、阶级压迫方面的内容，所谓“刑不上大夫，礼不下庶人”，把人们区分为不同的等级，“礼”成为确立尊卑贵贱原则的工具。

虽然，古代礼仪随时代的发展而变化，从周公“制礼作乐”，到汉高祖刘邦命叔孙通制礼，到唐《大唐开元礼》、宋《开宝通礼》、明《大明集礼》、清《大清通礼》，历代统治阶级无不重视对礼的更新与简化，但无论怎么变化，它服务于统治阶级的宗旨却是不变的。

至于民间的礼仪，宋代司马光的《书仪》、朱熹的《家礼》中都有相当详细的记载，其中的很多规定曾为人们所奉行。

（二）礼的类别

在古代社会，官方一般将礼仪分为有吉、凶、军、宾、嘉五种类型。

吉礼，是关于祭祀的典礼。祭祀对象主要为天神，即天、日月、星辰；地祇，即山川社稷；人鬼，即祖先、圣人、先师三大系统。

凶礼，包括有关皇室、贵族、臣属和一般庶人的丧葬、吊问的礼仪。

军礼，即与军事有关的礼仪，包括战时的军队，军人的出征、凯旋、论功行赏以及平时的皇帝亲阅和讲武、巡狩等。

宾礼，是朝廷接待宾客的仪式，包括例行的朝见、报聘外国、出使访问以及朝觐和定期举行的朝会等。

嘉礼，是喜庆的仪式，包括皇太子、皇子、官僚贵族等人的冠礼（成年男子加冠的礼仪，即成年礼），有皇帝纳后、册妃和官僚贵族以及百姓娶妻嫁女的婚礼，有上至皇帝下至庶民孝敬父母、尊敬长辈的要求，还有在每年正月初一、冬至以及每月朔望等时节官员朝贺皇帝举行的朝仪等。

二、主要传统礼仪

古代礼仪内容庞杂，条目繁琐，而且由于文献不足，相当一部分目前还不能了解，要对各种礼制的内容进行详细介绍，是比较困难的。这里选取几个与现代生活有一定联系的古代人民的生活礼仪作一简要介绍。

（一）婚礼与丧礼

1. 婚礼

《五礼通考》曾说，自后齐以来，不管天子庶民，婚礼“一曰纳采，二曰问名，三曰纳吉，四曰纳征，五曰请期，六曰亲迎”。这就是古代婚礼所分的六个阶段，俗称“六礼”。

纳采：议婚的第一阶段，男方请媒人提亲后，女方同意议婚，男方备礼去女家求婚，礼物是雁，雁一律要活的。为何用雁？雁为候鸟，取象征顺乎阴阳之意；后来又发展了新意，说雁失配偶，终生不再成双，取其忠贞。

问名：求婚后，托媒人请问女方姓名、出生年月日和时辰，请阴阳先生推算，男女八字相合，才可定亲。

纳吉：把问名后占卜合婚的好消息再通知女方的仪礼，又叫订盟。这是订婚阶段的主要仪礼。古俗，照例要用雁作为婚事已定的信物。后发展到用戒指、首饰、彩绸、礼饼、礼香烛甚至羊猪等，故又称送定或定聘。

纳征：订盟后，男家将聘礼送往女家，是成婚阶段的仪礼。这项成婚礼又俗称完聘或大聘、过大礼等。后来，这项仪式还采取了回礼的做法，将聘礼中食品的一部分或全部退还；或受聘后，将女家赠男方的衣帽鞋袜作为回礼。聘礼的多少及物品名称多取吉祥如意的含意，数目取双忌单。

请期：送完聘礼后，选择结婚日期，男方备礼到女家，征得同意时的仪式。古俗照例用雁，礼品一般从简，请期礼往往和过聘礼结合起来，随过大礼同时决定婚期。

亲迎：就是新婿亲往女家迎娶的仪式。这项仪礼往往被看成婚礼的主要程序，而前五项则当成议婚、订婚等过渡性礼仪。这些形式中有一部分出于社交关系的需要，如女家的“添妆”，到男家时的“开揖”、“闹洞房”等，都是确立社会关系的仪礼。纯属亲迎部分的仪式，一般用花轿，分双顶或单顶，扶亲妇上轿的“送亲嫂”，陪新郎至女家接人的“迎亲客”，都各有要求。起轿、回车马、迎轿、下轿、祭拜天地、行合欢礼、入洞房……每一过程又都有几种到十几种形式，大多表示祝吉驱邪。亲迎的季节，一般选在春天，适逢农闲，正好婚配。

婚嫁“六礼”过后，进入过渡期，新妇回娘家的“归宁”，一直到新妇进入育产期，生育第二代再行诞生礼。从此，婚礼只作为一种家庆纪念日，按周年庆贺（满一个“花甲”举行隆重庆贺仪式，叫办重婚酒），年年值庆，直至终年。

2. 丧礼

丧礼是与殡殓死者、举办丧事、居丧祭奠有关的仪式，在古代为凶礼之一。《周礼·大宗伯》：“以丧礼哀死亡。”古人把办理亲人特别是父母的丧事看成是极为重要的大事，很早就形成了一套严格的丧礼制度。儒家礼经所记丧礼制度，主要是为士以上的统治集团成员制定的，但其影响则远远超出这一范围，而且大体上被后世所沿袭，两千多年来一直对历代的传统丧礼起着指导作用。

总的说来，中国古代丧礼程序都很复杂，从初丧到终丧的种种仪节，名目有五六十种之多，真称得上是繁文缛节。

初终：病危之人一定要居于适寝，亦即正寝、正室。将死之时，家属守在床边，“属纩以俟绝气”。验明已经断气，诸子及兄弟、亲戚、侍者皆哭。

复：这是为死者招魂的仪式。招魂时由复者拿着死者的衣服，一手执领，一手执腰，面向幽冥世界所在的北方，拉长声音高呼死者的名字，叫他的灵魂回来。这样反复多次，然后由另一个人接过衣服，给死者穿上。这一仪式是表示为挽回死者的生命而作最后一次努力。

殓：复后把死者遗体安放在正寝南窗下的床上，用特制的殓衾覆盖尸体，叫殓。还要在尸体东侧设酒食，供鬼魂饮用，明清时俗称倒头饭。在堂上设帷帐，把死者和生人隔开。死者家属脱掉华美的衣服，除去各种装饰品，易服布素，开始居丧。

小殓：一般人在死亡后第二天，要正式穿着入棺的寿衣，称小殓。诸侯则五日小殓，天子则七日小殓，小殓之前先把各种殓衣连同亲友所致之襚全部陈列于房中，但不必尽用。来参加小殓仪式的亲友向死者致襚、致奠，主人拜送答谢。夜间，庭中和堂上继续燃烛。

大殓：又过一天，举行入棺仪式，称大殓。已经盛殓尸体之棺称柩，停柩称殡；大殓礼毕，称既殡。大殓后不再设燎照明。

成服：既殡之后，死者家属分别按血缘关系的远近穿着不同等级的丧服，叫成服。

筮宅、卜日：即请人占卦选择墓地葬所和下葬日期。依周制，停殡待葬的日期也依死者身份而长短不一。

迁柩：下葬前一天，先把灵柩（或有椁，或无椁）用灵车迁入祖庙停放。启殡时，要取下明旌，载重并行，并用布拂柩，除去凶邪之气。灵柩迁入祖庙后，又进行祭奠，叫祖奠。

发引：即下葬之日柩车启行，前往墓地。发引的队伍由丧主领头，边哭边行，亲友执绋（牵引柩车的绳索），走在灵车之前。后世发引又称出殡。

下葬：在墓地上先已掘好墓圹，并铺垫石灰、木炭，树碑圹前。灵车到达墓地，抬下灵柩，又有祭奠。在圹底铺席，再以碑上的“穿”作支点，用绳索缓慢平稳地把灵柩放入圹中，然后用土掩圹，并筑土成坟，拜奠如仪。如有墓室，则通过墓道入柩。唐以后在下葬前还要在墓地行祭后土之礼。

以上只是简要叙述，古代丧礼制度的繁琐程度已可见一斑。事实上，历代帝王和一些统治集团上层人员的丧礼还要复杂得多，这同耗费大量人力物力营建大型墓葬一样，是出于显示身份地位，加强等级观念，进而维护统治秩序的需要。而社会下层的人民大众，则受经济条件的限制，举办丧事不得不因陋就简，丧礼的程序也有所精简。

（二）诞生礼与成年礼

1. 诞生礼

从妇女未孕时的求子到婴儿周岁，一切礼仪都围绕着长命的主题。汉魏时皆有高禖之祭，唐宋时制定了高禖之祀的礼仪。金代高禖祭青帝，在皇城东永安门北建木制方台，台下设高禖神位。高禖之祭即是乞子礼仪。此时，设坛于南郊，后妃九嫔都参加。清代无高禖之祭，却有与之意义相同的“换索”仪式。诞生礼自古就有重男轻女的倾向。诞生礼还包括“三朝”、“满月”、“百日”、“周岁”等。“三朝”是婴儿降生三日时接受各方面的贺礼。“满月”在婴儿满一个月时剃胎发。“百日”时行认舅礼，命名礼。“周岁”时行抓周礼，以预测小儿一生命运、事业吉凶。

2. 成年礼

成年礼，也叫冠礼，是跨入成年人行列的男子加冠礼仪。在原始社会阶段，男女青年到了规定的年龄，必须举行一定的仪式，才被承认为氏族的完全成员，冠礼正是氏族社会这种仪式演变而来。汉代沿袭周代冠礼制度。魏晋时，加冠开始用音乐伴奏。唐宋元明都实行冠礼，清代废止。《仪礼》一书中有《士冠礼》篇，详述士阶层冠礼的仪节。冠礼在宗庙举行。将要加冠的青年的父亲先用占卜的方法决定行礼的日期，并且决定哪一位宾为青年加冠。确定后，把日期通知宾家。到行礼的那一天，早晨将一切准备好，将要加冠的青年立于房中，其父引宾入门，入庙就位，将要加冠的青年出房就位，然后行礼。宾把规定的服饰加于青年，分为始加、再加和三加，然后以酒祝青年。青年由西阶下，去拜见自己的母亲。见母后，回到西阶以东，由宾给他起字。于是礼成，青年之父送宾出庙门。被加冠的青年见他的兄弟姐妹，随后再见君和乡大夫、乡先生等。其父以酒款待所请的宾，送他礼品，最后敬送其离开。

（三）传统饮食礼仪

“夫礼之初，始诸饮食。”在中国，根据文献记载可以得知，至迟在周代时，饮食礼仪已形成为一套相当完善的制度。这些食礼在以后的社会实践中不断得到完善，在古代社会发挥过重要作用，对现代社会依然产生着影响，成为文明时代的重要行为规范。

1. 宴饮之礼

我国古代传统的宴饮礼仪，一般的程序是主人折柬相邀，到期迎客于门外；客至，致问候，延入客厅小坐，敬以茶点；导客入席，以左为上，是为首席。席中座次，以左为首座，相对者为二座，首座之下为三座，二座之下为四座。客人坐定，由主人敬酒让菜，客人以礼相谢。宴毕，导客入客厅小坐，上茶，直至辞别。席间斟酒上菜，也有一定的规程。

在古代正式的延宴中，座次的排定及宴饮仪礼是非常认真的，有时显得相当严肃，有的朝代皇帝还曾下诏整肃，不容许随便行事。总的来讲，座次“尚左尊东”，“面朝大门为尊”。家宴首席为辈分最高的长者，末席为最低者；家庭宴请，首席为地位最尊的客人，请客主人则居末席。首席未落座，都不能落座，首席未动手，都不能动手，巡酒时自首席按顺序一路敬下，再饮。更讲究的，如果来报有人来，无论尊卑地位，全席之人应出迎。

2. 待客之礼

如何以酒食招待客人《周礼》《仪礼》与《礼记》中已有明细的礼仪条文。

首先，安排筵席时，肴馔的摆放位置要按规定进行，要遵循一些固定的法则。带骨肉要放在净肉左边，饭食放在用餐者左方，肉羹则放在右方；脍炙等肉食放在稍外处，醯酱调味品则放在靠近面前的位置；酒浆也要放在近旁，葱末之类可放远一点；如有肉脯之类，还要注意摆放的方向，左右不能颠倒。这些规定都是从用餐实际出发的，并不是虚礼，主要还是为了取食方便。

其次，食器饮器的摆放，仆从端菜的姿势，重点菜肴的位置，也都有成文规定。主人的情意，就是要由这细微之处体现出来。

再次，待客宴饮，等仆从将酒肴摆满后，主人还要作引导，要作陪伴，主客必须共餐。陪伴长者饮酒时，酌酒时须起立，离开座席面向长者拜而受之。长者表示不必如此，少者才返还入座而饮。

尊卑之礼，历来是食礼的一个重要内容，子女于父母，下属对上司，少小对尊长，要表现出尊重和恭敬。对此，不仅经典立为文，朝廷著为令，家庭亦以为训。

3. 进食之礼

饮食活动本身，由于参与者是独立的个人，所以表现出较多的个体特征，各个人都可能有自己长期生活中形成的不同习惯。但是，饮食活动又表现出很强的群体意识，它往往是在一定的群体范围内进行的，在家庭内，或在某一社会团体内，所以还得用社会认可的礼仪来约束每一个人，使各个个体的人的行为都纳入到正轨之中。

进食礼仪，按《礼记·曲礼》所述，先秦时已有了非常严格的要求，例如，“毋抟饭”，吃饭时不可抟饭成大团，大口大口地吃，这样有争饱之嫌；“毋放饭”，要入口的饭，不能再放回饭器中，别人会感到不卫生；“毋咤食”，咀嚼时不要让舌在口中作出响声，主人会觉得你是对他的饭食表现不满意；“毋啮骨”，不要专意去啃骨头，这样容易发出不中听的声响，使人有不雅不敬的感觉；“毋刺齿”，进食时不要随意不加掩饰地大剔牙齿，如齿塞，一定要等到饭后再剔。

当代的老少中国人，自觉不自觉地，都多多少少承继了古代食礼的传统。我们现代的不少餐桌礼仪习惯，都可以说是源自《礼记》，是植根于我们古老饮食传统的。

（四）其他传统礼仪

1. 行走之礼

古代常行“趋礼”，即地位低的人在地位高的人面前走过时，一定要低头弯腰，以小步快走的方式对尊者表示礼敬，这就是“趋礼”。传统行走礼仪中，还有“行不中道，立不中门”的原则，即走路不可走在路中间，应该靠边行走；站立不可站在门中间。这样既表示对尊者的礼敬，又可避让行人。

2. 入座之礼

传统社会礼仪秩序井然，坐席亦有主次尊卑之分，尊者上坐，卑者末坐。何种身份坐何位置都有一定之规，如果盲目坐错席位，不仅主人不悦，自己事后也会为失礼之事追悔莫及。如果自己不能把握坐何种席次，最好的办法是听从主人安排。室内座次以东向为尊，即贵客坐西席上，主人一般在东席上作陪。年长者可安排在南向的位置，即北席。陪酒的晚辈一般在北向的位置，即南席。入座的规矩是，饮食时身体尽量靠近食案，非饮食

时，身体尽量靠后，所谓“虚坐尽后”。有贵客光临，应该立刻起身致意。

3. 见面之礼

人们日常见面既要态度热情，也要彬彬有礼。如何与不同身份的人相见，都有一定的规矩。一般性的打招呼，在传统上行拱手礼。拱手礼是最普通的见面礼仪，也称“拱”、“作揖”。见面时，双手合抱举前，向对方致意。上古时已有此俗。最初大概是模仿带手枷的奴隶，意为愿作对方奴仆，供其使唤。具体方式是双手合抱举至胸前，立而不俯，表示一般性的客套。如果到人家做客，在进门与落座时，主客相互客气行礼谦让，这时行的是作揖之礼，称为“揖让”。作揖礼在日常生活中为常见礼仪，除了上述社交场合外，向人致谢、祝贺、道歉及托人办事等也常行作揖礼。身份高的人对身份低的人回礼也常行作揖礼。

4. 跪拜之礼

古人认为，不跪不叫拜。拜，在古代就是行敬礼的意思。按照周代礼仪的规定，当时对跪拜的动作和对象，作了严格的规范，共分稽首、顿首、空首，称为“正拜”。行稽首礼时，拜者必须屈膝跪地，左手按右手，支撑在地上，然后，缓缓叩首到地，稽留多时，手在膝前，头在手后，这是“九拜”中最重的礼节。一般用于臣子拜见君王和祭祀先祖的礼仪。

到了汉代以后，渐渐有高座，凳椅先后问世，人们不再“席地而坐”，但跪拜礼仍然存在，却变成了等级差别的标志，主要广泛运用于官场之中。如臣子拜皇帝，小官拜大官，奴才拜主子等，有时都要行三叩九拜之礼。在民间，如祭祀、祝寿等风俗中，跪拜礼仍世代相传。后来，又增加了打千、作揖、鞠躬等礼节，直到辛亥革命胜利，随着几千年封建君主制度的覆灭，才结束了这种跪拜礼，但此礼今在拜神、拜祖时仍有残留。

拓展延伸

1. 请查一查我国少数民族的传统礼仪的主要内容有哪些。
2. 查找几个有关我国传统礼仪的故事，通过故事体会我国传统礼仪的内涵。

第五节　婚姻文化

婚姻是社会发展到一定阶段的产物，是基于社会发展的客观需要应运而生的，是同一定社会中生产方式和生活方式相适应的人类两性结合和血缘关系的社会形式。婚姻是社会关系的特定形式，是人与人之间的一种特定的社会联系和交往方式，自其产生之时起便是人类社会最广泛、最普遍的社会关系。中华民族的传统婚姻历史悠久，源远流长，形成了独特的风俗习惯及其观念，对社会形成持久而深刻的影响。

预习指南

中国古代婚姻文化是中国古代传统文化研究的一个重要组成部分，它是由封建礼法所决定的，与封建伦理道德密不可分。通过查阅资料了解古代婚姻制度、婚姻礼仪，并尝试分析，历经千年的发展，这些传统的婚姻制度和婚姻观念是否仍在影响着现代的我们。

故事导入

在传统的婚姻制度中，媒人的角色至关重要，有时候一个好的媒人甚至在一段婚姻中起到决定性的作用。

在中国传统的婚姻文化中，婚媒的产生并不是伴随人类社会的出现而出现的。《吕氏春秋·恃君览》说："昔太古尝无君矣，其民聚生群处，知母不知父，无亲戚兄弟夫妻男女之别，无上下长幼之道。"《列子·汤问》也道："男女杂游，不媒不聘。"可见，即使在那样的"太古"时代，人们的婚姻还是有中介的，这个中介就是"媒"。

在中国传统的婚姻文化中，媒人是不可不提的。媒人，古代又称为"冰人"。古俗中春秋为嫁娶吉时，而冰天雪地的冬季才是媒人为男女撮合牵线之时，媒人才有"冰人"之称，又称"媒妁"，民间俗称"媒婆"、"红娘"、"月老"。媒人所司职责，文雅的说法，是"通二姓之好，定家室之道"，通俗讲来就是男女婚事。

中国社会中有一句妇孺皆知的话表明了媒人在传统婚姻制度中重要角色："父母之命，媒妁之言。"凡婚姻必须有媒人存在，"无媒不成婚"。《诗经》中有诗句："伐柯如之何？匪斧不克，娶妻如之可？匪媒不得。"所以后来人们便以"伐柯"来代称做媒，以"伐柯人"来称呼媒人。

中国古代社会，"父母之命，媒妁之言"是相并重的婚姻条件之一，没有媒妁的是不能成立的，而且被法律所规范。《唐律·为婚女家妄冒条说》"为婚之法，必有行媒"。元明清时期的法律中也有类似的规定。

中国近现代学者研究上古时代的婚姻制度时，基本受到马克思、恩格斯以及作为他们重要理论来源的摩尔根的影响。马克思在其《摩尔根〈古代社会〉一书摘要》中说，最古是过着群团的生活，实行杂乱的交配。中国学者一般也认同这个观点，认为两性关系应该带有刚从猿类脱胎过来的习惯，以小群体方式生活，无所谓婚姻家庭，处于杂乱无序的群婚状态之中。当然，所有这些观点都基于这样一个前提——达尔文的进化论，即人类是从猿转变过来的。

中国古代学者无从知道达尔文和他的进化论，但某些记载却与西方学者的研究结果不谋而合。《淮南子·本经训》："男女群居杂处无二别。"《列子·汤问》："男女杂游，不聘不媒。"游，乃是男女两性间的自由结合，媒，乃是婚姻的中介人角色，聘，则是两性结合所经过的社会程序。根据类似的表述，学者们推测：原始群婚的早期阶段，兄弟姐妹、上下辈之间的婚配是毫无限制的。但是，这只是一种推测，或者说想象。《吕氏春秋》云："昔太古无尝君矣，其民聚生群处，知母不知父，无亲戚兄弟夫妻男女之别，无上下长幼之道。"《管子·君巨篇》也云："古者未有夫妻匹配之道。"

这一点，在神话故事里也有踪迹可寻。有人说，夏娃是从亚当身上抽出的肋骨所成，那么，亚当与夏娃应该也是上下辈关系。同时，希腊神话中，俄狄浦斯杀父娶母，还与其母生了四子，这应该也是远古时期上下辈无序的一种记忆遗留。

一、血缘婚

它是人类婚姻史上第二种婚姻制度类型，也叫班辈婚、兄妹婚。恩格斯说，在这里，婚姻集团是按辈分来划分的，在家族范围以内的所有祖父与祖母，都互为夫妻。他们的子女，即父亲和母亲，也是如此；同样的，后者的子女，构成第三个共同夫妻圈子。

中国古代神话中有一个典型的例子——伏羲、女娲传说。他们本是兄妹，可是人类遭遇灭顶之灾，世界上只剩下他们两个人。为延续人类种族，兄妹两个不得不结合。这一神话在唐朝李冗的《独异志》里有完整的描述："昔宇宙初开之时，只有女娲兄妹二人在昆仑山，而天下未有人民，议以为夫妻，以自羞耻。兄即与妹上昆仑山。咒曰：天若遣我兄妹二人为夫妻，而烟悉合，若不，使烟散。于烟即合，其妹即来就兄，妹以扇蔽面。"

伏羲、女娲的兄妹婚，汉代画像中也有所反映，二人皆人首蛇身，缠在一起。山东沂南县北寨村汉墓出土，墓门东侧支柱顶上有燧人氏、伏羲、女娲三人合抱图。燧人氏是伏羲、女娲的父亲，这种情况恰好反映了原始群婚上下无序的特征。而山东费县南武阳东厥画像，燧人端坐中间，两手扶着伏羲、女娲。南阳画像石中也有发现，伏羲、女娲站在燧人的肩膀上。总之，伏羲、女娲的故事是原始群婚向班辈婚的过渡。

二、抢亲婚

两性关系被限制在家族内部班辈之间的同时，家族之外又有抢亲制作为补充。女子在古代，可能也是被视作财产的，部落战争，家族械斗，导致女人被抢来抢去。抢亲肯定是不文明的，但是学者们认为，可不能小看这一抢，这一抢，抢出了文明，抢出了优生优育。看看自己内部人生出来的畸形、弱智婴儿，再看看抢来的女子生出来的白胖孩子，古人终于悟出："男女同姓，其生不蕃。"直到如今，偏僻的乡下仍有所谓同姓不婚的族规。

《易经》爻辞里有一段，被学者认为是反映抢亲现象的。"屯如邅如，乘马班如，匪寇，婚媾。"一群人乘马飞速而来，不是来抢财产的，是来抢亲婚配的呀。还有一段："乘马班如，泣血涟如"，也被学者认为是抢亲过后的情形：抢亲的人骑着马儿飞速而去，山路上留下一串可怜的哭声。

有学者认为，中国旧制婚俗里，仍有抢亲的遗留。男方迎娶女方，女方要蒙红盖头，据说原始意思是为了防止女子半路伺机出逃，或者，防止她们记下回家的路。这一手，跟土匪绑人，用黑布蒙其眼一个道理。乡下迎亲仪式中，前有火铳开路，紧随其后的是十几个半大小子，手举各色小旗招摇，新郎身后更有众多的弟侄等青壮年护卫，都是抢亲的阵势。至于某些山区的哭嫁习俗,更是让人怀疑,新娘子是被人抢走的。到后来,抢亲成为一种仪式。广西云南傈僳族,娶亲时,双方约好地点,男方结伴持刀,女方假装呼救,女伴亲属佯救,男方扔钱财,女方亲属拾钱归。这个,估计就是现在乡下迎亲时,新郎所扔的红包。至于河南西南的某些落后山区,直到新中国成立前,仍有抢寡妇的习俗,没有事先的约定,谁抢到手算谁的。

三、族外婚

研究中国婚姻制度的学者根据考古学资料推论,族外婚是母系社会的一个标志。根据恩格斯的论述,学者想象母系氏族的婚姻情况是这样的:氏族禁止族内通婚,须到其他氏族部落寻求女子;同时,把本族女子嫁给外族。而中国许多上古圣人出生的神话传说,如"附宝感北斗而生黄帝","庆都与赤龙合婚生尧","握登见大虹意感而生舜"等等,正好被学者认为是族外婚的一种折射。

族外婚,又称普那路亚。但不可否认的是,其中仍保留有班辈婚的习惯,兄弟共妻,姐妹共夫。孩子,称所有的男人为父亲,称所有的女人为母亲。商代仍保留有上古时代的称谓习惯,商代卜辞中,武丁称他的父亲为父甲、父乙(这个才是武丁的生父)、父丙、父丁、父戊,是为多父;称他的母亲为母甲、母丙、母庚(这个才是他的生母),现代社会,许昌地区的称谓也值得研究,称父亲为爹,父亲之兄为大爹,父亲之弟为小爹。而中国旧的婚俗,兄终弟及,姐死妹继,甚至姐妹二人同嫁一人,比如尧女,娥皇女英同嫁舜,大周后小周后同嫁李煜,从上古到新中国新婚姻法执行之前,这些旧俗也一直被社会道义所认可。

四、对偶婚

马克思说,在普那路亚家族制下,便多少有了一男一女结成配偶过同居生活的事实,而这是社会状况的诸条件引起的,每个男子在其若干妻子中,有一个是主妻,反过来说女子也是如此,因而有了向对偶婚过渡的倾向。

人是感情动物,这就决定了他(她)在众多可能的对象中,会有所偏好,有所选择。选择的结果,便是对偶婚的产生,它是普那路亚向一夫一妻制的过渡形式。

对偶婚分两个阶段或两种方式,第一,望门居制,据说大禹和涂山氏就是这样的;第二,居妇家制,《家庭、私有制和国家的起源》一书中的易洛魁人。

《家庭、私有制和国家的起源》一书中说,一夫一妻制从一开始就具有了它的特殊性质,使它成了只是对妇女而不是对男子的一夫一妻制。这一点,在中国传统的父系社会里,得到了充分的证明,所以,所谓的一夫一妻,在中国,只能叫一妻一夫,或者一夫多妻。

五、一夫一妻

我国古代的婚姻制度是一夫一妻多妾制。即使皇帝也只是有一个老婆,但那个时候的一夫一妻只要有条件,可以娶很多个老婆,但那叫妾,不能称妻。妾下面还有通房丫头。

中国古代的婚姻制度是中国古代文化史研究的一个重要课题。在人类社会的三大生产中,婚姻是实现人类自身生产的唯一方式,是社会伦理关系的实体。由于人类自身生产使人类的生命得到延续，从而形成各种人际关系以及社会文化心理和礼俗。人类为了生存和发展，必须从事于生产资料和生活日用品的生产，其中一些产品则成为文化的物化成果；而人类精神生产所形成的社会意识形态和价值观念，又作为精神文化反作用于物质生产和人类的自身生产。

正是由于婚姻的重要地位，因此被称为“婚姻大事”。中国封建伦理道德把婚姻当做人际关系的开端。《易·系辞》：“天地絪缊，万物化醇。男女构精，万物化生”。自然界由阴、阳二气交感所产生，人类是由男女交接而产生。纳西族东巴经象形文字中有关于人类自然产生的观念，与《易·系辞》的说法相近。在天地之间产生气，气变成蛙，蛙变为人类（男人由天上生，女人由地上生，天地产生人类）。这是对产生人类的原始看法。

中国封建社会的伦理规范认为：“昏（婚）礼者，礼之本也”。“男女有别，而后夫妇有义；夫妇有义，而后父子有亲；父子有亲，而后君臣有政”。它把婚姻家庭视为组成社会肌体的胚胎。

我国封建社会，妇女没有社会地位，夫为妻纲，妇女的一切只能服从和依赖于丈夫，即使丈夫死了也不准改嫁，从一而终。而男子却可以三妻四妾，皇帝有三宫六院，一般的达官贵人亦都妻妾成群。一个男人能娶多少女人没有受到法律的限制，而这些女人在家庭中的地位也是不同的，只有被称为正室的女人才具有妻子的资格，其余只能处于从属地位。翻开《红楼梦》看看，王夫人和赵姨娘的家庭地位是多么不同，就是她们的儿子在家中的地位也是天壤之别。但在众多妻妾中正室只能是一人，否则，为什么贾宝玉不能同时娶林黛玉和薛宝钗为妻呢？所以我国古代实行的实际上是一种“一夫一妻多妾”的婚姻制度。正因为这种不合理的婚姻制度，千百年来上演了太多人间悲剧，它是强加在我国古代妇女身上的沉重枷锁。

拓展延伸

1. 请查一查我国传统婚姻类型有哪些。

2. 研究探讨中国传统婚姻观念对现当代婚姻的影响，试着谈一谈现当代婚姻的共性特点。

第六章　中国传统文化的对外交汇与现代化

第一节　中国传统文化与世界文化的融合

人类文化并非上帝所赐，也非得自遗传，而是后天学习所得。人类文化的这种后天获得性，决定了文化发展必须进行交流与传播。世界各民族文化正是在不断的交流、传播过程中，产生不同质文化的刺激、碰撞、影响、吸收、整合与变迁，从而共同促进人类文化的发展。这既是一种文化现象，也是文化发展的一般规律。

预习指南

根据时间顺序，了解中国古代文化的两次大交汇；根据中国古代文化的两次大交汇，尝试寻找文化的发展规律。

故事导入

平安夜的脚步近了，各大商家均提前忙碌起来。苹果、橙子、蛇果纷纷隆重登台，在中国，人们把圣诞节平安夜的苹果当作一种“平安”的代名词。于是圣诞送苹果被当作一种传统，人们在圣诞节时收到苹果表示收到祝福，一年都会过的平平安安，幸福快乐。在网上，有人将圣诞音乐“Jingle Bells（铃儿响叮当）”用京剧的方式唱出来，这一节目引来众人围观。在微博上，有一个成都人发了一棵圣诞树的照片，照片中的圣诞树顶着一个骰子，树上挂满了麻将牌和中国灯笼，这是因为成都人以爱打麻将著称。寻根问底，这些现象其实很平常。地球村越变越小，中国传统文化与世界各地文化正在不断地融合，现代化的印记越来越明显。

一、中外文化的第一次大交汇

交流和影响是双向的，一方面是外国文化传入中国，另一方面则是中国文化向外输出。“拿来”与“送去”的结果是相互渗透,彼此促进,走向综合创新。在中外文化交流史上,大规模的交流与影响事件充分体现出这一特征。

鉴真东渡

印度佛教的传入与中国化过程,是中国文化与域外文化的第一次大规模的交流与融合。印度佛教由释迦牟尼创立于公元前5世纪前后。由于五河流域居民和新疆于阗之间往来频繁,公元前1世纪,佛教便由克什米尔传入于阗。东汉时期印度佛教徒陆续来华。永平十年(公元67年),汉明帝为迦叶摩腾和竺法兰修建洛阳白马寺,让他们在那里翻译《四十二章经》,从此中国就有了佛教。佛教在中国的发展过程大致可以分为五个主要阶段,即东汉魏晋时期的初传阶段、东晋南北朝时期的发展阶段、隋唐时期的繁荣阶段、宋元明清时期的衰落阶段、近代以来的革新阶段。魏晋、南北朝时期佛教在中国得到了空前发展,佛寺和僧尼数量大增。

禅宗相传为南朝宋末菩提达摩在河南少林寺创立,禅宗的主要思想如“心性生万物”说、“佛性”说、“自语”说、“顿悟”说、“无念”说、“佛法不离世间”说等,对世界佛学改革特别是中国佛学思想产生了重大影响。可以说禅宗是中国化最彻底的佛教宗派。由于禅宗的直指人心、开发自性的直觉顿悟法门和思想,使教徒的精神追求有一种成就感和满足感;又由于其不拘一格的修行方式,为教徒提供了切实可行的成佛解脱之路,创立了最方便、最简易的快速成佛法门,取代了中国佛教其他各宗的烦琐义学,因而流行特别广泛。禅宗在中国哲学史、文化史上也产生了深远影响。

12世纪末的南宋,禅宗又大规模传入日本。日本盛行的茶道及讲究茶禅一味,是参禅的修习体现。19世纪下半叶与20世纪,中国禅宗又先后传入新加坡、印度尼西亚、马来西亚、泰国、缅甸以及斯里兰卡等国,甚至还远播至欧、美,美国就有不少“禅中心”,还出现“基督教禅”运动。20世纪60年代西方还成立了“欧洲禅宗联盟”。这都是中外文化交互影响的生动体现。

佛教传入中国后,对中国文化的许多方面如哲学、文学、艺术、音乐、绘画、建筑以及民间风俗等都产生了深刻而广泛的影响。隋唐著名佛画圣手吴道子以及阎立本、李思训等人,从佛教绘画和宗教题材中汲取有益的营养,大大提高了传统民族绘画技法与表现力。中国著名的云岗、敦煌、大足、麦积山等石窟艺术,都以佛教为题材,并深受印度艺术的影响。中国的翻译文学首先是佛教文学。印度佛教《百喻经》对中国寓言创作影响很大。但另一方面,中国文化以其开放的胸襟与海纳百川的消化吸收能力,将印度佛教与中国国情相结合,使之具体地中国化。作为佛教核心的佛教哲学思想经过与中国本土儒、道的渗透、融合,最终成为中国传统哲学思想的重要组成部分。儒、佛、道“三教合一”,极大地丰富了中国哲学精神。宋明时期,程颢、程颐、朱熹等新儒学派又将印度佛学与本土的易、老、庄三玄相糅合,产生了中国封建社会后期的文化正宗——宋明理学,成为中外文化交流史上创造性转化的一个典范。在中国本土文化对印度佛教文化的影响过程中,印度佛教的本来面目逐渐产生了很大变化。原本凶神恶煞的佛像,经过中国儒家伦理文化的改变,变成了中国人喜欢的慈眉善目、和蔼可亲的形象,观音菩萨也由男性变成了女性。佛教本来主张“沙门(佛教徒)不敬王者,不拜父母”,超脱世俗关系,但在中国儒学的改造下,也逐渐礼事君王,孝顺双亲,遵守世俗秩序的管制。现代更提出了“人间佛教”的主张。中外佛教史上的这一“输入—吸收—输出”的文化流动,有力地显示出中国文化系统的充分开放性、鲜明主体性以及以我为主、善于消化的强劲生命力,同时也生动地显示出文化交流的双向互渗性。

二、中外文化的第二次大交汇

中外文化的第二次大交汇开端于16世纪末叶,第二次大交汇不同于第一次大交汇,主要有以下几个特点:第一,交汇对象起了变化,不再是过去相对落后于中国本土文化的西域草原文化与南亚次大陆文化,而是整体水平超过中国的西方欧洲文化,后来还有美国、日本文化;第二,交汇兴趣起了变化,第二次与第一次不同,中国人对外来宗教本身表示出莫大的冷淡,而对天文、数学、舆地、水利、火器等科学知识兴味十足;第三,交汇时间长,从16世纪末叶开始已延绵四个世纪,至今仍在继续进行之中;第四,交流反差大,西方文化对中国社会和中国文化系统造成了强烈震撼。

洋务运动

明清之际中西文化的交流从总体上看处于一种互相认识、互相宽容、互相发现对方文化新奇与可取之处的相识相容阶段。西方称中国为“远东”,中国称西方为“泰西”。耶稣会士来华,本意在传教,却带来了范围远比宗教广泛的欧洲科技文化。中国通过西方科技文化,扩大了视野,增长了对世界文化的认识。

但是清初康熙、乾隆时期优容西学毕竟还是有限度的,中西科技交流也仅局限在宫廷内进行。进入18世纪以后,清朝上层集团中锐意进取、乐于吸取外来文化的精神逐渐被抱残守缺、故步自封、夜郎自大甚至闭关锁国所取代。康熙晚年已开始出现禁教现象。

雍正元年，闽浙总督满宝奏请禁绝天主教。乾隆时俞正燮竟称西方科技为“鬼工”，把“翻夷书，刺夷情”说成是“坐以通番”。自雍正朝以后，禁教日严。嘉庆朝更甚，上谕要求“稽查并锁毁”西洋人私刊书籍，禁止洋人与“内地人往来交结”。“西学东渐”的文化交汇终于在雍正以后戛然中止。中国封建社会由盛而衰，在自然经济基础上成长的维护封建社会政治秩序的传统文化终于开始走向停滞、僵化、没落，失去了往昔吞吐百家的能力。大清帝国从此在闭关锁国的状态中将自己封闭起来，自立于世界文化大潮之外。

1840年鸦片战争以降，中国遭受以鸦片、大炮开路的西方文化猛烈冲击，内忧外患，病痛百出，中华民族遭受史所未有的打劫。“救亡图存”的民族危机感唤起大批先进人物重估传统，检讨过去，并尝试从西方文化那里寻求图强制夷、救国救民之方。于是西方近代哲学、政治学、社会学、教育学诸流派学说，西方近代的数学、物理学、天文学、地学（包括生物进化论、细胞学说和能量守恒定律）及其近代实验科学的方法，都被大量引进，从而使各种错综复杂的学说与实践此起彼落，“中西古今”论争不休。并由此演成两派：顽固派“恶西学如仇”，坚持“祖宗之法不可变”、“纲常伦理不可变”、“孔孟之道不可变”；洋务派则标榜“自强”的洋务新政，并在与西方近代文化接触的过程中，逐渐分化出一批具有新观念的知识分子，提出“中学为体，西学为用”的口号。至维新运动时，又演变成“新学”对“旧学”、“西学”对“中学”、“学校”对“科举”的尖锐斗争。戊戌变法虽以六君子遇难而告终，但兴学堂、开书局、办报纸的维新风气却不可遏止。西方学术思想包括政治文化中的国家学说、契约论、三权分立、民主、自由、天赋人权等理念和议会、政党等国家制度开始在中国广泛传播。西学东渐引起的中西古今之争，是两种不同的学术文化进行交流时必然发生的结果，它不仅促使国人重新反思传统，清理学术，对本土文化做出新的判断与估价，而且打破了中国文化长期以来封闭独立发展的状况，真正走向与世界文化互相对话谋求发展的道路。当然，中国文化的这种改变态势，是被西方文化的霸权性、强制性逼出来的，西方文化是主动入侵，中国文化是被动抗争。但物极必反，东方睡狮终于在西方“船坚炮利”声中猛醒了过来。

拓展延伸

香港往事之生活篇：中西文化的交汇与碰撞

今天的香港往事，让我们一起回顾100多年来，中西方传统文化在香港的碰撞和融合。在这里您可以看到世界很多地方的风俗与礼仪，而传统的中国文化也得到了完好的保存，香港人每年庆祝的节日数量和种类堪称世界之最。

这场热闹的舞龙是香港居民在庆祝农历中秋节。中秋赏月舞龙、端午赛龙舟等等都是香港自开埠以来就一直延续下来的中国传统节日。而每逢西方圣诞节、万圣节，香港也会举办各种庆祝活动，其热闹程度丝毫不亚于西方本土国家。香港人每年要庆祝的各种中西方节日，比世界上任何地区和任何民族都要多。

香港的社会文化由于历史原因,有着深深的殖民地烙印,东西方文化在香港的交汇和融合形成了香港独特的文化现象。

香港是个移民社会,在香港的人口中,除了95%的华人外,还有英国人、印度人、葡萄牙人等等,世界各大宗教都有不同的人士信奉。而中国传统的龙王、观音、妈祖娘娘等,也同样受到人们的供奉和崇拜。香港年轻人对婚礼仪式的选择也各不相同,有喜欢穿西式婚纱进教堂的,也有钟情拜祖堂、拜高堂的传统形式。

英国占领香港之后,推行殖民教育,不仅重英文轻中文,还刻意淡化民族观念。香港学界的有识之士一直不懈地坚持着弘扬民族文化的教育理想。如今,褪下殖民色彩的香港教育不仅兼具东西方之所长,国际学术地位亦不断攀升。

第二节　中国传统文化对世界文化的传播与影响

古代的中国曾经是世界上最强大的国家,其地域的广阔,疆土的统一,经济的繁荣以及国势的强大,使中国文化得以对外传播。中国传统文化是东方文化的轴心,在世界上独树一帜,并在漫长的历史长河中影响了东西方世界的经济、政治、文化等各个方面,为世界文化的发展和繁荣做出了很大的贡献。

预习指南

从物质、制度、精神等方面,了解中国传统文化对世界文化的传播与影响。

根据物质、制度、精神三个不同的方面,详细了解每一种文化所包含的文化类属及影响。

故事导入

在中国古代的四大发明之中,造纸术最早传播到其他国家。公元105年,东汉宦官蔡伦改进了造纸的方法,向汉和帝献纸,真正实用意义上的纸张开始出现。公元105年这一年,被普遍认为是造纸术发明的年份。蔡伦改进造纸方法后,纸张开始被广泛应用。两汉交替之际,大批中国百姓为避乱涌入朝鲜半岛。造纸技术随之传到那里。20世纪60年代,在朝鲜半岛的一处古墓中曾经发现过带有西汉永始三年(公元前14年)字样的纸张,成为有确切年代可考的中国造纸术外传的最早明证。随后造纸术又对西方国家产生重要影响。除此之外,中国古代还有很多文化对世界都产生了重要影响。

一、物质文化对世界的传播与影响

中国科技对世界的影响发生很早。据记载,早在商代,中国人就以高超的制陶和铸铜技术对西伯利亚的卡拉克苏文化产生了影响。西汉张骞出使西域，沟通中西交通。中国丝绸、漆器和铁器的外销，冶铁和穿井技术的西传，西域毛皮、马匹、瓜果、香药以及音乐、舞蹈、杂技的输入，构成两汉中外文化交流的生动景观。中国是产丝之国。中国的丝绸西传天山南北路，再传至中亚的大宛（今乌兹别克）、安息（今伊朗）、条支（今伊拉克）、大秦（罗马帝国）及身毒（印度），然后辗转传到欧洲。著名的"丝绸之路"成为沟通中外文化交流的桥梁。西亚各国和印度都称中国为"产绮之国"，古希腊人则称中国为"赛利斯"（Seres），意思也是"产丝之国"。

（一）丝绸、瓷器的对外传播

从西汉开始，中国的丝绸沿着丝绸古道，流向中亚、南亚、北亚和北非，直到地中海国家。中国丝绸运到地中海国家后，大受欢迎，很快成为那里各个民族、各个社会的普遍追求，丝绸贸易已经成为古代世界最大宗的贸易之一。南北朝时期，中国的养蚕和丝织技术传入西域、波斯和东罗马帝国。由于长期受中国丝绸的影响，到公元4～5世纪，埃及人开始仿制中国丝绸。唐代以后，中国丝绸文化西传，更多地表现为丝织技术的西传。在今天的叙利亚、伊拉克等地的很多城市，都办起了工艺高超的作坊，织造色泽鲜艳的锦缎、壁毯等，阿拉伯地区的丝织物几乎垄断了9世纪以后的欧洲市场。丝织技术由阿拉伯人传入西班牙和西西里岛，并从西西里岛向欧洲各地传播。元代，蒙古西征时，把中国织匠带到伊斯兰世界，中国丝制品的西传，再次掀起高潮。中国的图纹花样被引入穆斯林的丝织花样之中，中国丝绸产品再次传到西欧。从13世纪末以后，中国的丝绸锦缎又成为意大利各地显贵和罗马教廷的时尚服饰。到了17世纪，丝绸才在欧洲得到普遍流传，并为平民所拥有。仿制中国丝织品的规模日益扩大，在法国、荷兰等国都有制造各种绘花和印花丝织品的工厂。法国生产的丝织品完全按照中国的花色装潢，各种技术也都取法于中国。

唐代是中外文化交流的又一兴盛时期。从唐代开始，瓷器在中国对外输出品中，逐渐成为大宗货物，并得到亚非欧广大地区人民的青睐。唐与中亚各国、与阿拉伯、与南亚各国、与非洲国家，特别是与东亚的日本、高丽等的交流十分密切。阿拉伯人十分喜爱中国瓷器，特别赞赏其制作工艺。丝绸古道的各国人民不仅喜爱中国瓷器，还纷纷仿制，埃及人制造瓷器的形状、花纹、工艺都仿制中国。到了11世纪，瓷器纺织品均已经达到很高的水平。以埃及为基地，华瓷和陶瓷技术又向欧洲流传，一路经马格里布传入西班牙，另一路经西西里传入意大利，进而传播到欧洲各地。在17世纪以前，瓷器在欧洲只是一种新奇的珍玩，到了18世纪初，瓷器开始走入千家万户，并成为上流社会的收藏品以及装饰品。欧洲最早仿制中国瓷器的是威尼斯人，他们在1540年制造出蓝色阿拉伯式的装饰品。18世纪初，仿制瓷器风靡欧洲，这些仿制品不但大量采用中国纹饰，而且还仿效中国的款式。欧洲人掌握了制瓷方法后，制瓷厂相继建立，德国、法国、英国均有制瓷厂。

中国的丝绸和瓷器不仅成为西方各族人民生活中不可缺少的物品，美化了人们的生活，而且在精神上大大拓宽了古代西方各族人民对美追求的视野。

（二）四大发明对世界的传播和影响

宋元时期中西文化交流的最大事件莫过于纸和造纸法、雕版印刷术、罗盘（指南针）、火药等中国最伟大的“四大发明”的西传。马克思曾指出，在欧洲，“火药、罗盘、印刷术——这是预兆资产阶级社会到来的三项伟大发明。火药把骑士阶层炸得粉碎，罗盘打开了世界市场并建立了殖民地，而印刷术却变成新教的工具，并且一般地说变成科学复兴的手段，变成创造精神发展的必要前提的最强大的推动力”。大科学家弗兰西斯·培根也认为，中国的四大发明对于彻底地改造近代世界并使之与古代及中世纪划分开来，比任何宗教、任何占卜术的影响或任何征服者的成功所起的作用更大。

指南针

中国在西汉时期出现了植物纤维纸。7世纪，造纸术从新疆传入中亚的撒马尔罕，大约在9世纪末，传入埃及。12世纪时，造纸术由埃及传入摩洛哥，并从那里传入西班牙、意大利等欧洲国家。中国在隋唐之际发明了雕版印刷术。北宋时毕昇发明了活字印刷术。10世纪后，雕版印刷术传入埃及。雕版和活字印刷术，先后经由波斯、阿拉伯传入欧洲，在14、15世纪，欧洲才出现雕版印刷和活字印刷。中国造纸术和印刷术的传入，打破了欧洲长期以来学术、教育皆被基督教修道院一手垄断的格局，刺激并推动了欧洲自由讨论风气的形成和文化知识的广泛普及，为欧洲的文艺复兴提供了强有力的武器。早在9世纪或10世纪，中国已开始将指南针用于航海。12世纪后，逐渐传入阿拉伯和欧洲。指南针传入欧洲后，在航海业上加以使用，使海上探险成为可能，并取得了举世瞩目的成功，开辟了新的航线。新航路的发现，对于欧洲社会的经济和政治生活都产生了巨大的影响。欧洲“商业上的革命”，带来了世界市场的扩大、流通商品种类的增多、商路及贸易中心的转移和商业经营方式的改变。而由此带来的一切变化与革命，都在加速着欧洲封建社会制度的解体和资本主义生产关系的发展。中国在唐代就已发明了火药，宋时开始把火药广泛用于军事。13世纪，火药由被俘的蒙古军队传入埃及。13至14世纪，欧洲人从阿拉伯人那里学会使用火药，制造火器。火药传入欧洲后，成为摧毁封建堡垒的利器，加速了封建主义的解体。火药的采用不仅是简单或具体的作战方法的变革，而且对欧洲当时的统治与被统治的政治关系起了变革作用，火药还改变了欧洲的政治格局，在欧洲从封建社会过渡到资本主义社会方面具有划时代的意义。

二、制度文化对世界的传播与影响

古代中国在制度文化方面，也是先进的，是适应当时社会生产力的发展的。因此，中国封建社会的文化，包括官制、学制、法制、礼制、田制和税制，特别是中国古代的文官制度与科举制度，为周边国家所学习、模仿。

中国古代的文官制度在世界上独具特色，首屈一指。西周的世卿世禄制、春秋战国的军功爵制、两汉的察举征辟制、魏晋南北朝的九品中正制、隋唐明清的科举制等，代代有创造有调整有发展。文官制度有效地保证了中国封建社会政治秩序的稳定性与执行政务的可操作性。中国古代论政务，首辩君臣大义；君臣大义既明，则次论用人；征辟除授，选贤任能，则必讲求吏治；吏治清明，唯善是举，则谨防弊政；弊政若除，即可达到“道洽政治，泽润生民”的理想境界了。隋唐确立的科举制度是中国文官制度的基础。科举制似乎使封建统治者找到了选拔人才的良方。考试取官，人人平等，无论寒庶，均有出人头地的机会，相对以前的世卿、察举制来说要合理得多。因而在中国一直沿用了一千多年。

清朝文官一品绣仙鹤

中国文官制度特别是科举制度对西方文官系统的形成产生过很大的影响、推动作用。

曾在元朝担任官职达17年之久的马可·波罗，在明朝时居住中国达30年之久的利玛窦，这两位意大利人都谙熟中国文官制度，在他们的《马可.波罗行纪》与《中国札记》中都对中国的政治、经济、文化作了深入介绍，表现出他们对中国文化的钦慕之情。此外，像葡萄牙传教士科鲁兹著的《中国游记》、胡安·贡萨雷斯·德万多萨著的《伟大的中国》，也都对中国科举选士之法推崇备至。

欧洲启蒙思想家对中国的文官制度与科举制印象深刻，他们纷纷撰文表示赞扬。伏尔泰认为中国文官专制政府“乃建立于自然的最神圣的法制之上”，他“惟有信服赞叹，心向往之”。对中国的科举制他也赞不绝口，竟然说“人的头脑肯定想象不出一种比这更好的政府了。在这个政府里，一切都由一层层的大法庭所决定，而只有经过若干次严格考试才能被录用充当为法庭的成员。因此在这样的政府里皇帝就不可能为所欲为地行使权力”。孟德斯鸠虽然对中国传统文化持批评态度，但却对中国的科举制赞赏有加，认为中国没有世袭的官吏和贵族，皇帝通过科举等途径选拔官吏，凡有真才实学的人，不论出身如何，都有经过科举考试成为官吏的机会。考试内容是儒家经典，这有助于儒家思想治国。法国重农学派创始人魁奈提倡的教育世俗化也受到中国科举制的影响，认为中国公开竞争的科举制堪为典范，欧洲无法与之相比，希望欧洲也有类似的东西。

日本是最早较为全面学习和模仿唐代制度文化的国家。日本大化革新的内容，就是学习唐代的先进制度，确立适应当时日本封建社会发展所需要的各个方面的制度。大化革新所确立的田制与税制，力求唐制，规定全国土地为天皇公地，实行班田收授法，受田者负担租庸调:租为界租,交纳稻米;庸为徭役;调为一种实物税,一般交纳绢布。

古代朝鲜的制度,也深受中国制度文化的影响。早在三国时期,朝鲜半岛上的高句丽、百济、新罗就开始学习中国的制度文化。10世纪,高丽统一朝鲜半岛后,在各方面都积极吸收中国唐宋时代的制度。在教育制度方面,在高丽王朝时期,曾将儒学作为教育的基本内容,将科举制度作为基本的选官制度。

中西文化交流既有"西学东渐"的现象,但同时也有"东学西流"的情况。中国的文官制度、科举制度对西方的议院制、考试制产生过实质性的影响,有力地促进了西方现代行政管理格局的形成。对此,孙中山曾作过这样的评说:"现在各国的考试制度,差不多都是学英国的。穷流溯源,英国的考试制度原来还是从我们中国学过去的。"

三、精神文化对世界的传播和影响

中国古代学术主流思想的发展主要有先秦儒学、两汉经学、魏晋玄学、隋唐佛学、宋明理学、乾嘉汉学以及近代的西学东渐所引起的东西文化和学术的交流、碰撞与融合。中国学术文化思想独具魅力的东方意识与华夏气象对世界文化也产生过深刻影响。

汉文字曾对朝鲜、日本和越南的文字以及文字表达的各种文学艺术形式,产生过深远的影响。日本人在使用汉字的过程中,不断地改造和简化汉字,利用汉字的偏旁创造了日本楷书字母——片假名,又模仿汉字草体创造了草书字母——平假名。中国的小说《三国演义》《水浒传》等著作在东方世界也有广泛影响。中国古代史学对朝鲜、日本影响也很大,司马迁的《史记》在公元600~604年间传入日本,影响尤为深广。

中国儒家思想和佛教对邻国也产生了很大的影响,儒家思想对古代朝鲜的影响尤为深远。1世纪,就有朝鲜人能背诵《诗经》《春秋》等。三国两晋时期,儒家经典在朝鲜广为流传。10世纪,朝鲜科举制度确立后,儒家经典成为考试的主要内容,佛教在4世纪传入朝鲜,6世纪在朝鲜半岛得到广泛传播。

中国文化以儒家经典为核心,经过传教士们的消化和吸收被介绍到欧洲,被欧洲各国的思想文化界根据自己的国情加以吸收,对欧洲17~18世纪的"启蒙运动"产生了一定的影响。儒家学说不仅成为启蒙运动的重要来源之一,而且成了反对宗教、主张哲学的武器。德国启蒙运动的思想先驱莱布尼茨,较早地认识到中国文化对于西方文化的发展具有重要意义,并倾注了毕生的精力,致力于中国文化特别是中国哲学的研究。他努力贯彻中国的实践哲学,倡导成立了柏林、维也纳等科学院并将对中国的研究列入研究院的研究项目。法国的伏尔泰也热心研究中国文化,通过对中国思想和政治的赞美,表示了他反对神权的残暴统治,而把一个具有崇高理性、合于道德的、光荣而有节制的政治制度作为理想的目标。中国儒家的自然观、道德观和政治思想成为他的有力武器。欧洲思想界受到中国文化影响的还有重农学派,重农学派以中国文明为欧洲思想的旗帜,在政治经济领域驾驭推广。重农学派的创始人魁奈因在1767年发表《中国专制制度》,被誉为"欧洲的孔子"。他认为自然秩序是人类理性的根源,而人类理性又是人的自然权利的依据。他提倡以农为本,认定只有农业能够增加财富,贬低货币和商业资本的作用。他非常赞赏中国的重农主义和历代重视农业的政策。中国古代思想和政治制度对于重农学派的政治思想和经济学说的形成产生着重要的影响。

除了儒家思想以外，中国传统学术文化思想中的其他学说也对欧洲产生过影响。墨子的“非攻”、“兼爱”等思想，老庄“柔弱胜刚强”的学说深受德国社会哲学戏剧家莱布尼茨的特别关注。中国哲学不仅为他与德国表现主义戏剧家的哲学论争提供了有力武器，而且推进了他的哲学思想的深度和广度，使他从一个欧洲学者转变为一个世界性的文化巨人。俄国文豪托尔斯泰曾说过孔孟对他的影响是“大的”，而老庄的影响则是“巨大的”。他所奉行的“勿以暴力抗恶”的思想明显体现出老庄“无为”思想的影响。

中国文化对日本、朝鲜、越南以及东南亚等的影响更为明显。朝鲜历史上的新罗时期，定儒家经典为“国学”，强调以“德”治国，把忠孝信义等思想发展为具有朝鲜文化特色的“新罗精神”。日本早在信史开端就大量引进中国文化，7 世纪的“大化革新”实为全盘唐化，自动接受中国的精神文化、制度文化、物质文化的影响。举凡中国的政治体制、行政建制、赋税管制、宗教信仰、文学艺术、文字书法乃至衣冠饮食、建筑工艺、茶道民俗等都被全方位、多层次地吸取，并追随中国社会文化的演变而演变。日本遣唐使的队伍延续 260 余年之久，他们不仅与中国人民结下深厚情谊，回国后更是不遗余力地倡导中国文化，使儒家忠孝仁爱、信义和平、纲常名教等思想深植日本社会文化之中。以后明代王阳明的学说还推动了日本的“明治维新”。越南在教育上同样奉行开科取士，以儒家经典四书五经作为主要教材，儒家的“德治”思想与纲常名教对越南的政治制度、伦理道德有过深广影响。

从诗经、楚辞、汉赋、乐府、魏晋志怪、唐诗、宋词、元曲、杂剧、明清小说，直至近现代文学珍品，中国文学已有两千多年行诸文字的灿烂历史，它们以博大精深的文化意蕴与魅力无比的东方神韵，极大地丰富着世界文学的宝库。《三国演义》《西游记》《水浒传》《红楼梦》四大古典名著以及《聊斋志异》《金瓶梅》等被译成多国文字，深深地影响着世界文坛。德国文豪歌德在比较中西文学后曾感慨地说：“当中国人已拥有小说的时候，我们的祖先还正在树林里生活呢！”

在艺术方面，在欧洲特别是法国艺术发展中出现的洛可可时代或洛可可风尚，明显地受到中国文化的影响。17、18 世纪的法国流行中国风格、中国趣味，以采用中国的物品、模仿中国式样为风尚。这一时尚也影响到欧洲的其他国家，使当时的欧洲社会流行中国的茶、丝绸、绣品和漆器。一些广告、书籍插图、舞台布景、演员化妆，也以中国风尚来引人注意。洛可可艺术风格的特点是追求飘逸活泼，线条丰富，色调淡雅，重自然雅趣而不重人工雕琢。在洛可可时代，最明显受到中国影响的就是园林艺术。中国园林崇尚自然的造园风格，在欧洲引起人们极大的兴趣。从 18 世纪后期起，法国贵族开始模仿中国园林。英国、德国、荷兰、瑞士等国也竞相修筑中国式钟楼、石桥、假山、亭榭。英国建筑师威廉·查布斯早年曾到过中国，1757 年出版了一部《中国建筑、家具、衣饰、器物图案》，风靡全欧。他还设计了中国式的庭院，即丘园。院内有湖，湖中有亭，湖旁有塔，塔旁更有孔子楼,图绘孔子事迹。

拓展延伸

中国古代官吏选拔的途径很多,有世袭、纳赀、军功、荐举、郎选、恩荫和科举制等。主要可以划分为三个阶段和三种制度,即先秦的世袭制、秦汉至魏晋南北朝的荐举制和隋唐至明清的科举制。

世袭制 亦称世卿世禄制,盛行于夏、商、周时代。原始社会末期,“天下为公”选贤与能的禅让制破坏后,出现了“大人世及以为礼”的世袭制。世袭制的特点是王权与族权统一。它通过家族血缘关系来确定政府各级官员的任命,依血缘亲疏定等级尊卑和官爵高下。凡定爵位与官职者都世代享有采邑和封地。

荐举制 即荐举贤才,授以官职的官吏选拔制度。举荐的标准主要是德行、才能,而非全靠家世,它冲破了先秦贵族血缘世袭制的藩篱。西汉的察举、征辟制的出现,是荐举制成熟的标志,而魏晋南北朝“九品中正制”的施行,表明其走向衰败。

察举 即根据皇帝诏令所规定的科目,由中央或地方的高级官员,通过考察向中央推荐士人或下级官吏的选官制度。它也是荐举制精髓所在。察举分诏举与岁举。诏举是皇帝下诏选取特殊人才。岁举是地方长官定期定员向朝廷推荐人才。征辟是皇帝及公卿郡守选拔任用属员的一种制度。皇帝特征、聘召人才为“征”,公卿郡守聘任幕僚属官为“辟”。东汉后期选拔官吏中钻营请托、结党营私和弄虚作假之风盛行,察举、征辟制渐趋败坏。

曹魏时期曹丕接受吏部尚书陈群建议,实行“九品官人法”,即“九品中正制”。在州、郡设大小中正官,负责按家世门第和道德才能品评地方士人,供朝廷按品级授官。九品中正制是察举制的发展,它将选官权由地方收归中央。人分九等在人才分类上是一种创新,选才标准趋于周密。魏、晋时期门阀统治的加强,士族门阀把持中正,造成“高门华阀有世及之荣,庶姓寒族无过进之路”的局面。九品中正制沦为门阀统治的工具。

科举制 隋统一全国后,为了加强中央集权,隋文帝开皇七年(587)废九品中正制,设秀才科。隋炀帝时又建进士科,以“试第”取士,并创立了以公开考试、择优选才为特征的科举制度。科举制创于隋代,形成于唐代,发展完备于宋代,强化于明代,衰落于清代,先后绵延1300多年,是中国封建社会中后期的官吏主要选拔制度。其主要特点:(一)公开考试,一定程度上的平等竞争。除工商隶皂倡优等人士外,不论门第等级和贫富,只要具有一定文化知识,均可怀牒于州县公开报考。它冲破了魏晋以来的门阀统治,为中小地主阶级的士人入仕开辟了途径。(二)考试制度日趋完备。科举即分科举士,按科目性质又可分文举、武举。文举又有制科和常科之分。制科是皇帝临时设置考取名士的科目,常科是定期分科取士的制度。考生来源也趋正规,属京师或州县学馆的士子叫“生徒”,经地方考试及格的称“乡贡”。考试程序,唐代有州试和省试,宋代增加殿试,明代以后又有院试、乡试、会试和殿试。(三)以文化知识为主要录取标准。科举考试科目不同，内容各异，但考诗赋、经义、策问、算学、法律等，都以文化知识为主。科举制在前期有一定积极意义，明清以后，从考试内容到形式都发生了较大变化。科举制慢慢成为社会发展的阻碍，在清末终于被废止。

科举制虽为隋、唐以后官员选拔的主要途径，但世袭制，荐举制以及军功、吏进、纳赀捐官、荫封等其他选官制度作为科举制的补充形式仍继续存在。

第三节　中国传统文化的现代化进程

人类社会已经进入以工业化、教育普及化和科学化为重要特征的现代文明。在走向现代化的过程中，由于国情不同，各国走向现代化的道路，遇到的问题、阻碍也各自不同。中国是一个文明古国，有着五千多年的传统文化。在中国现代化的过程中，曾反复出现关于中国传统文化能否走向现代化的争论。这一历史现象表明：中国传统文化能否走向现代化，如何走向现代化，是一个具有重要现实意义、必须弄懂搞清的问题。

预习指南

通过中国传统文化与现代化的共性和冲突，了解中国传统文化与现代化的关系；知道民族的生存与发展要求传统文化走向现代化；了解建设有中华民族特色的现代文化的意义。

故事导入

对于数字阅读而言，最早的传播方式便是通过网络。作为最基础的网络终端，计算机毫无疑问地成为了最早的电子阅读终端。最早的计算机是个庞然大物，而如今，市面上已经能买到10.1英寸的上网本了，但算上电池后，它的重量也在2公斤左右，作为随身设备而言并不轻巧。想用电脑阅读电子书，基本上只能是静坐在家或者办公室才会比较适合。电脑、手机、平板电脑统称为“电子屏”终端，其中，手机和平板电脑作为数字阅读终端是在近几年兴起的，越来越多的用户已经变得习惯在乘车、等车甚至走路时这些零零碎碎的时间来用手机或者平板电脑阅读。阅读方式的改变其实就是传统文化现代化进程的体现，随着现代化的发展，中国传统文化一定会融入更多的现代化元素，不断被丰富，最终实现和现代化的完美融合。

一、中国传统文化与现代化的关系

中国传统文化与现代化的关系，或者说传统文化在建设现代化国家中的作用，具有双重性，它既有与现代化相契合的一面，又有相冲突的一面。对于前者，我们应该加以保护和发扬，并用现代精神不断丰富它；对于后者，我们应该扬弃它，改造它，使其与现代化相适应。

（一）中国传统文化与现代化的共性

中国传统文化并非像某些人所说，是一堆毫无价值的垃圾，而是有着多方面的丰富内涵，它的优良部分，是人类宝贵的精神财富，是一切新的更高的文明的再生源之一，是当今进行精神文明和物质文明建设的动力源泉。中国传统文化与现代化的共性主要体现在这样几方面。

1. 自强不息的奋斗精神。中国文化历来关注现实人生，孔子说“未知生，焉知死”，并说“天行健，君子以自强不息”。正是这种入世的人生哲学，培育了中华民族敢于向一切自然与社会的危害和不平进行顽强抗争的精神。中国人自古以来就有不信邪、不怕鬼的精神，强调人生幸福靠自己去创造。要实现现代化，这种自信自尊的精神是决不可少的。

老子演教图

2. 知行合一观。中国儒家文化所讲的“力行近于仁”，在一定程度上体现了“行重知轻”的认识论思想，这与实践品格具有某种一致性。实践是认识的源泉。实现现代化，当然要努力学习外国的先进的东西，但更重要的是自己的社会主义实践。

3. 重视人的精神生活。中国传统文化非常重视人的内在修养与精神世界，鄙视那种贪婪与粗俗的物欲。孟子提出“充实之谓美”，并认为“富贵不能淫，贫贱不能移，威武不能屈”，这是对人格的根本要求，这种传统美德，对现代人格的塑造，也是非常可贵的。

4. 爱国主义精神。爱国主义，就是千百年来巩固起来的对自己祖国的一种最深厚的感情。爱国主义，是我们中华民族的优良传统。古人云：“天下兴亡，匹夫有责。”在今天，一个国家只有走上现代化，国家才会繁荣富强。而实现现代化，全靠全国人民团结一致，共同奋斗。

5. 追求真理、勇于奉献的精神。中国传统文化蔑视那种贪生怕死、忘恩负义、追逐名利的小人。古人在谈到对真理的追求时，认为“朝闻道，夕死可矣”，宣扬“路漫漫其修远兮，吾将上下而求索”的精神。这种对真理执著、献身的精神是推动现代化的强大动力。

6. 团结互助、尊老爱幼的伦理规范。古人说：“老吾老以及人之老，幼吾幼以及人之幼。”一个社会只有严于律己，宽以待人，形成团结互助，尊老爱幼的社会风气，社会才能充满温馨与和谐，才能给人带来希望与力量。

上述种种仅是中华传统文化精华的一部分，仅此就足以体现中国传统文化的博大精深。罗素曾说过:“中国文化的长处在于合理的人生观。”这是对中国文化的一种深刻认识和概括。

（二）中国传统文化与现代化的冲突

我国的传统文化精神是产生在小农生产的经济基础之上的,而现代化是指现代工业化及与之相适应的现代文化。因此,我们的民族文化精神中还有许多与现代化进程相冲突的地方。我们认为,中国传统的文化精神与现代化的冲突,主要表现在以下几个方面。

1. 重农抑商的传统观念与现代商品经济观念的冲突。中国自古以来,由于受农业经济的制约,无论儒家还是法家都主张“重农抑商”。孔孟都认为“为仁不富,为富不仁”,荀子认为“工商众则国贫”。这些观念在漫长的中国封建社会中,与其经济基础相适应,起到过积极的作用。但是近现代以来,它的不适应性越来越明显。现代社会,以工业文明为特征的商品经济以及与之相适应的价值观念,与“重农抑商”的传统文化观念产生冲突。

2. 人治传统与现代法治精神的冲突。中国自古以来就有深厚的人治传统,认为政治好坏完全取决于为政之人的好坏。因此,不论为政者还是一般平民百姓,都把希望寄托在圣君贤相、清官廉吏身上,很少从制度上、法治上想办法。这种为政不重法而重人治的传统一直都延续到近现代,形成一种牢固的价值观念。它与现代的法治精神背道而驰,不改变这种传统的价值观,即使建立起法治制度,也不会彻底执行。

3. 平均主义传统观念与现代各尽所能、按劳分配的原则的冲突。平均主义思想既是“重农抑商”的原因,又是它的结果。这反映了中国中下层社会对经济生活平等的要求,同时也是儒家治国安民的思想手段。孔子“不患寡而患不均,不患贫而患不安”的说法,正是对这一思想的重要表达,它与中国文化中知足、安贫、不争、克己等一系列反映农业经济特点的价值观念相协调,成为支配人们行为模式的普遍思想和要求,甚至成为农民起义、改朝换代的旗帜。这一传统观念与小农经济相适应,与现代社会,特别是社会主义各尽所能按劳分配的原则相抵触,严重扼杀积极性、创造性的发挥。

4. 家长制传统与现代民主观念的冲突。中国长期的农业社会及农业经济赖以生存的基础是家庭。而维系家庭亲情的家规、族制、家教等,培养了家庭每一个成员对家庭、家族的归属感、依附感和认同感。父母要求子女顺从、孝敬,这种家庭本位和“孝亲”的结果,限制了个性的发展,失去了独立的人格。在“父为子纲”的伦常关系长期束缚下,养成了一种听命于“一家之长”的传统观念。在“家长”的管理和指导下,子女无权过问家长的事情,而家长却可以操纵和替代子女的事情,这样就造成了一种家庭关系中的不平等。这种不平等的关系又逐渐推广到整个社会,造成君与臣、官与民、上级与下级、领导与群众之间的“管”与“被管”的关系。这与现代民主观念发生了严重冲突。

5. 悠闲散漫、泛德主义、因循守旧的传统观念与现代效率、现代科学、现代革新创造的精神的冲突。悠闲散漫是农业社会自给自足的自然经济所培植的习惯,“日出而作,日落而息”，“鸡鸣而起，日落而归”一直成为中国田园诗人向往的美好境界，也是中国社会广大农村劳动生产的真实写照。几千年的农业文明的传统养成了中国悠闲自适、散漫疲沓的民族性格，而对现代社会的时间、效率观念非常淡薄。另外，中国传统的认知方法和道德修养混而不分，并常常表现为以道德修养代替认知的倾向，造成中国文化的认知形态与道德形态的畸形发展，使传统的认知论、方法论与现代的科学认知论、方法论严重脱节，缺乏严密的分析方法、逻辑实证方法、实验实证方法。这是造成中国近现代科学落后的方法论原因。中国几千年的农业社会，形成一种安于现状、因循守旧、不思进取、不敢打破常规的思想习惯。这种惰性心理往往不是善于变革，而是懒于变革，“述而不作，信而好古”，“不衍不忘，率由旧章”，这与现代的创造、革新精神，格格不入。

以上举例的中国传统观念与现代化的冲突，证明了中国文化精神现代化的不可避免性。我们应该破除传统文化的束缚和中西文化的偏见，以开放的胸怀面对世界，吸收西方的优秀文化，与中国文化精神中的优良传统重新组合。

二、建设有中华民族特色的现代文化

在进入21世纪的今天，一个有生命活力的现代文化，应该是在保持民族文化特色的基础上，具备以下三个主要特征：建立在现代生产基础之上的，反映了当代社会最先进的生产方式的思想意识；具有世界性，能够集中世界上各民族所取得的最先进的思想文化成果，表现现代社会发展方向的文化；具有开放性，并不把自身看成文化的终结，而是看成历史发展过程中的一个阶段，它将以开放的体系不断地吸收更新实践中所取得的成果，不断地发展和完善自己。

（一）民族的生存与发展要求传统文化走向现代化

为什么要建设中华民族的现代文化呢？总体来说，是由于中华民族生存和发展的需要。

在中华民族的发展历史中，曾经饱尝过落后挨打的痛苦滋味，尤其是近代中国遭受帝国主义的侵略和践踏所蒙受的耻辱已经深深地留在了民族的记忆中。近代中国已经失去了往日的辉煌，不仅经济的发展远远地落在了西方国家的后面，文化的发展也落后于西方。经过20世纪的百年抗争和不懈的奋斗，终于实现了民族的独立和解放，在20世纪末期的改革开放中，经济、文化方面重新获得了世界大国的地位。

迄今为止，我国虽然在综合国力上是世界不可忽视的有重要影响的大国，但仍然是一个经济、文化发展水平较为落后的发展中国家。无论在经济还是文化方面，都需要加倍努力发展，尽快达到世界先进水平。否则，民族的生存和发展仍然会受到威胁。

思想文化是人们行为的依据，它所提供的是人们的行为动力。一个人有什么样的世界观、人生观，直接影响到他的行为的目的、方法和效果。同样，一个民族有什么样的思想文化体系，也会影响到这个民族的行为目的、方式和效果。今天，中华民族要实现现代化，就必须有现代化的思想文化作保证。有了以反映当代最新的生产方式，吸收了迄今为止世界上一切优秀文化成果为特征的现代文化，才能保证中华民族在新的世界环境中向着世界先进水平发展,用这样的思想认识中华民族现代化的建设,我们就能以开放的胸怀在自觉地保持有五千多年历史的中国文化的同时,积极吸收一切世界优秀的文化成果,扬弃传统文化中属于过去时代的落后、腐朽的东西,丰富和优化我们的传统文化,使之能够适应中华民族进行现代化建设的要求。

中国传统文化应注重变革和更新,在继承传统文化的基础上,积极地吸取现代世界所取得的一切优秀的文化成果,使之注入新的生命,具有鲜明的时代特点,成为既适应本民族历史、现实的实际,又体现世界现代生产方式和现代文明的新时代的现代文化。

现代化建设如果没有现代化的思想文化作精神保障,所谓的“现代化”只能是空想。所以,在我国向着现代化努力奋斗的新世纪,我们必须充分地认识到传统文化的现代化是民族发展的要求,是社会发展的重要任务,我们应该积极开展民族文化的现代化建设,为民族的社会主义现代化建设提供充分的精神保障。

(二) 批判地继承传统文化,建设新时代的民族文化

建设中华民族的现代文化,首先要继承中华民族优秀的传统文化,这是文化建设必然规律的要求。中华民族传统文化是中华民族在长期的历史发展过程中,在中华大地上生产、生活的结晶,反映了中华民族的生命形式,集中体现着中华民族的智慧,是我们用以建设现代文化的宝贵而丰富的文化遗产。尽管传统文化中也存在着属于旧时代的落后、糟粕的东西,但其中的核心部分,以中华民族特有的、高度的人生智慧,反映着属于人类最基本的生存规律,为世界文化宝库提供了丰富的财富。

是什么使中华民族弥坚而保持着顽强的生命力?是什么使中华民族饱受磨难而最终却建成了一个版图大于欧洲的世界大国?只要看到中国文化历史经五千多年而不衰,而且影响越来越深广,成为世界文化史上的一大奇迹这一事实,就不会不意识到中华民族传统文化中包含着某些永恒的东西。仅此,就足以令我们对中华民族的传统文化感到珍贵和自豪。我们今天建设民族现代文化,有责任和义务继承中华民族优秀的文化传统,并加以发扬光大。

我们强调对传统文化的尊重和继承,意指只有在继承传统文化的基础上,吸取人类一切优秀的文化遗产,对传统文化进行变革和创新,才是符合规律的文化建设。这并不是要求人们对传统文化盲目地兼收并蓄。鲁迅提出的著名的“拿来主义”观点,毛泽东提出的著名的“古为今用,推陈出新”,“取其精华,去其糟粕”,批判地继承一切优秀的文化遗产的思想,应该成为今天建设中华民族现代文化的指导思想。在对待传统文化方面,一方面要反对民族虚无主义,坚定民族自信心,增强民族自豪感,继承和弘扬优秀的传统文化精神,使之在新时代以新的形式发扬光大;另一方面,要反对民粹主义、复古主义,要认真地扬弃传统文化中的糟粕,面向时代、面向世界,积极地吸收新质,创造出有民族文化特色的现代文化。

(三) 打开大门,建设具有世界性的中华民族现代文化

社会发展到今天,社会化的大生产造成各民族之间的联系和交往更加频繁和紧密,人们的生产和消费已经具有真正意义上的世界性的特征。所以，中华民族的现代文化必须是世界性的文化。建设中华民族的现代文化，必须要有世界性的眼光，认真地研究和发现世界上已经取得的最先进的人类文化成果，以开放的世界性的胸襟，辩证地采取“拿来主义”态度，积极地将其吸收到我们的文化体系中来，使我们的文化最大限度地反映人类已经取得的一切最先进的文化成果，以创造出中华民族的现代文化。

对于外来文化的吸收，是一个创造性的发展进程，它要促成的是传统文化的不断变革、更新、发展，而不是单纯的复制。其基本原则与继承传统文化一样，都需要依据本民族现时代的发展需要来选择，取其精华，去其杂质。这就需要我们对异质文化进行认真地分析、研究，分离出真正有价值的属于现时代先进的东西，积极地从中选取优秀的成分引入本民族文化，以促进传统文化体系中旧质的衰亡，新质的诞生，创造出新的民族文化来。毛泽东曾经提出对待外国文化的基本原则是“洋为中用”，要批判地吸收。

建设中华民族的现代文化，不可能照搬照抄现成的东西，需要我们依据中国的国情和社会发展的要求来创造，将那些外国文化精华融入到民族文化体系中来。在当前经济全球化的趋势深刻地改变着当代生活和世界格局的时候，中华民族要抓住这个变革创新的机遇，在走向世界中发展自己，而不是消融自己，因为如果泯灭了本民族文化的特性与形态，就会丧失中华民族在世界民族之林中的存在价值。只有在新的历史条件下，在坚持民族文化特色的前提下积极吸收先进的世界文化成果，才能创造出一种新的世界文明，为世界做出我们的贡献。历史告诉我们，我们曾经有过辉煌灿烂的古代文明，也有过令人不堪回首的近代落伍。今天，面对日新月异的信息化和全球化，我们既不必为曾经有过的辉煌而盲目自大，更不应为那几百年的落伍而自卑自贱。此时此刻，我们应该做和必须做的，就是加倍努力，在弘扬优秀传统文化的基础上积极吸收世界优秀的文化成果并不断创新，早日实现中华民族文化的现代化。

拓展延伸

传统文化与现代化

季羡林

先声明一句：对于“文化”的含义的理解五花八门。我在这里所说的“文化”是广义的文化，包括人类创造的物质和精神两个方面的一切优秀的东西。

传统文化代表文化的民族性，现代化代表文化的时代性。二者都是客观存在，是否定不掉的。二者之间的关系是矛盾统一，既相反，又相承。历史上所谓现代化，是指当时的“现代”，也可以叫作时代化。

所谓现代化或者时代化，必须有一个标准，这就是当时世界上在文化发展方面已经达到的最高水平。既然讲到世界水平，那就不再是一个国家或一个民族的事情。因此，不管哪一个时代、哪一个国家的现代化，总是同文化交流分不开的。文化交流是人类历史上以及现在人类最重要的活动之一。现代化或者时代化一个最重要的内容就是进行文化交流,大力吸收外来的文化,加以批判接受。对于传统文化,也要批判继承,二者都不能原封不动。原封不动就失去生命活力,人类和任何动物植物失去了生命活力,就不能继续生存。

在历史上任何时代,任何正常发展的国家都努力去解决传统文化与现代化的矛盾。这一个矛盾解决好了,达到暂时的统一,文化就能得到进一步的发展,国家的社会生产力也会得到进一步的发展,经济就能繁荣。解决不好,则两败俱伤。只顾前者则流于僵化保守;只顾后者则将成为邯郸学步,旧的忘了,新的不会。

中国历史上的事实可以充分证明上述的看法。试以汉代为例。汉武帝在位期间是汉代国力达到顶峰的时代,在政治方面和经济方面都有辉煌的成就。在文化思想方面,董仲舒的"罢黜百家,独尊儒术",可以说是保存传统文化的一种办法。但是当时的人们并没有仅仅对儒家思想抱残守缺,死死抱住不放,而是放眼世界,大量吸收外来的东西。从那时候起,许多外国的动物、植物、矿物,以及其他产品从西域源源传入中华,比如葡萄、胡瓜、胡豆、胡麻、胡桃、胡葱、胡蒜、石榴、胡椒、苜蓿、骆驼、汗血马、壁琉璃等等都是当时传入的。西域文化,比如音乐、雕刻等也陆续传入。稍晚一点,佛教也传了进来。另一方面,中国的丝和丝织品也沿着丝绸之路传到了中亚和欧洲。总之,汉武帝及其以后的长时间中,一方面发扬传统文化,一方面大搞"时代化"。尽管当时不会有什么时代化或现代化之类的概念,人们也许根本没有意识到他们是在进行这样伟大的事业;但是他们确实这样做了,而且取得了辉煌的成果。历史的辩证法就是如此。文化交流大大地促进了汉代文化的发展,也促进了国际上文化的发展。汉武帝前后的时代遂成为中国历史上最光辉灿烂的时代之一。

我再举唐代的一个例子。李唐的家世虽然可能与少数民族有某一些联系,但是几个著名的皇帝,特别是唐太宗,对保护中华民族、主要是汉族的传统文化做了大量的工作。文学、艺术、书法、绘画、哲学、宗教等文化的各个方面都得到了可喜的发展。中华文化还大量向外国输出,日本是一个显著的例子。唐太宗本人,武功显赫,文治辉煌。他是政治家、军事家,又是书法家和诗人。贞观时代,留居长安的外国人数量极大。他们带来了各自国家的物质和精神文化,又带回中国文化。盛唐时期遂成为中国历史上最兴盛的时期之一,长安成为当时世界上第一大都会,唐王朝成为经济最发达、力量最雄厚的国家。

例子还可以举出一些来,但是这两个已经够了。这一些例子透露了一条规律:在中国历史上,凡是国力强盛时,对外文化交流,也可以叫作时代化,就进行得频繁而有生气。这反过来又促进了本国社会生产力的发展,使国力更加强盛。凡是国力衰竭时,就闭关自守,不敢进行文化交流。这反过来更促成了国力的萎缩。打一个也许不太确切的比方。健康的人,只要有营养,什么东西都敢吃,结果他变得更加健康。患了胃病或者自以为有病的人,终日愁眉苦脸,哼哼唧唧,嘀嘀咕咕,这也不敢吃,那也不敢动,结果无病生病,有病加病,陷入困境,不能自拔。

清朝末年,被外国殖民主义者撞开了大门,有识之士意识到,不开放,不交流,则国家必无前途;保守者则大惊失色,决定死抱住国粹不放,决不允许时代化。当时许多有名的争论,什么夷夏之辩,什么体用之争,又是什么本末之分,都与此有关。这是一个国家似醒非醒时的一种反映,其中也包含着传统文化与现代化的斗争。以后经历了民国、军阀混战、国民党统治等混乱的时期,终于迎来了解放。

在新中国成立初期,我们的国家是健康的。对于传统文化不一概抹杀,对于外来文化也并不完全拒绝。对于保护传统文化曾有过一点干扰,影响不是很大。到了"四人帮"肆虐时期,情况完全变了。"四人帮"一伙既完全不懂传统文化,又患了严重的胃病,坚决拒绝一切外来的好东西,谁要是想学习外国的一点好东西,"崇洋媚外"、"洋奴哲学"等莫须有的帽子就满天飞舞,弄得人人谈"洋"色变。如果"四人帮"不垮台,胃病势将变成胃癌,我们国家的前途就岌岌可危了。十一届三中全会以后,我们国家又恢复了健康。我们既提倡保护传统文化,加以分析,批判继承,又提倡对外开放,大搞现代化。纵观几千年的中国历史,人们不能不承认,这是盛世之一,是最高的盛世,是正确处理传统文化与现代化这一对矛盾的典范。从这正确的处理中,我们可以看出,所谓"全盘西化"是理论上讲不通、事实上办不到的。世界上还没有哪一个西方以外的国家全盘西化过。